陈　曦◎著

数据科学对社会科学的
影响研究

SHUJUKEXUEDUISHEHUIKEXUEDE
YINGXIANGYANJIU

南京大学出版社

序 言

　　社会科学是随着社会系统不断发展而诞生的学科，社会科学是用科学的方法研究社会现象及其发展规律的科学，社会科学经历了长时间的发展和变革的过程，形成了门类和领域众多、内容精深的学科体系。自然科学相较于社会科学发展比较成熟，而社会科学和自然科学存在紧密的联系，因此自然科学的发展很大程度上影响社会科学的发展；但由于社会规律具有更大的偶然性、时效性和波动性等特征，这就决定了作为社会科学研究的方法论，必须要考虑社会活动主体的主观性、自主选择性以及价值判断、价值取向等。社会科学的研究对象——社会经济系统不但更为复杂，影响和制约的因素更多，而且伴随很大的不确定性。

　　社会科学研究方法是关于方法的学说和理论构成的一种体系。它以人类社会与社会现象为研究对象，是我们认识社会和获取有关社会各种知识的重要途径。如何选择研究方法以及其价值和标准规范问题是社会科学的核心问题。近些年自然科学和社会科学均取得了突飞猛进的发展，自然科学已深入发展到了社会科学的研究领域，而且这两个方面仍在不断地进行相互渗透、相互整合，并出现了体系内学科的相互融合和交叉的现象。自然科学的发展不断促进社会科学研究范式的变革和发展。

　　每一个学科领域的研究范式都是随着自己的研究对象和现阶段科学技术可以提供的工具和方法不断地发展和变革，社会科学也不例外。社会科学在发展历程中，其研究方法论从未停止过更新与完善，从因果关系的研究范式、非线性问题线性化的研究范式、基于主体的复杂系统建模研究范式，从最初的定性研究方法到后来的定量分析方法。总之，社会科学研究范式变革的动力机制从内部要素来讲，是社会科学研究对象、研究方法和学科性质的日益复杂；从外部要素来讲，数学等基础科学、计算机科学、社会科学等学科的成熟,学科之间交叉研究的兴起都不同程度地推动了社会科学家对于社会科学研究范式变革的关注。然而,社会科学的量化研究依然存在难点,如内生性问题、数据有效性问题等,社会系统中涉及大量的自主主体意识或心理活动以及社会现象中那些难以用数学语言描述或虽然能描述但无法"求解"的复杂性,使社会科学中的定量分析方法表现出自身的不足。社会科学运用了由人直接参与其中的实验方法,为了能更直接地反映和表达社会系统主体的心理和行为。然而,由于社会问题的实验过程不可以重复、难以复原,并且考虑到成本、道德、价值伦理和法律等因素,该方法存在较大的限制。随着计算技术、复杂系统理论和演化理论的计算实验方法,被认为是和理论研究、实验研究鼎足而立的科学研究的基本方法。人们可以通过在计算机上构建现实社会系统的模拟系统,克服原来社会问题的实验过程不可以重复、高成本等问题。但是,社会计算实验仍然有其需要克服的挑战,其中最受关注的是社会计算实验只是根据相关理论和认知为系统主体设置规则,从而观察总结规律,如何得到真实社会的发展规律和因果机制、如何设立人工社会模拟系统的运行规则、如何让计算实验所模拟的环境更客观和具有说服力依然是社会学家需要探究的问题。对于上述局限和挑战,特别重要和有意义的是,出现了备受关注的科学即数据科学,数据科学研究的核心内容是数据,涵盖多个领域的技术和理论。数据科学的最终目的就是从数据中挖掘出有用的信息,让数据和信息增值。其中,大数据和数据科学与计算实验的有效结合可以解决原来计算实验方法无法从客观有效数据中获取规律,缺乏实时、客观的实证数据的支持这一挑战,使计算实验的预测和决策的准确性方面更具科学性。

社会科学和自然科学的研究对象和研究范式的不同,存在着难以逾越的壁垒,社会科学的自然科学化的过程需要一个切入点和突破口,而数据科学为此提供了难得的桥梁。数据科学的研究对象、研究目的和研究方法等都将已有的社会科学和计算机科学、信息科学等自然科学连接在一起。数据科学对社会科学研究方法的转型产生重大的影响,特别是"大数据"引起了社会科学家的广泛关注。社会科学的各个研究领域需要大数据运用带来的新的视野和新的研究方法。数据科学给社会科学带来的不仅是机遇,同时也面临挑战。通过学科交叉与融合产生新的有效的研究方法不是简单的学科叠加,正如钱学森指出的"逻辑思维,微观法;形象思维,宏观法;创新思

维,宏观与微观相结合。创造思维才是智慧的源泉,逻辑思维和形象思维都
只是手段"社会计算实验又再次证明了这一点。

　　本书的创新之处主要体现在以下三个方面:① 通过梳理社会科学研究
范式变革和发展的历程,找到每次变革的动力机制和外部因素,从而找到现
阶段社会科学研究范式的发展趋势,将大数据应用于社会科学的研究当中。
② 本书通过文献计量总结大数据和数据科学对社会科学的研究对象(大数
据成为社会科学领域越来越受关注的研究对象)、应用研究(数据赋能企业
长期生产力和创新能力)、研究方法(数据科学的一系列数据技术与社会科
学领域原有的方法交叉融合)。③ 提出将大数据与社会计算实验相结合,
通过数据科学技术挖掘大数据中的丰富信息和价值,从而找到客观、实时、
准确的规律,并通过社会计算实验来仿真和预测,解决社会计算实验缺乏实
证数据、预测不准确、不够实时性等问题。本书的出版对于将大数据和数据
科学应用于社会科学研究方法有重要的意义和深远影响,同时,也将再次引
发关于大力推动社会科学研究方法论创新的思考,希望有更多的社会科学
研究者们,特别是社会科学骨干研究人员应以强烈的科学精神和责任感,合
力推动管理学和社会科学研究方法的创新和发展,为进一步繁荣我国社会
科学研究做出新的贡献。

2018 年冬

前　言

　　随着科学技术和社会生产力飞速的发展,社会事物不像之前那样简单,社会系统中的各种关系越来越复杂、越来越多变,人们的主观反映所产生的误差也随之变大。同时,社会系统的分工越来越明确和细化,结构体系越来越多元,管理社会事物的工具和方法不仅越来越科学化、具体化和准确化,并且更加有效,实时性更高。这一切的发生对社会科学有越来越高的要求,促进社会科学研究对象和研究方法变革与发展的动力也越来越大。随着社会科学问题的复杂性不断被相关研究者们所认识,社会科学研究方法体系也在传统的定性、定量及实验方法基础上不断被拓展,社会科学研究对象的复杂性、认知过程和研究方法的复杂性都给社会科学研究范式变革带来了必要性和迫切性。

　　在这个崭新和飞速发展的时代,人们所熟知的移动互联网、大数据、云计算、社交 App 等以数据科学为技术基础的事物涌现并覆盖我们的工作和生活,移动互联时代的序幕被拉开,社会数据量呈爆发式增长,人类社会真正进入了大数据时代,大数据(Big Data)越来越吸引人们的视线。备受关注的数学和计算机这两门学科的体系越来越完善,并且在整个自然科学的历史长河中起着关键性的作用。数学是我们非常熟悉的一门科学,其逻辑性强、推理严密以及系统成熟,因此不同领域的科学家都认为数学是量化自然界和研究自然界的一种简洁有效的工具,而近年来计算科学的成熟和完善使得应对这个时代的热点"大数据"并量化研究成为可能。现今社会中不同需求的发展和技术的进步为科学研究带来新的研究思路,数据科学就是在创新变化中兴起的一门科学。同时,在多学科交叉与融合的推动下,数据科学不断促进社会科学研究的变革。学者们均开始尝试将数据科学应用到各自的领域,数据科学成为近几年来国际上普遍关注的热点领域,其中数据科学在社会科学领域的应用同样引起学者们的关注。

本书的研究目是讨论数据科学对社会科学研究的影响。研究思路是文献梳理—科学计量分析—理论分析框架—应用实例分析。主要分析了数据科学对社会科学研究对象、应用研究、研究方法三个方面的影响。全书分为理论篇、方法篇和应用篇,由十六章内容组成。理论篇介绍社会科学及其研究范式变革和数据科学等相关概念;方法篇介绍文本可视化、社会网络分析、社会科学计算实验三种方法;应用篇通过科学计量分析发现数据科学对社会科学影响的三个主题聚类,展开讨论并给出实例。

本书提出将数据科学方法与社会科学计算实验方法相结合,这一方法的创新有助于社会科学计算实验方法从客观实证数据中获取规律,提升社会科学研究的实时性和客观性;提高了社会科学计算实验方法的预测与决策的准确性和有效性;同时,大数据分析可以对已有经典模型进行验证,提高社会科学计算实验模型的信度和效度。本书的结构体系如图0-1所示:

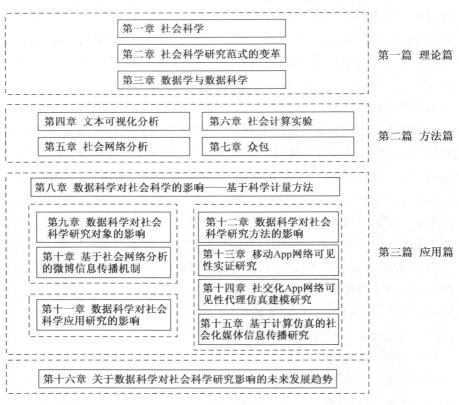

图 0-1　本书结构体系

目　录

序言 ··· 1

前言 ··· 1

第一篇　理论篇

第一章　社会科学 ··· 3

　　第一节　社会科学 ··· 3

　　第二节　社会科学的研究方法 ···································· 10

　　本章小结 ··· 13

第二章　社会科学研究范式的变革 ···································· 15

　　第一节　社会科学量化研究的发展历程 ····························· 15

　　第二节　社会科学量化研究存在难点 ······························ 18

　　第三节　社会科学研究范式变革的动力机制 ························· 20

　　本章小结 ··· 21

第三章　数据学与数据科学 ··· 24

　　第一节　数据科学的基本概念 ···································· 24

　　第二节　数据科学的研究内容 ···································· 27

　　第三节　社会科学与自然科学的桥梁 ······························ 30

　　第四节　社会科学和自然科学的交叉 ······························ 31

　　第五节　基于CiteSpace的大数据与社会计算实验的交叉研究 ·········· 32

　　本章小结 ··· 34

第二篇　方法篇

第四章　文本可视化分析 ·· 39

第一节 文本可视化概念 …………………………………………… 39

第二节 主要研究方法和发展现状 ………………………………… 41

本章小结 …………………………………………………………… 45

第五章 社会网络分析 ………………………………………………… 47

第一节 社会网络分析基本概述 …………………………………… 47

第二节 数据驱动的社会网络分析 ………………………………… 52

本章小结 …………………………………………………………… 54

第六章 社会计算实验 ………………………………………………… 58

第一节 社会科学的可计算性 ……………………………………… 58

第二节 社会计算 …………………………………………………… 59

第三节 社会计算实验 ……………………………………………… 60

第四节 社会科学计算实验平台 …………………………………… 72

第五节 研究现状 …………………………………………………… 81

本章小结 …………………………………………………………… 83

第七章 众 包 ………………………………………………………… 86

第一节 众包的涵义 ………………………………………………… 86

第二节 众包平台分类 ……………………………………………… 88

第三节 众包大数据的应用 ………………………………………… 90

第四节 基于网络分析法的众包效果研究 ………………………… 92

本章小结 …………………………………………………………… 96

第三篇 应用篇

第八章 数据科学对社会科学的影响——基于科学计量方法 ………… 101

第一节 研究背景 …………………………………………………… 101

第二节 数据收集与分析方法 ……………………………………… 102

第三节 研究过程与发现 …………………………………………… 108

第四节 数据科学对社会科学研究的影响和未来研究趋势 ……… 121

本章小结 …………………………………………………………… 126

第九章 数据科学对社会科学研究对象的影响 ……………………… 128

第一节 大数据是社会科学研究对象 ……………………………… 128

第二节　大数据对社会科学研究目标的影响 ……………………… 132

本章小结 …………………………………………………………… 133

第十章　基于社会网络分析的微博信息传播机制 ………………… 135

第一节　研究背景 ………………………………………………… 135

第二节　微博信息传播网络结构测量流程 ……………………… 136

第三节　微博信息传播机制分析 ………………………………… 138

本章小结 …………………………………………………………… 148

第十一章　数据科学对社会科学应用研究的影响 ………………… 150

第一节　数据科学在企业层面的应用 …………………………… 150

第二节　数据科学应用的主要形式、对象以及相关数据技术 … 153

第三节　数据科学与企业的创新研究 …………………………… 158

第四节　数据科学在企业不同维度应用的研究 ………………… 161

本章小结 …………………………………………………………… 162

第十二章　数据科学对社会科学研究方法的影响 ………………… 167

第一节　数据科学与传统量化研究的区别 ……………………… 167

第二节　数据科学与传统社会科学量化研究的整合 …………… 170

第三节　大数据时代社会科学研究范式的变革方向 …………… 172

第四节　大数据时代社会科学未来的研究趋势 ………………… 174

第五节　大数据与社会科学计算实验的结合 …………………… 176

本章小结 …………………………………………………………… 183

第十三章　移动 App 网络可见性实证研究 ………………………… 186

第一节　研究背景 ………………………………………………… 186

第二节　理论背景与文献回顾 …………………………………… 187

第三节　概念模型及研究内容 …………………………………… 190

第四节　变量测量 ………………………………………………… 195

第五节　管理启示与研究局限 …………………………………… 197

本章小结 …………………………………………………………… 199

第十四章　社交化 App 网络可见性代理仿真建模研究 …………… 203

第一节　研究背景 ………………………………………………… 203

第二节　理论背景与文献回顾 …………………………………… 206

第三节　社交化 App 市场的建模 ·· 212

第四节　实验设计与结果输出 ·· 226

第五节　讨论与对 App 的建议 ·· 235

第六节　本章的局限性以及未来的发展方向 ···························· 238

本章小结 ·· 240

第十五章　基于计算仿真的社会化媒体信息传播研究 ···················· 243

第一节　研究背景 ·· 243

第二节　社会化媒体概述 ·· 244

第三节　信息传播 ·· 251

第四节　理论基础 ·· 254

第五节　计算实验模型设计 ·· 259

第六节　类似 twitter 的社会化媒体中信息传播机制研究 ·········· 263

本章小结 ·· 281

第十六章　关于数据科学对社会科学研究影响的未来发展趋势 ······· 284

第一节　数据科学给社会科学带来的机遇 ·· 284

第二节　数据科学给社会科学带来的挑战 ·· 288

第三节　数据科学应用于社会科学研究的未来发展趋势 ·············· 290

本章小结 ·· 293

后　记 ··· 296

第一篇

理 论 篇

　　本篇的重点内容是为后面讨论数据科学对社会科学研究的影响提供一定的理论基础。首先,我们需要了解社会科学的概念界定、研究对象、研究特征、研究主题、研究范式等;其次,我们需要了解社会科学研究范式的发展与变革过程和存在的难点;最后,我们需要了解数据学和数据科学的相关概念,以获悉数据科学对社会科学领域的研究产生的影响是在哪一方面,是改变研究对象、拓展应用领域,还是改进研究方法。所以,本篇的第一章简要描述了社会科学的相关概念;第二章梳理了社会科学研究范式的变革过程,提出大数据时代社会科学变革的动力机制;第三章主要描述了什么是数据学和数据科学以及数据科学、社会科学以及自然科学之间的关系。这三章为数据科学对社会科学研究转型的影响奠定了理论基础。

第一章　社会科学

　　社会科学是随着社会不断发展诞生的学科,社会科学的发展可以理解为社会学科学化的过程,不是所有的学科领域都可以称之为科学的,这是需要长时间的发展和变革的过程,所以在了解社会科学的概念之前先在本章第一节简单介绍一下科学的定义及科学的分类,然后介绍社会科学的基本概念以及其与自然科学的区别和关系,以了解两者是如何相互影响和相互促进的。最后介绍社会科学面临的复杂性特征和复杂性挑战。当然,了解一门学科,还需要了解研究社会科学的方法,在本章第二节介绍社会科学的研究方法及其科学化的发展历史。

第一节　社会科学

一、社会科学的基本概念

1. 科学的几种定义

　　维基百科上定义科学是认识世界的实践方法,指的就是将不同类型和不同领域的知识分门别类进行研究,通俗理解就是将知识进行细化,为人们所熟知的大类包括汉语言文学、历史、数学等,而这些学科会随着各自的发展形成自己越来越完善的系统。《社会科学(科学三大领域之一)》中提到,"它是关于发现发明创造实践的学问,它是人类探索研究感悟宇宙万物变化规律的不同领域系统知识的概称。"科学是通过对现象和事物的观察学习形成的认识,总结而来的规律,这些规律是可以被检验的,并且通过对规律的运用可以在现存信息的基础上对现象和事物的结构体系和发展进行预测的系统。《现代科学技术概论》上描述到,"可以简单地说,科学是如实反映客观事物固有规律的系统知识。"科学是促进人们总体的主观形成意识和自然界客观存在的事物和实践活动越来越贴近的过程,同时通过科学知识的运用和指导,可以使事物的发展方向符合人类社会所需要的目标,即价值的实现,而实现两者链接的桥梁和手段是科学技术。① 总之,科学理论是一组相互关联的概念、定义和命题的集合,通过变量之间的特定关系来呈现现象的系统观点,目的是解释和预测现象(Kerlinger F N,1983)。

2. 科学的分类

在了解了科学的定义之后,我们需要了解科学的大概分类。在现有科学发展水平情境下可以符合客观实际的主观认识是科学知识,符合客观实际的可以被检验和解释的现象背后的本质是科学的理论,前面我们提到科学是不同领域的细化,知识在被分门别类之后形成各自的系统和学科。那么,现如今的科学有以下几个大类:不同研究领域的研究对象的不同是不同科学本质的区别,被认可和使用的是自然科学、社会科学以及思维科学,以及这三个领域在发展过程中离不开的哲学科学和前面提到的数学。不同的学科之间常有交叉,如社会科学和自然科学的交叉产生一些学科,如人类学、心理学、考古学等。② 但是我们要注意的是,科学理论只是在很多事物中抽象出来的规律,他可以给出解决事物的指导方向和圈定范围,我们并不能拿着科学理论直接解决遇到的问题,每一个事物都有一个具体的情境:特征、时间、环境和条件,而这些和科学理论相结合才能形成一个正确可用的具体方法。

3. 社会科学的基本概念

在 20 世纪初,工业化的发展带来了社会管理和控制前所未有的挑战,社会结构越来越复杂,社会组织的规模越来越巨大,社会系统中的个体之间的关系越来越多元化、频次越来越高,传统的集权式的管理和领导、精英式的决策开始被质疑,社会管理过程中的冲突加剧,对这一切变化的回应即社会科学成为一门独立的科学出现在人们的视野中。这一回应是具有历史必然性的。社会科学中的"社会"指的是其研究对象是人类社会中的各种主体、组织、现象等社会系统中的事物,这个系统是由人类组成的,包括经济、教育、企业等活动组织,它是一个复杂多元的巨大的系统。社会科学中的

---

① 许志峰,陈质敏,王鹏娟. 现代科学技术概论[M]. 长春:东北师范大学出版社,2006.
② 陈文化,胡桂香,李迎春. 现代科学体系的立体结构:一体两翼——关于"科学分类"问题的新探讨[J]. 科学学研究,2002,20(6):566-570.

"科学"是指研究方法是遵循科学的方法论体系,用科学的研究手段对社会系统进行研究。正因为社会科学主要研究人类为主体的各种活动,因此,人的主观性构成了社会系统的本质特征。属于社会科学的子学科有经济学、管理学、传播学等经济管理类,还包括人类学、伦理学、社会学、心理学、教育学、传播学等其他人文学科。任何一门科学的发展都会随着整个社会科学的革命和技术的发展而变革和发展,借鉴新时代的新手段与自然科学相互渗透、相互联系(刘巍和丁云龙,2015)。

4. 与自然科学的区别和关系

社会事物是一种特殊的自然事物,社会规律是一种特殊的自然规律,社会科学是一种特殊的自然科学。① 社会系统的组成部分有很多与自然科学的研究对象存在关系,这些关系导致在研究社会科学的过程不可能与自然科学隔离开来,在某个层面上来理解,自然科学各个领域的发展会影响社会科学的发展状态,这种影响会非常深远。自然科学的发展是否充分是社会科学变革和突破的关键因素和催化剂。同时,社会科学的研究者也是被研究者。

由于社会规律具有更大的偶然性、时效性和波动性等特征,社会科学的研究对象经常是偶然发生的一些容易被关注的大事件,而这些事件只有在当时的历史条件下才能发生,而历史往往难以重演,想要从这些事物中探讨出规律需要非常强的思辨能力,但是科学往往是需要被验证和证伪的,由于上述不可倒回的特征社会科学的实证性就比较弱,这也是社会科学被质疑的最大的地方。与此特征相对应的自然科学和社会科学的区别在于,自然科学不会因为你的研究而改变,社会科学会受到影响(Okasha S,2002),社会系统的研究对象太复杂,对应的变量非常不明确,这就导致量化研究时很难将其因果关系一一呈现并说明,社会科学家经常采用的方法是定性分析,这必然带有很大的主观性和不确定性;由于社会系统的主体"人"不是一成不变的对象,是有生命的主体,具有主动性和动态性,人不是单方面受到环境的影响,也会和环境产生交互作用,作为环境的一部分会影响环境,是环境产生变化甚至可以创造一个全新的环境。况且,人与自然事物最大的不

---

① 荷曼斯乔治·荷曼斯.社会科学的本质[M].杨念祖,译.台北:桂冠图书股份有限公司,1991:61.

同是,人是关注价值和利益的,人类的一系列活动都会依据自身的利益和获取的价值存在和变化,这就决定了社会科学与自然科学区别的另外一个方面:主观性、动态性、交互性、情感性、价值性和阶级利益性,缺乏客观性和准确性。

"无价值取向科学是一种既不可能也不可取的理想,特别是对于社会科学来说更是如此。"鉴于社会科学的研究对象是个人和团队,所以在研究过程中选择探究主题、决定资助值得研究的社会问题类型、保护人类等方面,社会、道德、伦理或政治价值观都是内化其中、不可避免的(徐淑英,2016)。再者,科学职责要求科学家确保知识信度,是社会政策风险评估负责任的专家。文中主要解释了与科学有关的两种主要类型的价值观:认识价值观(确保是好科学的规范和标准)、社会价值观(特别用于评估错误结论的成本),进而简单解释了商学院研究中价值观的作用,以及阐明了社会和政治价值观的侵入如何损害了商学工作者科学研究的客观性和质量。文中赞同"负责任的科学"这一观点,并引入该观点——认清科学和社会是相互依赖的,科学需要满足认识价值观和社会价值观。

综上所述,自然科学与社会科学之间的区别主要有以下几点:两者的研究对象不同,社会科学的研究对象不是一成不变的,社会科学的主体"人"是具有主观性、动态性、交互性、情感性、价值性和阶级利益性,同时缺乏客观性和准确性,不可以直接一成不变地使用自然科学的研究方法,要考虑社会科学自身的特点。同时社会科学的研究者本身也会受环境和自身价值观的影响,从而影响其研究过程(陈成文和陈立周,2007)。自然科学对社会的影响和表现往往比较直接,人们可以第一时间清楚并直观地了解到,而社会科学体现在社会行动和生活中的作用相对抽象,主要通过抽象的语言和符号表达(乔治·索罗斯和王宇,2018)。自然科学研究的对象是没有自由意志的,社会科学研究的对象——社会事物或历史现象一般具有复杂性,受众多因素的影响,社会中的事物同处于一个社会系统中,彼此之间不是相互独立的,是相互影响和制约的;再者,社会科学研究的事物具有再组织、再创造和再发展的特征,有其偶然性和主观性,表现出较强的随机性和模糊性,这些都给社会科学科学化和精准化的研究带来了障碍。这也就说明了人们会普遍低估社会科学所取得的成就和创造的影响的根本原因。如果将社会科学的实践性充分明确与划定,那么人们就会认识到社会科学实践的重要性,从而不会对社会科学存在质疑。

二、社会科学的复杂性特征

在一般意义下,社会科学以人类社会现象为研究对象,其任务是描述并揭示各种社会现象及其发展规律(孙明贺和郦全民,2006)。这就决定了作为社会科学研究的方法论,必须要考虑社会活动主体的主观性、自主选择性以及价值判断、价值取向等。与自然科学相比,人类社会现象不但更为复杂,影响和制约的因素更多,而且带有很大的不确定性,这使得社会经济系统成为相比于其他更为复杂的系统(于景元和周晓纪,2005)。霍兰在多年研究成果的基础上,于1994年在圣塔菲研究所成立10周年的演讲报告中正式提出复杂适应系统(Complex Adaptive System,CAS)是一种复杂性科学理论,CAS理论的基本思想是把复杂系统中的要素看成是具有自身目的的、主动的、积极的、活动的和具有适应性的主体(Adaptive Agent)(Holland,1992)。社会经济系统是一类重要的、典型的复杂系统,属于复杂适应系统。所谓的适应性,就是指主体能够与环境以及其他主体进行交互作用。主体在这种持续不断的交互过程中,不断地"学习"和"积累经验",并且根据学到的经验改变和调整自身的结构和行为方式,复杂适应系统理论认为,正是这种主动性以及它与环境之间反复的、相互的作用,才是系统发展和进化的基本动因(张军,2008;张军和盛韶涵,2005)。

复杂性思维的出现和运用拓宽了人们对社会系统的复杂性、多元性的研究和探讨。今天,社会系统中越来越明确和细化的分工、越来越多元的结构体系使得管理社会事物的工具和方法不仅越来越多元化、具体化和准确化,而且更加有效、实时性更高。社会系统是一个复杂的巨系统这一观点已被普遍认同,而社会系统复杂的根源性原因有以下几点:

1. 人的复杂性

社会科学的研究对象主要是以人为主体,所以人的行为的复杂性是其复杂性的最根本的原因。个体的人是社会科学研究的主要对象。在工业时代,工人只是大工业企业的生产线上的一个机械的环节,如泰勒的科学管理中的标准化和科学计件制,员工被当作机械人,所有的管理措施都是为了提高生产效率,忽视了工人作为社会人的社会需求和个人主动性。如果在进行社会科学相关领域的研究时不考虑系统中人的行为的复杂性,无根据地把自然科学的研究思路和方法用于社会经济系统,得出的结果是不科学的(方美琪,2003)。无论是管理者还是被管理者,其行为都有理性的特征同时也包含非理性的成分,是主动的同时也是被动的,是具有主观性的但也是客观存在的个体,是非常智能的、有自己观念的、具有价值性、主观性(利益性、民族性、阶级性等主观因素诱导人们形成非中性的、非客观的、非理性的观察态度)以及会随着外界动态变化的环境而变化,其主要通过以下方式来完成与环境之间的交互:不断的学习、尝试性的模仿、不断的反馈、再学习再模仿,这是一个动态变化的螺旋上升的过程,这是构成社会现象与问题复杂性的根源之一。社会科学的研究也越来越多地关注研究对象特别是系统中个体行为过程中的复杂性,并在社会科学研究过程中将这一复杂性特征作为根源性的假设。我们探讨和研究的科学规律一般是确定性的规律,规律是客观存在的。但是,对于社会经济系统来说,不确定性应当说是进行有效研究的前提。因为个体的主动性的存在,承认多种可能性,并考虑个体的复杂性,人的主动性才有意义。

2. 社会结构的复杂性

每个系统都会有自己的结构体系,社会经济系统是社会科学研究对象的主要组成部分,而组成社会经济系统的单元包括个体、事物、各种信息等,这些单元之间是相互联系的,形成一张巨大复杂并具有层次的网络。这些联系不是杂乱无章的,是遵循一定的规律,并且这种网络结构不是一成不变的,会遵循相应的规律演化,通常会呈现出复杂的"涌现"现象(Holland,1992)。

3. 环境的复杂性

首先,社会经济系统之间是相互关联的,而这种关联是复杂多样的,主要体现在关联方式的多样性、因果关系的多样性,以及内在机理的多样性。其次,复杂性的种类也是各式各样的(时间的滞后性、信息不对称、个体目标与总体目标之间的冲突等等)。而这些关联性的复杂和复杂性本身特征的多样化合在一起会产生宏观的影响和行为。最后,社会外部环境往往会有突发的事件和现象,也会诱发经济系统复杂行为的产生在演化过程中由于环境的影响存在选择和进化机制,特别是外部环境的突变现象会诱发复杂系统行为的产生。

4. 信息的重要作用

信息处理手段的发展过程随着人类技术手段的发展不断地变化。最开始的语言文字的出现为一个重要节点,古有烽火信,而现今网络通信的发展又是信息处理手段的一次重要节点,而信息手段的变化促进了社会经济系统发生了突破式的变革。信息处理的各个阶段:信息的产生、传递、反馈、控制等在社会经济系统中发挥着越来越重要的作用,人类社会在不同的层次,每个层次的细化越来越精确,每个阶段都会产生并积累各种经验和文化知识,使得社会经济系统越来越丰富多元。总之,社会科学的研究非常关键的部分就是探讨和研究其中的信息系统,促进社会系统管理和控制手段的提升和前进。

5. 难验证性

社会事物是在一个特定的环境和条件下发生,并且具有特定的时间段,正因为如此,社会事物的发生不可能完全一样地重来一遍,因为历史不能重演,即使是那些影响巨大并且会带来利益冲突的事物,我们也不可能还原事物发生时的所有的要素来进行重复性实验,从而达到预测的效果。总之,社会科学的研究难以得到验证,特别是在时间短、范围小的情境下,我们需要反复地对不同的样本进行。社会科学的理论是"概率性",而不是"绝对性"的(Wong,2016)。

三、社会科学面临的复杂性挑战

针对以上对社会科学的复杂性特征的描述,并且随着社会经济的不断发展,社会经济系统将会越来越复杂,社会科学的研究范式将面临以下复杂性挑战和研究趋势。

第一,社会系统的主体具有异质性,包括前面描述的系统中个体行为的复杂性。个体行为同时共有理性和非理性的成分,是主动的同时也是被动的,是具有主观性的但也是客观存在的个体,是非常智能的、有自己观念的、具有价值性、主观性(利益性、民族性、阶级性等主观因素诱导人们形成非中性的、非客观的、非理性的观察态度)以及会随着外界动态变化的环境而变化,其主要通过以下方式来完成与环境之间的交互:不断的学习、尝试性的模仿、不断的反馈、再学习再模仿,这是一个动态变化的螺旋上升的过程。

第二,社会经济系统所处的环境是不断在变化的,环境中要素关联的复杂性、复杂性特征本身的多样性以及环境中的突发事件。还有环境中宏观事物和微观事物之间的相互影响和作用。

第三，不可以将社会经济系统中的微观行为和宏观行为割裂开来单独研究，要将其看作一个总体和系统进行研究。

第四，社会经济系统分为不同的层次，每个层次都会有自己的规律特征，所以研究过程中每个层次都不可以忽略。

第五，社会经济系统的发展和演化方向绝对不只有一个，研究过程中要考虑多种可能性，即使那些从来没有出现过的情景，在今后的社会也有可能会成为现实。

通过对社会科学的复杂性特征进行描述以及对社会科学面临的复杂性挑战的概括，传统社会科学的研究方法已经难以满足新时代社会科学需求，这就是社会科学研究方法论突破和变革的内在动力。

顺应复杂性趋势产生了各种新的方法论，分别产生于不同的领域，而且彼此之间不是独立的，是相互关联和相互影响的。所有与社会科学复杂性特征和挑战相关的方法论统称为复杂性科学、非线性动力系统论或复杂适应网络。虽然复杂性科学并没有像其他科学一样有自己完善的理论和方法体系，但是却提供了全新的研究视角和研究范式，也广泛地引起了系统复杂性特征的关注，复杂性科学首先是在自然科学中引起了巨大的反响，近些年社会科学家们也开始关注并重视。社会系统主体的异质性、所处环境的动态性、宏观行为和微观行为的不可分割性、多层次性，发展和演化方向的多样性对于形成系统的属性具有重要意义。另外，复杂系统的演化是不可重演的。因此，对复杂系统的认识需要关注它的内部动力学机制。

第二节 社会科学的研究方法

一、社会科学的研究方法

社会科学主要研究的对象是人类社会和人类社会的发展，并与自然科学相互交叉、相互渗透、相互促进。对社会科学的研究方法理解并应用是进行社会科学研究不可或缺的一部分。社会研究是一种以经验的方式，对社会中人们的行为、态度、关系，以及由此所形成的各种社会现象、社会产物所进行的科学的探究活动。风啸天提出："社会研究是科学的一个部分,它的目标是探索和理解我们生活于其中的社会世界,是在一定的理论和方法论的指导下,运用系统的经验观察和逻辑推理方法,通过建立科学理论来解释具体现象,并力图说明普遍的因果规律。而从事这种活动所用的方法,就是社会研究方法(风啸天,2005)。"

社会科学的研究方法是一些关于方法的学说和理论,从而构成一种体系。它以人类社会与社会现象为研究对象,是我们认识社会和获取有关社会各种知识的重要途径。如何选择方法以及其价值和标准规范问题是其核心问题。社会经济系统作为社会科学研究对象,其主要内容就包含社会发展、社会的本质以及规律、社会的结构和功能、社会的机制及其动力等诸多方面。周璐将社会科学研究方法定义为:有目的地对各种社会现象和人类各种社会行为进行科学研究的方式和手段。其研究现象包括各种社会要素、社会结构、社会文化、社会意识、社会生活及与之有关联的政治制度、法律制度、社会经济等各方面内容。从具体研究方法来看,包括了问卷调查法、访谈法、实验法、观察法、文献法等(周璐,2009)。社会科学研究方法需要我们从科学的角度出发,构建科学的理论,运用具体的方法来了解社会现象、分析社会问题、把握社会发展规律。

二、社会科学的科学化

马克思曾预言:"科学只有从自然科学出发,才是现实的科学。历史本身是自然史的,即自然界成为人这一过程的现实部分。自然科学往后将包括关于人的科学,正像人的科学包括自然科学一样:这将是一门统一的科学"(《马克思恩格斯全集》第 42 卷第 128 页)①。生产力在不断地发展,科学技术在不断地进步,两者的变化使得社会事物不像之前那样简单,社会中的各种关系越来越复杂、越来越多变,人们的主观反映所产生的误差也随之变大。同时,发生的现象是社会系统中越来越明确和细化的分工,越来越多元的结构体系,管理社会事物的工具和方法不仅越来越多元化、具体化和准确化,而且更加有效、实时性更高,这一切的发生对社会科学的要求也越来

---

① 马克思,恩格斯. 马克思恩格斯全集:1849 年 8 月—1851 年 6 月[M]. 北京:人民出版社,1998.

越高,社会科学的研究对象和研究方法的变革与发展存在的动力越来越大。随着社会科学问题的复杂性不断被相关研究者们所认识,关于社会科学研究方法体系也在传统的定性、定量及实验方法基础上不断被拓展,社会科学的内部复杂性即研究对象、认知过程和研究方法的复杂性都给社会科学研究范式变革带来了必要性和迫切性。

伴随着社会生产力的提高,在 16 世纪末,最先形成独立完善的学科是自然科学,并与神学脱离开来,自然科学的很多研究成果都被应用到人类社会并产生了巨大贡献。前面描述了自然科学和社会科学之间紧密的联系,那么将自然科学运用到社会科学的研究中必然成为一种主打的研究趋势。① 到 18 世纪,社会科学表现的是实证主义倾向。因为自然科学先于社会科学出现,其完善程度、研究成果和研究方法体系都优于社会科学,所以社会科学的研究者们非常愿意借鉴和模仿自然科学中一些经典研究方法和工具。因为人类是自然的一部分,社会科学也与自然科学有着天然的联系,所以社会科学在研究上出现自然科学化的一个趋势,即"从自然科学奔向社会科学"的狂潮(陈成文和陈立周,2007)。

自然科学和社会科学近年来都发展迅速,社会科学可以理解为一种特殊的自然科学。社会系统的组成部分有很多与自然科学的研究对象存在关系,这些关系导致在研究社会科学过程中不可能与自然科学隔离开来。在某个层面上来理解,自然科学各个领域的发展会影响社会科学的发展状态,这种影响会非常深远。而自然科学深深地影响了人类社会这个系统,当然社会科学的发展也在影响着自然科学的走向,两者相互渗透、交互整合。现代科学的发展,如计算科学、数据科学等技术的产生,复杂性科学的兴起都已经在社会科学领域受到重视并深入研究,为社会科学自然科学化提供入口,大大提高了社会科学的自然科学化速度。社会科学和自然科学之间亟需搭建起一座桥梁,需要一种新的研究范式使两者交叉融合,最终更科学、客观、系统地对社会经济系统进行研究。由此可见,社会科学的总体趋势是客观化、精确化和系统化。

① 陈波.社会科学方法论[M].北京:中国人民大学出版社,1989.

本章小结

　　社会科学是用科学的方法,研究人类社会的种种现象,发现社会经济系统的相关规律。社会科学中的"社会"指的是其研究对象是人类社会中的各种主体、组织、现象等社会系统中的事物,这个系统是由人类组成的,包括经济、教育、企业等活动组织,它是一个复杂多元的巨大的系统。社会科学中的"科学"是指研究方法是遵循科学的方法论体系,用科学的研究手段对社会系统进行研究。社会规律具有更充分的主动性和创造性、复杂性的特征,面临着复杂性的挑战,特别是随着社会的发展和复杂程度越来越高,不可以照搬自然科学的研究方法和研究范式,社会科学与自然科学之间依然存在学科壁垒;社会科学的研究者们需要找到两者之间的桥梁和突破口,更好地促进社会科学的科学化发展。本章主要介绍了社会科学的概念、社会科学的研究方法两部分内容。在接下来的第二章,我们主要探讨社会科学量化研究的发展历程。

参考文献

[1] Kerlinger F N, Lee H B. Foundations of behavioral research[M]. 4th ed. New York:Harcourt College Publishers,2000.

[2] 殷杰,张海燕.社会科学解释机制探析[J].湖南师范大学社会科学学报,2016,45(5):5-10.

[3] 刘巍,丁云龙.社会科学研究方法[M].大连:大连海事大学出版社,2015.

[4] 乔治·索罗斯,王宇.传统经济学批判:社会科学与自然科学的区别[J].金融发展研究,2018(1):32-36.

[5] 孙明贺,郦全民.论社会科学研究的计算机实验方法[J].东华大学学报(社会科学版),2006,6(2):20-24.

[6] 于景元,周晓纪.从综合集成思想到综合集成实践——方法、理论、技术、工程[J].管理学报,2005,2(1):4.

[7] Holland J H. Complex adaptive systems[J]. Daedalus, 1992, 121(1):17-30.

[8] 张军,盛昭瀚.组织行为演化研究的计算实验方法[J].复杂系统与复杂性科学,2005,2(4):29-36.

[9] Okasha S. Philosophy of science：A very short introduction[J]. New York：Oxford University Press，2002.

[10] 方美琪.社会经济系统的复杂性——概念、根源及对策[J].首都师范大学学报(社会科学版),2003(1):101-105.

[11] 风啸天.社会学研究方法[M].北京:中国人民大学出版社,2005.

[12] 周璐.社会研究方法实用教程[M].上海:上海交通大学出版社,2009.

[13] 徐淑英.商学院的价值观和伦理:做负责任的科学[J].管理学季刊,2016(S1):1-23.

[14] 陈成文,陈立周.社会学研究方法论的转向:从实证传统到另类范式[J].社科纵横,2007(12):116-118.

[15] 张军.研究社会系统演化的计算实验方法[J].实验室研究与探索,2008,27(10):40-43.

第二章 社会科学研究范式的变革

  每一个学科领域的研究范式都随着自己的研究对象和科学可以提供的技术不断的发展和变革,社会科学也不例外。本书想要探寻的是数据科学对社会科学的影响,那么了解社会科学从诞生之日起,其每次研究范式的变革是在什么样的状态影响下如何发生变化将会有助于我们找到今时今日的社会科学研究范式变革的动力机制,也有助于分析社会科学研究范式会发生怎样的变革。同时,本章还介绍了社会科学量化研究存在的难点,并在最后总结了社会科学研究范式变革的动力机制。

第一节 社会科学量化研究的发展历程

一、社会科学量化研究的发展历程

  社会科学的研究转向量化研究是在 18 世纪初,统计学在那个时代被创立并被应用到社会科学的研究中,18 世纪 30 年代,实证主义(positivism)概念最开始由社会科学家和哲学家孔德(Auguste Comte)提出,主张脱离神学,承袭经验,开始主张运用科学的方法对社会系统进行研究,认为探索社会系统中的规律需要运用科学的手段。[①] 随后,Emile Durkheim 在他的研究中遵循了实证主义的思想,以自杀行为为研究对象、以"社会整合度"为主要变量研究现象背后的因果关系,证明了将社会科学进行量化研究是可能的,开创了量化研究的先河(Durkheim E,1951)。20 世纪 50 年代以后当代科学技术的革命使得自然科学产生巨大的进步,自然科学更加受到人们的认可和追崇,列宁称之为"从自然科学奔向社会科学的强大潮流",这股

---

① Comte A. Auguste comte and positivism:The essential writings〔M〕. Chicago:University of Chicago Press,1975.

潮流播下了社会系统科学化研究的种子(林聚任和刘玉安,2004)。量化研究,顾名思义是对于研究对象的量化以及采取量化研究的手段,首先是获得数字资料,通过统计学测量研究对象,并探索能解释社会现象与行为的普遍规律,测量与分析变量之间的因果关系(汪雅霜和嵇艳,2017)。量化(quantization)是指获取的与研究问题相关的信息和素材都是以"量"的形式进行的。量是一个基本的数学概念,是将原来定性表达的事物属性定量表达,通过一定的手段获取量化具体的数值,与同属性类别的事物之间进行聚类和比较。因此,量的表达是由数字构成的数的集合以及与物质集合相关的计量组成单位((米加宁等,2018;Yilmaz K,2013)。

自 20 世纪 50 年代以来,社会科学的各个领域都在努力地走向科学化,主要目的是各自领域的研究更为客观、专业和精准,统计学和很多的量化手段起到了很大的作用。通过对社会科学量化研究方法相关文献的梳理,我们采取米家宁等学者提出的按照时间序列将其总结为三个研究范式:实证主义因果关系的研究范式、非线性问题线性化的研究范式和基于主体的复杂系统建模研究范式(米加宁等,2018;米加宁等,2017)(见图 2 - 1)。

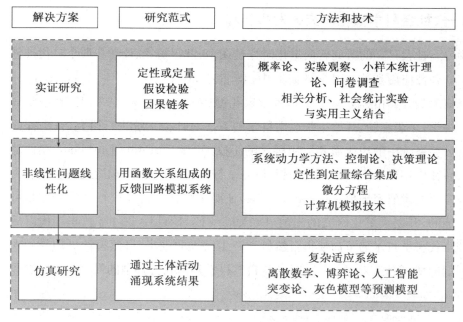

图 2 - 1　三种解决方案

二、社会科学量化研究的层次

实证主义因果关系研究范式以统计回归方法为主,通过简单因果链条解释和理解社会现象,其研究视角是从整体层面,对于现实世界的解释是宏观的;而系统动力学的研究范式是非线性问题的典型,它是用函数组成的模型来探索规律和社会结果,也是对社会系统规律的宏观视角的模拟;以基于主体建模的仿真方法也是对现实社会的模拟,但其仿真主体有自己的运行规则,相互之间会有互动,是自下而上的社会现象的涌现(陈云松,张亮亮,闫尊涛等,2016;Coleman,1986)。这三种研究范式的立场体现了由宏观到微观的过渡(从整体解释到结构划分再到基于主体仿真,从系统的定性或定量分析一般规律到社会科学计算实验或对个体、个案的观察),如图 2 - 2 所示。

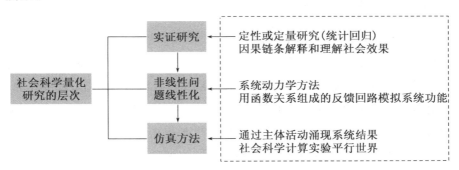

图 2 - 2　社会科学量化研究的层次

这种社会科学量化研究的层次划分实际上来源于科尔曼从 20 世纪 70 年代开始建立的社会行动理论模型(Coleman,1986)。科尔曼的社会行动理论模型(见图 2 - 3)重点在于解析宏观现象的形成过程,解析的重点是个体的行为取向(包括愿望、信念和机遇等)以及由行为取向引致的个体行为,因此要分析宏观现象与个体行为取向之间的因果链条;然后解析个体的这些行为取向与其他个体和宏观环境之间的作用机制,即个体行为的生成机制,明晰个体的行为规则,这些规则将表现为基于主体的模型中的主体行为,进而涌现出政策结果(见图 2 - 3)。科尔曼的社会行动理论模型是宏观现象和个体行为的微观分析,是对从宏观现象到微观行为再到宏观现象的"影响—作用—涌现"机制的解析,在方法论上主张个人主义,排斥整体主义,是社会行动理论的来源之一(汪雅霜和嵇艳,2017)。

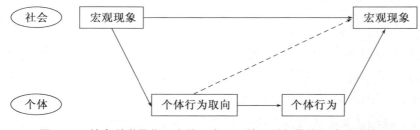

图 2 - 3　社会科学量化研究的层次——基于科尔曼的行动理论模型

第二节　社会科学量化研究存在难点

一、内生性问题

社会科学研究不论是解释激励机制还是预测经济管理问题,社会科学量化研究都是基于因果分析。但是当证明某个因果关系时,"内生性"问题将会是一个挑战。内生性问题的产生有很多原因,双向因果是最受关注的,社会科学的实证研究主要目的是寻找因果关系,自变量影响因变量,但在一些情境下因变量反过来也会影响自变量。[①] 如果研究变量所处的环境是简单、封闭、稳定和局部的,有什么样的因果关系较易确定;相反,如果研究变量所处的环境是复杂、开放、动态和庞大的系统中,研究者很难找到确切的不含内生性的问题。社会系统中的各单元和要素之间是相互关联和作用的,社会系统中的因果关系是不能简单累加的。[②] 社会系统中的要素会随着环境的变化调整自己的行为,这就使得因果关系的探寻过程变得更加复杂。[③] 社会科学的研究对象不是一成不变的,社会科学的主体"人"是具有主观性、动态性、交互性、情感性、价值性和阶级利益性的,同时缺乏客观性和准确性。同时社会科学的研究者本身也会受环境和自身价值观的影响,

---

　　① 加里·金,罗伯特·基欧汉,悉尼·维巴. 社会科学中的研究设计[M].上海:格致出版社,2014.

　　② 凯梅尼,斯内尔,等. 社会科学中的数学模型[M]. 杭州:浙江人民出版社,1988.

　　③ 罗伯特·杰维斯. 系统效应:政治与社会生活中的复杂性[M]. 上海:上海人民出版社,2008.

从而影响其研究过程(陈成文和陈立周,2007)。社会科学研究的对象——社会事物或历史现象一般具有复杂性,受众多因素的影响,社会中的事物同处于一个社会系统中,彼此之间不是相互独立的,是相互影响和制约的;再者,社会科学研究的事物具有再组织、再创造和再发展的特征,有其偶然性和主观性,表现出较强的随机性和模糊性,这些都给社会科学科学化和精准化的研究带来了障碍。基于观测数据的量化研究,经典回归模型系数统计显著与否,本质上只能说明对变量在统计上是否具有关联,并不能说明因果关系(陈云松等,2017)。最经典的比喻莫过于瑞雪兆丰年:这是农民最朴实的对当年下雪量和农作物产量之间因果关系的预测,下雪量和农作物产量之间的统计关联显而易见,但下雪量却不是农作物产量之因,是因为杀死了害虫。广义的内生性问题还包括样本选择性偏误和变量遗漏。

样本选择性问题多发生于缺乏科学合理的研究设计、随机抽样方法、外部条件限制等因素引起的样本选择时的偏差问题。首先,研究者的主观性选择会导致样本选择性问题:为了搜集有利于或证明自己研究假设的数据或样本。其次,是客观条件限制,缺乏随机抽样的基本条件。当然,还可能是尽管有一个好的研究设计,但由于操作过程中出现的偏差导致。变量遗漏是指在社会科学研究过程中,往往会存在难以量化或无法获得观测数据的解释变量,称之为遗漏变量。如果遗漏了重要、重大的变量,在模型建立起来后,无论是验证还是预测都会出现很大的误差。

二、量化研究的滞后性

量化研究过程中想要获得高质量、准确性、实时性的数据,会耗费人力、物力及时间成本。其中,数据的实时性表示所获取的数据是否与现有的研究问题相匹配,是否匹配当下的研究条件和研究环境,时间上是否一致。如果所获取的数据相对于研究问题的时效性存在滞后,那么研究结果就会与研究问题无法正确匹配。因此,数据获取的滞后性带来了学术研究过程的滞后性。对于现实中具体重大变迁的社会事件,质性研究者通常会较早发现问题,定量研究者们大多关注对既有理论的梳理、证实、证伪和再研究。数据获取的滞后性、分析工具的滞后性问题都会导致社会科学量化研究的滞后性问题。而社会科学的时效性问题是研究结果科学性的重要影响因素。

第三节 社会科学研究范式变革的动力机制

社会科学研究范式变革的动力机制:从内部要素来讲,社会科学研究对象、研究方法和应用研究的复杂性特征是社会科学研究范式的本质原因;从外部要素来讲,数学等基础科学、计算机科学、社会科学等学科的成熟,学科之间交叉研究的兴起都不同程度地推动了社会科学家对于社会科学研究范式变革的关注。

一、内部要素

生产力在不断地发展,科学技术在不断地进步,两者的变化使得社会事物不像之前那样简单,社会中的各种关系越来越复杂、越来越多变,人们的主观反映所产生的误差也随之变大。同时,发生的现象是社会系统中越来越明确和细化的分工,越来越多元的结构体系,管理社会事物的工具和方法不仅越来越多元化、具体化和准确化,而且更加有效、实时性更高,这一切的发生对社会科学要求也越来越高,社会科学的研究对象和研究方法的变革与发展存在的动力越来越大。随着社会科学问题的复杂性不断被相关研究者们所认识,关于社会科学研究方法体系也在传统的定性、定量及实验方法基础上不断被拓展,社会科学的内部复杂性即研究对象、认知过程和研究方法的复杂性都给社会科学研究范式变革带来了必要性和迫切性(王亚男,2011)。

二、外部要素

21世纪,我们进入了大数据时代,无论你处在什么行业,你都会用到手机(移动互联网的载体),你也会听到云计算、物联网等词汇;而科学技术的发展增加了社会科学的研究工具和手段,同时,特别是在跨学科研究的推动下,数据科学不断促进社会科学研究范式的变革。数学和计算机这两门学科的体系越来越完善,并且在整个自然科学的历史长河中起着关键性的作用。数学是我们非常熟悉的一门科学,其逻辑性强、推理严密以及系统成熟,因此不同领域的科学家都认为数学是量化自然界并研究和理解自然界的一种简洁有效的工具,而近年来计算科学的成熟和完善使得应对这个时代的热点"大数据"并进行量化研究成为可能,现今社会中不同需求的发展和技术的进步为科学研究带来新的研究思路,数据科学就是在创新变化中兴起的一门科学。学者们均开始尝试将数据科学应用到各自的领域,数据科学已成为近几年来国际上普遍关注的热点领域。其中数据科学在社会科学领域的应用同样引起学者们的关注。

概括地说,在对社会系统复杂性的上述认知基础上,我们认为,今后的社会研究较之传统的研究,将呈现出以下几种趋势特征:第一,需要考虑社会系统众多组成单元都具有异质性,包括前面描述的系统中个体行为的复杂性;第二,社会经济系统所处的环境是不断在变化的,环境中要素关联的复杂性、复杂性特征本身的多样性以及环境中的突发事件,还有环境中宏观事物和微观事物之间的相互影响和作用;第三,不可以将社会经济系统中的微观行为和宏观行为割裂开来单独研究,要将其看作一个总体和系统进行研究;第四,社会经济系统分为不同的层次,每个层次都会有自己的规律特征,所以研究过程中每个层次都不可以忽略;第五,社会经济系统的发展和演化方向绝对不只有一个,研究过程中要考虑多种可能性,即使那些从来没有出现过的情景,在今后的社会也有可能会成为现实(汪雅霜和嵇艳,2017)。

本章小结

本章主要梳理了社会科学量化研究的范式变革过程,梳理了社会科学量化研究发展过程中存在的难点,即内生性问题、数据有效性问题、量化研究的滞后性问题、生态问题等。提出了在大数据时代社会科学研究范式变革的动力机制,分别包括内部要素和外部要素,即社会科学研究对象和研究方法的瓶颈和科学技术的快速发展。为后面章节论述数据科学如何影响社会科学研究找到切入点。

参考文献

[1] 黄光国.社会科学的理路[M].北京:中国人民大学出版社,2006:4.

[2] 林聚任,刘玉安.社会科学研究方法[M].济南:山东人民出版社,2004.

[3] 赖特·米尔斯. 社会学的想象力[M]. 北京：生活·读书·新知三联书店,2010.

[4] Durkheim E. Suicide：A study in sociology[J]. American Sociological Review,1951,16(4)：565.

[5] Holland J H. Complex adaptive systems[J]. Daedalus,1992,121(1)：17-30.

[6] 张军,盛昭瀚. 组织行为演化研究的计算实验方法[J]. 复杂系统与复杂性科学,2005,2(4)：29-36.

[7] 汪雅霜,嵇艳. 大数据分析与量化研究的区别与整合——兼议教育量化研究的未来走向[J]. 四川师范大学学报(社会科学版),2017,44(4)：36-41.

[8] Yilmaz K. Comparison of quantitative and qualitative research traditions：Epistemological, theoretical, and methodological differences[J]. European Journal of Education,2013,48(2)：311-325.

[9] 米加宁,李大宇,章昌平,等. 大数据与社会科学量化研究[C]//实证社会科学. 上海：上海交通大学出版社,2017.

[10] 刘红,胡新和. 数据革命：从数到大数据的历史考察[J]. 自然辩证法通讯,2013,35(6)：33-39.

[11] 刘放桐. 杜威哲学及其在中国的影响[J]. 天津社会科学,2010(2)：4-11.

[12] 沃野. 关于社会科学定量、定性研究的三个相关问题[J]. 学术研究,2005(4)：41-47.

[13] 上海交通大学钱学森研究中心. 智慧的钥匙：钱学森论系统科学[M]. 上海：上海交通大学出版社,2015.

[14] 钱学森. 智慧的钥匙[M]. 上海：上海交通大学出版社,2005.

[15] 张波,袁永根. 系统思考和系统动力学的理论与实践：科学决策的思想、方法和工具[M]. 北京：中国环境科学出版社,2010.

[16] 盛昭瀚,马军海. 非线性动力系统分析引论[M]. 北京：科学出版社,2001.

[17] 盛昭瀚,张军,杜建国. 社会科学计算实验理论与应用[M]. 上海：上海三联书店,2009.

[18] Meadows D L, Randers J. Adding the time dimension to environmental policy[J]. International Organization,1972,26(2)：213-233.

[19] 陈云松,张亮亮,闵尊涛,等. 大数据机遇与宏观定量社会学的重启[J]. 贵州师范大学学报(社会科学版),2016(6)：35-39.

[20] Coleman. Geologic significance of rising fawn cross-strike structural discontinuity, northwest Georgia Appalachians[J]. Am. Assoc Pet Geol Bull(United States)；1986,70：5.

[21] 陈云松,贺光烨,吴赛尔. 走出定量社会学双重危机[J]. 中国社会科学评价,2017

(3):15 – 27.

[22] 王亚男.两化融合中我国制造业的机遇、挑战与发展[J].北京邮电大学学报(社会科学版),2011,13(2):75 – 82.

[23] 章昌平,李大宇,林涛,等.第四研究范式:大数据驱动的社会科学研究转型[J].学海,2018(2):11 – 27.

[24] 孟凯中,王斌.系统动力学在我国可持续发展战略中的研究进展[J].资源开发与市场,2007,23(1):78 – 80.

[25] 甘德安.基于复杂性视角的企业家理论——复杂性的家族企业演化理论系列研究之四[J].理论月刊,2010(4):148 – 152.

第三章　数据学与数据科学

　　在第二章我们简单梳理了社会科学研究范式的变革发展史,并且分析了当下时代社会科学研究范式变革的外部要素和内部要素。数据科学是新时代变化下兴起的一门学科,已经被学者应用到各个领域,故必然是社会科学研究范式变革的很重要的一个促进因素。在这一章主要介绍什么是数据学和数据科学,方便后面讨论数据科学是对社会科学产生了什么影响,并且动力机制是什么。具体是:首先,介绍数据科学的发展历程和概念,数据科学的研究内容。其次,阐述数据科学是如何作为社会科学和自然科学的桥梁。最后,介绍社会科学与自然科学的交叉大部分都是数据密集型科学,其中社会计算是关注最多的,所以在最后小节运用 CiteSpace 简单分析大数据和社会计算实验的交叉应用。

第一节　数据科学的基本概念

一、数据科学发展历程

　　数据科学术语最早在 20 世纪 60 年代被提出,最初的用语是 datalogy,是指数据分析论,由图灵奖获得者彼得·诺尔(Peter)作为计算机科学的替代术语提出。彼得·诺尔于 1974 年指出数据科学是处理数据的科学,一旦数据与其代表事物的关系被建立起来,将为其他领域与科学提供借鉴。数据科学第一次作为术语于 1992 年在法国 Montpellier University Ⅱ 召开的日本—法国科学家第二次研讨会上被提及。1996 年在东京召开的 IFCS (International Federation of Classification Societies)会议上第一次在会议名称里包含数据科学这一术语"data science, classification, and related methods"(王曰芬等,2016)。2001 年,W. S. Cleveland 发表了题为"Data science: An action plan for expanding the technical areas of the field of statistics"的论文,在论文中对数据科学的学科起源与内涵进行了界定。2002 年,第一本以数据科学命名的期刊则是由国际科学技术数据委员会(CODATA)创办。2009 年,Troy Sadkowsky 等在 LindedIn 上组建了第一个数据科学家群 The Data Scientists Group。2010 年,Drew Conway 提出了第一个揭示数据科学理论基础的韦恩图——The Data Science Venn Diagram。Patil 于 2011 年出版专著 Building Data Science Teams,系统讨论了如何组建数据科学家团队问题。2012 年,哥伦比亚大学开设第一门数据科学课程 Introduction to Data Science。2014 年,在 ISO/IEC 信息技术会议上,信息技术委员会发布了数据文件的报告,该报告定义了数据相关概念,对数据分析、数据技术、数据模型以及数据范式进行了分析,从不同角度对数据科学进行了阐述。至此,全球对数据科学的关注越来越多(王曰芬等,2016)。有关数据科学研究的时间动态如下(赵蓉英和魏明坤,2017):

表 3 - 1　数据科学研究的时间动态

时间段	数据科学的应用
2007,2008,2009	数据科学开始应用到不同的学科领域
2009,2010,2011	数据科学的发展与人们的日常行为开始影响人们生活的方方面面
2011,2012,2013	数据科学开始应用到社会科学领域,主要是在数据获取和数据处理方面,数据量和数据涉及范围增大
2013 至今	大数据的出现引起广泛关注,对于大数据相关技术提出更高的要求,主要用于大数据的获取、存储和处理,如数据挖掘、机器学习,其中 2014 年是重要的一年

二、数据科学的内涵

1. 数据化

当前,数据充斥在我们生活的方方面面。网络购物、网上通信、浏览新闻、收听在线音乐、搜索信息,或在网上表达观点,这些行为都会被记录。同时,我们拥有充足且廉价的计算能力。有数据、有计算能力,这为从事数据科学提供了良好的环境。大家都知道,线上数据的收集正在经历一场革命,同时,离线数据的采集同样也在革新。人们的日常行为也被"数据化"了。将数据与信息结合起来,我们可以深入研究人类的行为,甚至从更高的物种角度来研究人类行为区别于其他物种的特殊性。数据也不局限于互联网产生的数据,金融、医疗、制药、生物信息、公共福利、政府、教育、零售等行业都会产生大量的数据,数据在各行各业的影响力与日俱增。

数据化是指将生活的方方面面转化为数据。在这个互联网高速发展的时代,数据充斥在我们的生活周围。科学研究、网络信息等都可以变成数据进行编码,所以在理解数据科学之前,应该先了解一下什么是数据化。数据化可以理解为一种处理流程,将世界的方方面面转化为数据(Cukier K 和 Mayer-Schoenberger V,2013)。数据化无处不在,从作为研究对象参与到实验和科学研究中,这些都是数据化的典型例子。移动互联时代,人们生活的方方面面都离不开移动设备,每一个环节多多少少都会有移动互联网的参与,只要产生行为,就会留下痕迹以数据的形式被存储,如衣食住行、娱乐、运动等等。对于宏观层面的社会和国家而言,政治经济活动、军事活动、科学和教育、社会和文化活动,以及人类与自然界的交互等等,都会留下可储存痕迹,并以海量的数据存储在云端,这些由人类行为产生的数据可以用来分析人类活动的特点和规律。

2. 数据科学的内涵

学者们认为数据科学的定义包括:Aalst 和 Damiani 认为数据科学的目的是利用不同的数据来源,解决以下 4 类的问题:报告发生了什么事件,诊断事件为什么会发生,预测接下来会发生什么,建议针对即将发生的事件什么是最好的策略(Aalst 和 Damiani,2014)。也有学者认为,数据科学是从数据中发现知识的过程,这个过程需要多个分析模型的快速探索性发展,并提出数据科学这一新兴领域解决了非结构化数据的需求(Abrahams 等,2015)。数据科学研究的目的在于普及对数据进行的知识提取,并从过程描述角度将数据科学概括为:围绕数据进行的扩张和统计,其中包括对组织、属性和数据及其在引用中扮演的角色,包括我们对此种引用的置信度进行的系统性学习(Acemoglu D,2014)。虽然对数据科学具体的实践过程描述不尽相同,但是学者们都认为数据科学是对知识的发现与提取。

数据科学研究的核心内容是数据,涵盖数学、统计学、数据工程、机器学习、模式识别、可视化、数据建模等多个领域的技术和理论(图 3 - 1)(Conway,2014)。数据科学的最终目的是从数据中挖掘出有用的信息,让数据和信息增值。2003 年的《数据科学》杂志认为:"数据科学意味着几乎所有与数据有关的东西,包括对数据的收集、分析和建模等,然而,其最重要的部分就是应用——几乎所有类型的应用。"

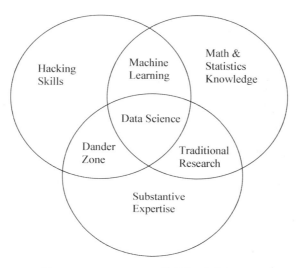

图 3 - 1　**Drew Conway 的数据科学韦恩图**

第二节　数据科学的研究内容

一、研究范畴

数据科学的研究范畴是很多信息技术和数据技术的集合,数据科学已经发展成为一种包括机器学习、计算智能、数据库、算法、统计、运筹学、可视化、隐私和安全、智能技术(包括人工智能)、神经网络、模糊逻辑、粒度计算、粗糙集、专家系统、基于案例的推理、进化算法、云计算等方法的混合研究科学(王曰芬等,2016;孟小峰等,2013;杨京等,2015;O'Neil 和 Schutt,2013)。社交网络数据挖掘、云计算、数据可视化技术等相关技术和工具构成了数据科学研究的重要内容。此外,分析复杂元网络模型在组织系统、金融系统、供应链和语义网络等方面的应用也越来越受到人们的重视。数据科学的基础知识、数据预测处理、数据统计、机器学习、数据可视化、数据计算、数据管理等基本内容构成了数据科学的理论体系(王曰芬等,2016;孟小峰等,2013;杨京等,2015;O'Neil 和 Schutt,2013)。数据科学已成为一个围绕着广泛的可用性数据的交叉型学科,交叉着统计数据、数据挖掘、机器学习、数据库、可视化、伦理学和高性能计算等方法(王曰芬等,2016;孟小峰等,2013;杨京等,2015;Aalst 和 Damiani,2014)。Baumer 认为数据科学是一个跨学科的领域,它利用数学、统计学、计算机科学的知识从日益复杂的大规模数据中通过多种设定模型抽取有用信息(Baumer,2015)。叶鹰和马费成(2015)对数据科学与信息科学发展的关联进行了研究,通过数据—信息—知识、计算技术—数学方法—专业知识、人—技术—数据,以"三位一体"方式揭示了数据科学与信息科学的基本原理。也有学者提出,数据科学包括信号处理、数学、概率模型、机器学习、计算机编程、统计、数据工程、模式识别和学习、数据可视化和不确定性建模等技术元素(王曰芬等,2016;孟小峰等,2013;杨京等,2015;Moraes 和 López,2015)。

我们利用 CiteSpace 对有关数据科学的文献关键词进行共现分析,形成关键词共现网络图(图 3-2)。通过分析我们发现,现有研究的高频关键词有大数据、机器学习、建模、数据挖掘、网络、数据库、预测、分类、算法、医药、生物等;从图 3-2 中得知,与数据科学联系比较紧密的关键词有大数

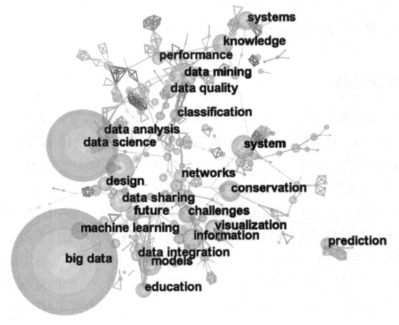

图 3-2 关键词共现网络

据、机器学习、模型、数据挖掘、数据库、分类科学、生物信息学、管理、预测分析、可计算的社会科学、高维数据等。这些高频词与共现词不仅显示了数据科学在研究对象、研究方法以及面临的问题方面所关注的热点,而且显示了主要应用的范围。从上述描述中可以发现,数据科学涉及的研究范畴来源于多个学科领域,是统计学、计算机科学、信息管理、信息系统等学科领域原有方法的继承或者扩展或者创新,处理大规模数据并进行分析是其研究方法要解决的核心问题。虽然在研究方法上的表达与应用有一定的差异,但是数据科学具有极强的跨学科和多学科特性已成为学界的共识(王曰芬等,2016)。

二、数据科学基本流程

《Doing data science》一书认为数据科学所涉及的基本流程主要包括数据化、数据处理、探索性分析、数据分析与洞见、结果展现和提供数据产品,如图 3-3 所示。

(1) 数据化:从现实世界中收集和记录原始数据。

(2) 数据处理:将原始数据进行清理,转化为干净数据。

(3) 探索性分析:在无先验假定的前提下,采用制作图表、方程拟合、计算特征量等手段,初探数据的结构和规律,为数据分析提供依据和参考。

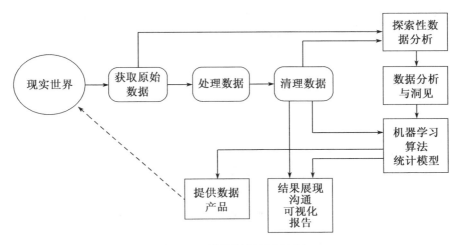

图 3-3 数据科学基本流程

（4）数据分析与洞见：根据数据预处理及探索性分析结果，选择具体的机器学习算法或统计模型进行数据分析。

（5）结果展现：在机器学习算法或统计模型基础上，采用数据可视化等方法将数据分析的结果展示给最终用户，提供"决策支持"。

（6）提供数据产品：在机器学习算法或统计模型基础上，进一步将数据转化成各种"数据产品"，进行交易和消费。

第三节　社会科学与自然科学的桥梁

事物都会有自己的载体，数据的载体是信息空间；信息客观世界中的现象，包括自然界和社会系统，是客观存在的；知识是人们长期探索积累过程中的认知和经验。数据可以作为信息和知识的一种表达方式，但数据本身并不代表信息和知识，它只有被挖掘之后才会得出信息和知识。数据学研究的对象是数据，而不是信息，也不是知识。通过分析和处理各种来源产生的数据探索规律，进而获得信息和知识（朱扬勇和熊赟，2009）。前面分析社会科学和自然科学有很多交叉的研究领域，但是社会科学与自然科学之间同时也存在着难以逾越的学术壁垒，社会科学的自然科学化的过程需要一个切入点和突破口，而数据科学为社会科学和自然科学提供了交叉融合的桥梁。图3-4描述了数据科学和社会科学以及自然科学之间的联系。

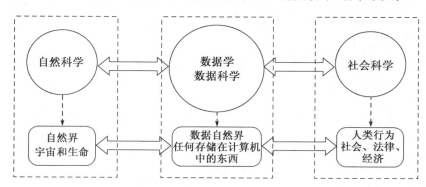

图3-4　数据科学与其他学科的关系

自然科学和社会科学都有自己领域的研究对象，而这些研究对象都可以有对应的数据，对这些数据的挖掘和处理可以得到相关事物的信息和知识，从而促进各自领域的前进和发展。

第四节　社会科学和自然科学的交叉

　　在描述科学分类的那部分时我们将科学分为自然科学、社会科学和人文科学等学科,但是他们不是割裂开来的,特别是自然科学和社会科学,他们之间是紧密联系和相互影响的,只是目前缺乏完善的方法作为沟通桥梁。在 20 世纪 50 年代之前,社会科学与自然科学相对独立,跨学科研究较少(孟小峰等,2013)。社会科学和自然科学之间的关系如图 3-5 所示。

　　回顾第二章中描述的社会科学研究范式变革的动力机制,从内部要素和外部要素两个方面推动了社会科学家对于社会科学研究范式变革的关注(严霄凤和张德馨,2013)。如图 3-5 所示,建立在自然科学与社会科学之间,作为桥梁的一些跨学科研究方法逐渐兴起,这些学科都有数据密集型的特点,包括社会网络分析、社会计算实验、技术的应用等。

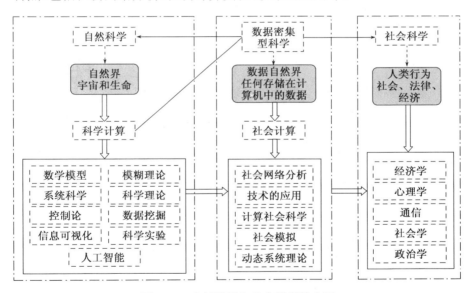

图 3-5　自然科学与社会科学的交叉

第五节　基于 CiteSpace 的大数据与社会计算实验的交叉研究

　　根据图 3-5 所呈现出来的信息,数据密集型科学中非常重要的一块就是社会计算,其中社会计算还包括社会网络分析、计算社会科学、社会模拟等。那么在已有的文献中同时包括数据科学和社会计算的研究有哪些方法和主题?所以,本节的主要任务就是通过对文献的分析,基于 CiteSpace 对大数据与社会计算实验交叉研究成果进行梳理、分析和总结。

　　在 CiteSpace 界面的节点类型(node types)中选择"Keyword",其他设置如前文介绍,然后运行软件,绘制出关键词共现知识图谱,见图 3-6。图中共有节点 52 个,连线 513 条。

图 3-6　关键词共现知识图谱

　　图中节点大小反映该节点所代表的关键词词频的高低,节点间的连线反映关键词间的共现关系。表 3-2 列出了频次高于 10 的 28 个高频关键词,其中"社会科学""数据"是本文的检索词。

表 3－2 数据科学在社会科学领域的应用研究频次前 28 位的关键词

频次	年份	关键词	频次	年份	关键词
13	2017	"计算社会科学"	11	2016	"数据驱动"
22	2012	"计算实验金融"	22	2013	"数据挖掘"
28	2014	"计算实验"	16	2011	"数据安全"
18	2011	"网络安全"	15	2013	"微博"
15	2012	"网络与通信"	16	2011	"密码技术"
17	2011	"绿色计算"	12	2017	"大数据时代"
79	2010	"社会计算"	85	2013	"大数据"
16	2013	"社会网络"	14	2015	"可视化"
13	2016	"社会科学"	10	2017	"信息技术"
31	2014	"社交网络"	15	2011	"信息安全"
15	2015	"知识图谱"	11	2014	"信息传播"
17	2013	"物联网"	13	2015	"人文社会科学"
15	2011	"水印技术"	11	2014	"人工社会"
13	2011	"普适计算"	20	2011	"云计算"

　　采用 CiteSpace 得出的高频关键词包括"社会计算""社交网络""大数据""计算实验""数据挖掘""云计算""计算社会科学"等,进一步验证了社会计算和大数据是两大热点研究领域。此外,图谱中节点较小的关键词出现了"绿色计算""知识图谱""人工社会"等近年来公众予以更多关注的研究话题,表明在大数据背景下社会科学与计算科学的交叉应用已经非常广泛,数据科学对社会科学研究方法转型必将产生巨大的影响。

　　借助文献计量分析工具 CiteSpace、Ucinet6 两种可视化软件,以知识图谱的形式直观揭示了数据科学与社会计算的交叉研究。从关键词共现网络分析可知,"社会计算""社交网络""大数据""计算实验""数据挖掘""云计算""计算社会科学"等是频次和中心性都较高的关键词,是数据科学在社会科学领域应用研究的热点问题,并形成了明显的主题聚类。知识图谱清晰展示了当前数据科学在社会科学领域应用研究的热点。"社会计算"和"大数据"是两大研究热点,但也出现许多与技术发展相呼应的研究方向。

本章小结

本章在最开始描述了数据科学的发展历程,在阐述数据科学内涵之前先描述了什么是数据化和信息化,并通过阐述数据科学的研究范畴、研究内容和基本流程来解释数据学和数据科学。在前面章节社会科学研究范式变革的基础上分析了数据科学、社会科学以及自然科学之间的关系,即数据科学是社会科学和自然科学交叉的桥梁,而数据密集型科学是两者交叉产生的新的科学范式,并在章节最后用知识图谱的方式讨论应用较多的数据密集型科学,如社会网络分析、数据挖掘和社会计算实验,并在接下来的篇章简要描述这三种方法。

参考文献

[1] Cukier K, Mayer-Schoenberger V. Rise of big data: How it's changing the way we think about the world[J]. The Foreign Aff, 2013(3):29 – 40.

[2] Aalst W V D, Damiani E. Processes meet big data: Connecting data science with process science[J]. IEEE Transactions on Services Computing, 2015, 8(6):810 – 819.

[3] Abrahams A S, Fan W, Wang G A, et al. An integrated text analytic framework for product defect discovery[J]. Production & Operations Management, 2015, 24 (6):975 – 990.

[4] Acemoglu D, Autor D H, Dorn D, et al. Return of the Solow paradox? IT, productivity, and employment in U. S. manufacturing[J]. Social Science Electronic Publishing, 2014, 104(5):394 – 399.

[5] Schutt R, O'Neil C. Doing data science: Straight talk from the frontline[M]. O'Reilly Media, Inc. , 2013.

[6] Baumer B. A data science course for undergraduates: Thinking with data[J]. American Statistician, 2015, 69(4):334 – 342.

[7] Conway D. Data science through the lens of social science[C]//ACM SIGKDD International Conference on Knowledge Discovery and Data Mining. ACM, 2014:1520.

［8］叶鹰,马费成.数据科学兴起及其与信息科学的关联[J].情报学报,2015(6):575-580.

［9］Moraes R M D，López L M. Computational intelligence applications for data science [J]. Knowledge-Based Systems，2015，87(6):1-2.

［10］朝乐门.数据科学[M].北京:清华大学出版社,2016.

［11］朱扬勇,熊赟.数据学[M].上海:复旦大学出版社,2009.

［12］严霄凤,张德馨.大数据研究[J].计算机技术与发展,2013(4):168-172.

［13］孟小峰,李勇,祝建华.社会计算:大数据时代的机遇与挑战[J].计算机研究与发展,2013,50(12):2483-2491.

［14］王曰芬,谢清楠,宋小康.国外数据科学研究的回顾与展望[J].图书情报工作,2016,60(14):5-14.

［15］赵蓉英,魏明坤.国际数据科学演进研究:基于时间维度的分析[J].图书情报知识,2017(4).

［16］孟小峰,李勇,祝建华.社会计算:大数据时代的机遇与挑战[J].计算机研究与发展,2013,50(12):2483-2491.

［17］杨京,王效岳,白如江,etal.大数据背景下数据科学分析工具现状及发展趋势[J].情报理论与实践,2015,38(3):134-137.

方 法 篇

经济学、管理学等社会科学相关学科都致力于运用系统的量化研究体系准确地研究各自的领域。在这种背景下,自然科学、社会科学开始走到一起并密切关联。自然科学与社会科学交叉融合形成很多新的学科,这些学科都有数据密集型的特点,包括社会网络分析、社会计算实验、数据挖掘和技术应用等。另外,在数据获取方面,大数据尤其有很大的优势,众包大数据是近几年广受关注的一种获取数据的方式。社会科学与自然科学交叉产生的跨学科的研究方法非常丰富,本篇主要介绍四种研究方法:文本可视化、社会网络分析、社会科学计算实验方法和众包大数据,以作抛砖引玉。

第四章　文本可视化分析

　　数据科学发展侧重于对数据的分析处理,如数据挖掘、机器学习等,为了将数据转化为知识,需要利用数据挖掘(data mining)技术。随着大数据的发展,数据可视化已经成为大数据分析的一种有效手段。数据可视化技术是指运用计算机图形学和图像处理技术,将数据转换为图形或图像在屏幕上显示出来,并利用数据分析和开发工具发现其中未知信息的交互处理的理论、方法和技术。数据可视化可应用于文本数据、数值数据、多维数据等,对这些数据的分析可帮助人们更好地对这些数据进行决策(巫英才等,2012;任磊等,2014)。信息时代,每天都伴随着海量数据的产生,其中大部分数据都是以文本的形式存在,文本是最为重要的信息传递及交流沟通手段。面对海量文本数据时,人们需要对每个文本或者整个文本集合的主要内容进行快速浏览,文本信息突飞猛进的增长,越来越海量化、多样化和即时化,要能更精确地找到我们所需要的信息却变得难上加难。文本信息超载和数据过剩等问题促使了文本可视化的出现,文本数据可视化是个行之有效的方法。本章介绍了文本可视化分析的概念和流程,并介绍了文本分析方法、主题模型和几种可视化方法。

第一节　文本可视化概念

　　将需要处理的文本看作是一个由很多词汇组成的一个集合,比如词袋模型,然后通过统计分析词汇的频次信息呈现文本的一些特征。但是,如果通过人力去整理统计,工作量将会巨大甚至难以完成任务。因此,为了满足这方面需求,科技人员开发了一些算法、工具和应用程序,这些技术可以完成大量复杂和重复性的统计工作,处理分析多元和复杂的文本信息,提高用户处理文本的效率,也增加了准确性,并且更加全面,不会遗漏信息。这些工作主要来自文本挖掘和信息可视化两个研究领域(唐家渝等,2013)。文本可视分析是一个跨学科的领域,涉及文本数据挖掘、计算机图形图像以及人机交互等各方面的知识和技术,可以帮助用户以可视分析的手段交互地分析海量的文本数据内容,提供及时的反馈,发现异常和规则,提取知识以及获取洞察,已被应用在国土安全、商业智能分析以及金融分析等很多不同的领域(巫英才等,2012)。

在文本挖掘的发展过程中,出现了很多基于文本主体的处理手段(Blei等,2003;Teh 等,2006),一方面可以帮助提高用户处理复杂文本的效率,另一方面也增加了准确性,并且更加全面,不会遗漏信息。这一处理手段的核心内容是将文本处理手段和可视化相关技术结合运用,因人类的基因中含有对图形的敏感性、辨别性和认知能力,所以这些技术必然具有天然的优势,文本可视化将文本挖掘结果及相应的文本数据转换成直观的图形展现形式,使人们可以通过看到图片直观地得到重要信息和整体概述,从而达到对大规模丰富复杂的文本数据集进行探索,从而得到规律(巫英才等,2012)。虽然可视化分析相关技术层出不穷,但主要分为静态和动态两大类:主要区别在于是否考虑时间这一属性,静态的文本可视方法不考虑时间因素,着重研究文本的内容及内容之间直接的静态关联;而动态方法则会考虑文本数据中的时间因素,特别是随着时间变化的文本内容以及相应关系,用于找出一些关键点的时刻和事件,并进一步推导相应事件产生的原因(骆逸欣,2017)。

文本可视分析紧密结合文本挖掘技术以及交互式的数据可视化,并充分利用用户丰富的背景知识、高带宽的视觉处理能力以及强大的推理能力对海量文档数据进行分析,从中提取知识、寻找规则、获取洞察和发现异常,以辅助用户进行决策(巫英才等,2012;唐家渝等,2013)。图 4-1 所示为文本信息可视分析的通用流程,其中从左到右显示了原始无结构的文本数据在经过各种挖掘技术的一系列变换处理之后,浓缩成有意义的结构化信息;然后通过可视化技术的转换生成利于交互的直观图表,从而帮助用户进行分析推导①。

---

① Zhang J, Song Y, Zhang C, et al. Evolutionary hierarchical dirichlet processes for multiple correlated time-varying corpora[C]//Proceedings of the 16th ACM SIGKDD international conference on Knowledge discovery and data mining. ACM, 2010:1079 – 1088.

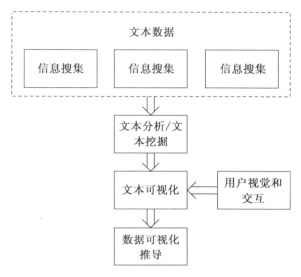

图 4-1 文本信息可视分析流程

第二节 主要研究方法和发展现状

一、文本分析方法

文本主题是具有某一类主题的文档集合,例如新闻中谈论政治、经济和娱乐的文章就涉及不同的主题。如果已知需要哪几类主题,就可以使用针对带监督信息的分类技术进行判断;如果给定的文本集合未指定主题的类别,则需要使用非监督的聚类或者主题模型来进行分析。

文本分类的研究已有较长的历史,常用的文本分类方法:基于简单向量距离的分类法(庞剑锋,2001)、K 近邻法(K-Nearest Neighbor)(Zhong S 和 Ghosh J,2005)、支持向量机(Support Vector Machine,SVM)(Bishop 2006)、朴素贝叶斯(Naive Bayes)、最大熵(Maximum Entropy)等。这些方法均把文本表示成词袋,使用高维空间中的向量来计算文本的相似度,在高维向量空间中寻找在不同准则下的判别函数来对文本进行分类。当有特定的目标去寻找某类主题时,只要有足够多的标注样本,那么分类模型就是最好的选择。

二、主题模型

当我们在处理上百份甚至上千份的文献,并需要在最短的时间内了解和整理文献的整体概况,如果采用人工整理的方法会耗费很多的人力、成本和时间,单独靠一个人的力量是很难完成的,需要不同的人进行分工,并分享自己的学习成果,最后进行整合。这是学者们在处理大量复杂的文献和资料时经常采用的一种合作阅读的方式。人力整理资料存在一定的弊端,每个不同的个体因为不同的知识和经验水平导致其在处理文献资料的时候都会具有一定的主观性,并且即使很多人一起合作,能够处理的资料也是非常有限的。在数据极速增长的大数据时代,依靠人工来整理这些信息似乎不是一个好的选择。

主题模型是机器学习领域和自然语言处理领域的专家共同设计出来的,主题模型可以自动地总结归纳文本的主题,这一过程甚至无需人工的参与。主题模型的工作原理是基于人类撰写文章的程序。人们在撰写文本的时候首先要做的就是确定一个主题,然后围绕这个主题展开论述(王涛,2017)。同时,为了突出确定的主题,作者在组词造句的时候会运用与主题相关或者可以描述主题的词汇会,在主题模型的术语中,这些具有相关性的词汇被称为“词群”(bag of words)。布雷(David Blei)、吴恩达和乔丹(Michael Jordan)于 2003 年提出了“隐含狄利克雷分布”(Latent Dirichletal location,LDA),成为主题模型最常用的算法(张健伟,2017)。

三、文本可视化方法

1. 文本可视化方法分类

文本可视化方法主要分为静态和动态两大类:主要区别在于是否考虑时间这一属性。静态的文本可视方法不考虑时间因素,着重研究文本的内容及内容之间直接的静态关联;而动态方法则会考虑文本数据中的时间因素,特别是随着时间变化的文本内容以及相应关系,用于找出一些关键点的时刻和事件,并进一步推导相应事件产生的原因(骆逸欣,2017)。

2. Voyant Tools

Voyant Tools 是一个网络平台,可以进行最基本的文本分析和可视化。

文字云:文字云可以显示语料库中出现的词的频率。出现频率越高的词尺寸越大。如图4-2所示是分析莎士比亚话剧得出的主题词的文字云，图4-3是分析主题为文本可视化的20篇期刊文献得出的文字云。关系图（图4-4）：表示语料库中词语的搭配，通过使用有向图在网络中描述它们。在这个图中，词的频率是根据这个词的出现次数来表示的。散点图（图4-5）：显示了语料库中词语的对应关系。这种可视化依赖于统计分析，它从每个文档（每个文档表示一个维度）获取单词的对应信息，并将其减少为一个三维空间，以便通过散点图方便地可视化数据。类型频率图（图4-6和图4-7）：显示了一个线形图，描述了一个词在整个语料库中的分布。

图4-2 主题词的文字云——莎士比亚话剧

图4-3 主题词的文字云

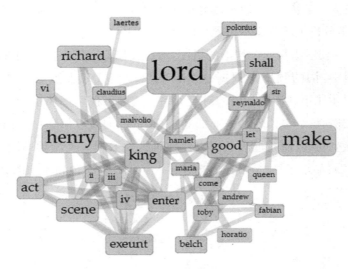

图 4 - 4　主题词的关系图

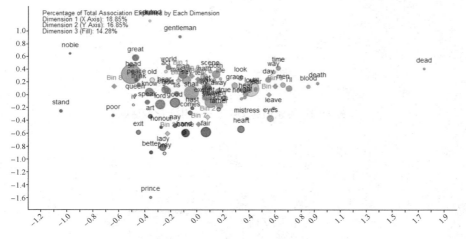

图 4 - 5　主题的散点图

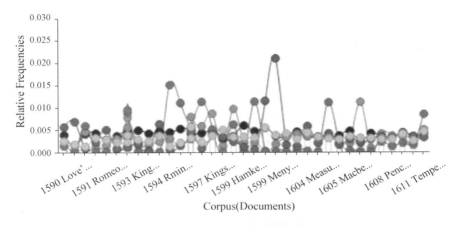

图 4-6　主题在话剧的分布

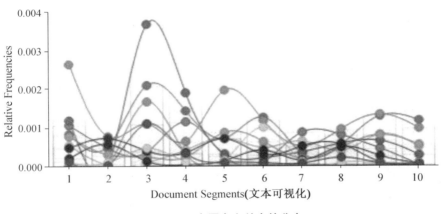

图 4-7　主题在文献中的分布

本章小结

　　本章介绍了数据挖掘中的文本挖掘和文本可视化,分析了文本可视化的一般流程、文本可视化的几种分析方法及主题模型在文本可视化中的应用,并介绍了 Voyant Tools 在基本文本分析中的运用。本章以莎士比亚和期刊文献作为例子进行可视化研究,旨在抛砖引玉,在学术研究过程中,如果可以结合现有的文本挖掘和数据挖掘的分析工具,会增加研究过程的效率和科学性,也可以挖掘出更多的信息。

参考文献

[1] 巫英才,崔为炜,宋阳秋,等.基于主题的文本可视分析研究[J].计算机辅助设计与图形学学报,2012,24(10):1266-1272.

[2] 任磊,杜一,马帅,等.大数据可视分析综述[J].软件学报,2014,25(9):1909-1936.

[3] 唐家渝,刘知远,孙茂松.文本可视化研究综述[J].计算机辅助设计与图形学学报,2013,25(3):273-285.

[4] Blei D M, Ng A Y, Jordan M I. Latent dirichlet allocation[J]. Journal of Machine Learning Research, 2003(3):993-1022.

[5] Teh Y W, Jordan M I, Beal M J, et al. Hierarchical Dirichlet processes[J]. Publications of the American Statistical Association, 2006, 101(476):1566-1581.

[6] 唐家渝,刘知远,孙茂松.文本可视化研究综述[J].计算机辅助设计与图形学学报,2013,25(3):273-285.

[7] 庞剑锋.基于向量空间模型的自反馈的文本分类系统的研究与实现[D].北京:中国科学院计算技术研究所,2001.

[8] Zhong S, Ghosh J. Generative model-based document clustering: A comparative study[J]. Knowledge and Information Systems, 2005, 8(3):374-384.

[9] Bishop C M. Pattern recognition and machine learning [J]. Information Science and Statistics, 2006(4):049901.

[10] 张健伟.主题模型 LDA 推理算法对比与改进研究[D].苏州:苏州大学,2017.

[11] 骆逸欣.文本数据可视化之标签云[J].电子技术与软件工程,2017(13):197-198.

第五章　社会网络分析

　　社会科学的研究对象是社会系统中的各种单元或单元的组合,前面我们在介绍社会科学研究对象特征的时候提到,社会系统中的要素单元是相互关联且相互影响的,如果将每个单元看作网络中的节点,不同种类的关系看作网络中的线,那么整个社会系统就是一张巨大复杂的网络,而大数据的产生即存在于这个网络中的要素的行为和复杂关系等信息中,同时这些与人类行为相关的大数据也构成了社会网络中的重要部分。那么科学家们对于大数据的探索某种意义上可以理解为对复杂网络的研究,主要是依托计算科学中的网络技术和可视化分析。通过使用一系列相关大数据技术对社会系统中的复杂网络进行挖掘获取的整体特征和节点之间的关联性,这些都是传统的量化研究所不能完成的。这些开拓了传统社会科学研究的思维也为量化研究提供了全新的研究视角。面临大数据时代的各种机遇和挑战,社会科学领域的专家们已经开始重视和考虑将数据科学的相关技术运用到自己的专业领域,社会网络分析就是其中非常热点的一种方法。本章不仅介绍了社会网络分析,并在前人研究成果上探讨了在新时代数据驱动的社会网络分析。

第一节　社会网络分析基本概述

　　社会网络分析是研究社会结构和社会关系的一种分析方法。社会网络这一领域的理论最初源于 Mllgram 提出著名的"六度分割"思想(Mllgram,1981)。社会网络分析方法是由社会学家根据数学方法、图论等发展起来的分析方法,是社会学领域比较成熟的分析方法,社会学家们利用它可以比较得心应手地来解释一些社会学问题。许多学科的专家如经济学、管理学等领域的学者们在新经济时代——大数据时代,面临着许多挑战时,开始考虑借鉴其他学科的研究方法,社会网络分析就是其中的一种(黎加厚等,

2007)。

社会网络分析方法的产生和发展是知识积累的过程,它得益于人类学、心理学、图论、概率论等学科的发展,提出了许多网络结构术语,并形成了一套数学分析方法。社会网络分析法最初用来分析挪威某渔村的社会结构(Barnes,1954),如今社会网络分析法在研究人际互动行为及社会结构方面具有直观明朗等优点。在国外,社会网络分析已被广泛地应用到众多领域(张存刚等,2004)。表5-1给出了心理学、人类学图论等学科代表人物在社会网络分析的发展中所做的工作,他们的贡献集中体现在创造和完善了社会网络分析的技术和模型,使得社会网络得以测量,为应用研究打下了基础(Wellman,2001;朱庆华和李亮,2008;Pieters等,1999)。

表5-1　社会网络模型发展过程中的代表人物及其贡献

代表人物	学科	对社会网络分析测量技术的贡献
莫雷诺	心理学	创立了社会计量学,发明了个人关系的"社群图"方法(以点和线来代表)
勒温	心理学	提出"场论",认为社会群体都处在一个"场"中,社会空间的结构特点可以通过拓扑学和集合论加以分析
巴恩斯	人类学	提出"网络"的概念,认为人际关系网可以看成是社会整体网的一个局域网
博特	人类学	研究家庭网络,提出网络"关联度"概念
怀特	数学	提出"块模型""块""子群"概念

一、社会网络分析的内涵

网络指的是一种关系,而社会网络(social network)即可简单地称为社会关系所构成的结构。故从这一方面来说,社会网络代表着一种社会系统的结构关系,它可反映行动者之间的社会关系。简单来说,社会网络是一个由个人或社区组成的点状网络拓扑结构。其中每个点(node)代表一个个体,可以是个人,也可以是一个团队或是一个社区,个体与个体之间可能存在各种相互依赖的社会关系,在拓扑网络中以点与点之间的边(tie)表示。而社会网络分析关心的正是点与边之间依存的社会关系。构成社会网络的主要要素有(汪小帆,2014;林聚任和刘玉安,2004):

行动者(actor):这里的行动者不但指具体的个人,还可指一个群体、公司或其他集体性的社会单位。每个行动者在网络中的位置被称为"结点（node）"。

关系纽带（relational tie）：行动者之间相互的关联即称关系纽带。人们之间的关系形式是多种多样的，如亲属关系、合作关系、交换关系、对抗关系等，这些都构成了不同的关系纽带。

二人组（dyad）：由两个行动者所构成的关系。这是社会网络最简单或最基本的形式，是我们分析各种关系纽带的基础。

三人组（triad）：由 3 个行动者所构成的关系。

子群（subgroup）：行动者之间的任何形式关系的子集。

群体（group）：其关系得到测量的所有行动者的集合。

社会网络分析是对社会网络的关系结构及其属性加以分析的一套规范和方法。它又被称为结构分析法（structural analysis），因为它主要分析的是不同社会单位（个体、群体或社会）所构成的社会关系的结构及其属性（仝丽娟等，2008）。从这个意义上说，社会网络分析不仅是对关系或结构加以分析的一套技术，还是一种理论方法——结构分析思想。因为在社会网络分析学者看来，社会学所研究的对象就是社会结构，而这种结构即表现为行动者之间的关系模式。社会网络分析家 B. 韦尔曼（Barry Wellman）指出："网络分析探究的是深层结构——隐藏在复杂的社会系统表面之下的一定的网络模式（Wellman，2001）。"例如，网络分析者特别关注特定网络中的关联模式如何通过提供不同的机会或限制，从而影响人们的行动。

二、社会网络分析的基本假设

社会网络分析的关键在于把复杂多样的关系形态表征为一定的网络构型，然后基于这些构型及其变动，阐述其对个体行动和社会结构的意义。因此，社会网络分析的目的是从结构和功能交互作用入手，揭示网络结构对群体和个体功能的影响。

在此基础上，米切尔描述了社会网络的形态特征，认为网络研究应该考虑网络规模、结构、互动关系及其过程。这种网络特征分析考虑了网络的规模和结构特性，同时也考虑了网络的静态特征和动态特征（Mitchell，1989），总体上奠定了网络作为一种结构功能分析方法的地位。B. 韦尔曼（Barry Wellman）概括了网络结构分析的基本原则：

（1）世界是由网络组成的，而不是群体组成的。

（2）解释社会行为时，社会关系比社会成员特点更加有力。

（3）行动者如何行动的规则源于社会关系结构体系中的位置。

（4）只有在社会网络结构中才能理解"关系"的运作，社会结构网络会影响各种资源在关系中的配置。

（5）网络结构研究的单位是关系，而不是个人。

在这些基本原则的指导下，社会网络分析的研究与应用逐渐发展起来，出现了不同的理论方法与观点。

三、社会网络分析的原理

B. 韦尔曼指出，作为一种研究社会结构的基本方法，社会网络分析具有如下基本原理：

（1）关系纽带经常是不对称地相互作用着的，在内容和强度上都有所不同；

（2）关系纽带间接或直接地把网络成员连接在一起，故必须在更大的网络结构背景中对其加以分析；

（3）社会纽带结构产生了非随机的网络，因而形成了网络群（network clusters）、网络界限和交叉关联；

（4）交叉关联把网络群以及个体联系在一起；

（5）不对称的纽带和复杂网络使稀缺资源分配不平等；

（6）网络产生了以获取稀缺资源为目的的合作和竞争行为。

四、社会网络分析的特征

社会网络分析作为社会结构研究的一种独特方法，B. 韦尔曼总结出了它的 5 个方面的方法论特征：

（1）它是根据结构对行动的制约来解释人们的行为，而不是通过其内在因素（如对规范的社会化）进行解释，后者把行为者看作是以自愿的、有时是目的论的形式去追求所期望的目标。

（2）它关注于对不同单位之间的关系分析，而不是根据这些单位的内在属性（或本质）对其进行归类。

（3）它集中考虑的问题是由多维因素构成的关系形式如何共同影响网

络成员的行为,故它并不假定网络成员间只有二维关系。

(4)它把结构看作是网络间的网络,这些网络可以归属于具体的群体,也可不属于具体群体。它并不假定有严格界限的群体一定是形成结构的阻碍。

(5)其分析方法直接涉及的是一定的社会结构的关系性质,目的在于补充——有时甚至是取代——主流的统计方法,这类方法要求的是独立的分析单位。

所以,按照社会网络分析的思想,行动者的任何行动都不是孤立的,而是相互关联的。他们之间所形成的关系纽带是信息和资源传递的渠道,网络关系结构也决定着他们的行动机会及其结果。

五、社会网络分类

社会网络可以分为 3 类:个体网(ego-networks),局域网(partial networks)和整体网(whole networks),我们可以在如下 3 个层次上研究社会网络。

1. 个体网

一个个体及与之有关的多个个体构成的网络。此类研究的例子包括
1985 年的美国综合调查、2003 年中国的综合调查(贺寨平,2004)等。需要研究的测度包括相似性(similarity)、规模(size)、关系的类型(tensorizations)、密度(density)、关系的模式(paternities)、同质性(homogeneity)、异质性(heterogeneity)等(张世怡和刘春茂,2012;张玥和朱庆华,2009),如图 5-1 所示。

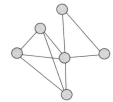

图 5-1 个体网

2. 局域网

个体网加上某些数量的与个体网络的成员有关联的其他点。这种网络的界定比较松散,它要比一个整体内部的全部关系少,但比个体网络中的关系要多。

3. 整体网

一个群体内部所有成员之间的关系构成的网络。需要研究的测度包括:各种图论性质(graph properties)、密度(density)、子图(sub-groups)、位置(positions)。社会网络分析主要有两大研究领域:个体网研究和整体网

研究。当代社会网络统计技术的突破主要是在整体网领域出现的,本节主要介绍整体网分析方法(刘军,2009),如图5-2所示。

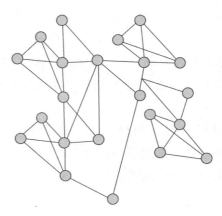

图5-2　整体网

第二节　数据驱动的社会网络分析

　　伴随着科技的飞速发展,社会系统越来越离不开各种各样的网络,与亲朋好友之间的通信和联系变得越来越便捷、低成本甚至随时随地,从而每个人都会通过移动互联网形成自己的社交网络;物流配送系统与信息技术结合形成自己的配送网络,各种品牌之间会形成竞争网络,相互联系的产品之间会形成产品组合网络,各种各样的网络正渗透着我们的社会生活的每个角落,如社交可以在线进行,购物可以在线进行、甚至出行都可以在线进行等等。本质上说,这些在线进行的行为都可以理解为社会网络系统中的行为:每个小的行为的改变产生的影响都会波及网络的很大范围(唐明和刘宗华,2018)。所以,在探索社会网络的时候要以整体的视角,基于系统论的思维方式来进行研究。大数据时代,一系列数据技术已经应用到各个学科领域和研究方法,学者们越来越多地将新的技术应用于社会网络分析。以下梳理数据驱动的社会网络分析。

一、基于社会网络的信息传播研究

　　信息时代,人与人之间的关系的建立变得越来越便捷、低成本甚至随时随地。一条新信息可以通过各式社交媒体在极短的时间内传播到网络的每个角落。网络中信息的传播对社会网络的研究来说是非常重要的,所以社会网络结构对于信息传播的影响最开始受到人们的关注(朱庆华和李亮,2008)。经典的研究往往是基于传染病模型,近期关于信息传播研究越来越多地基于社会网络的实证研究,如在线社会网络、微博信息传播机制、突然事件的传播和影响、基于社会网络分析的舆情传播①等等(刘德海和王维国,2012;尚明生和邱晓刚,2015;刘小平等,2018)。大部分研究认为,相较于聚类系数,网络平均距离对于线上传播的影响更大,当网络的聚类系数较高并且平均距离较长时,其传播速度更快、传播范围更广。

二、基于社会网络的口碑营销

身处在移动互联网时代,每天都会有海量的数据出现,消费者每天接触的商品信息数以万计。企业为了提高产品和服务的竞争力,投资各种各样形式和不同渠道的广告。而消费者却在市场经济中不断变得理性,不再盲目地相信企业的广告信息。相对于正式或有组织的信息来源(比如广告)而言,消费者在购买决策中往往更多地依赖非正式的或人际传播的信息来源(Bristor)(王德胜和韩旭,2014),更多地愿意接受自己圈子中分享获取的信息,微商就是口碑营销的一种形式、朋友圈经济和分享经济的很好地结合,因而口碑传播受到社会科学研究者和企业的关注。口碑(Word of Mouth),即顾客推荐,它来源于传播学。美国密歇根大学的 Eugene W. Anderson(2016)将口碑传播定义为:口碑传播是个体之间关于产品和服务看法的非正式传播,包括正面的观点和负面的观点,但不同于向公司提出正式的抱怨或赞赏(王德胜和韩旭,2014)。

唐建民和朱赛(2008)在"基于社会网络分析方法的口碑传播研究"一文中描述道:绝大多数对口碑营销的研究都是在微观的基础上进行的,站在宏观角度的文献很少且并没有采用一种规范的研究方法,而仅仅是做了一个理论上的概述。按照社会经济学的观点,由于"嵌入性",个人总是生活在一

①　赵丹,王晰巍,韩洁平等.区块链环境下的网络舆情信息传播特征及规律研究[EB/OL].情报杂志:1-8[2018-10-03].http://kns.cnki.net/kcms/detail/61.1167.G3.20180816.0936.004.html.

定的社会关系下,任何商业活动和信息都离不开他所依附的社会关系网络(黄英,2004;张新彦,2005;Lucio Biggiero,Frank Mcdonald,2001)。笔者认为剥离个人所依附的社会关系网络来研究得出的规律和策略建议是缺乏实际指导意义的。因此,有必要在口碑营销研究中引入社会关系,从微观基础过渡到宏观基础上(Krackhardt & Brass,1994;Bancrjcc A 等,2013)。

三、基于社交网络的羊群效应

对于大多数商品而言,消费者的购买决策和行为一般有几个影响因素。首先,从自身角度来看,消费者自身过去的一系列决策集合是一个关键的影响因素。如消费者上个月去按摩,那么这个月很可能会选择泡温泉,又如一名游客曾去国内某个景点旅游,那么下一次在选择目的地的时候会将国外的景点作为考虑对象。这正是因为重复的消费产生的满意度的边际效用降低,消费者往往会选择不同类型和不同的产品进行消费,即寻求多样化以获得更高的效用,当然不考虑消耗性行业的产品。其次,从外界环境来看,其他消费者决策也是很重要的影响因素,如两家类似的 KTV,若其中一家KTV 中消费人数和评论数较多,后来的消费者会更愿意选择此 KTV 进行娱乐,而不是另一家 KTV(熊礼洋等,2018)。由于从众心理,消费者往往会跟随其他消费者的消费行为,因为选择的消费者多从某种意义上说明这个被选择的商家有自己吸引顾客的优势,这是一种保障,可以帮助决策者避免一定的损失,即羊群效应。现在不少人在选择商家消费时,大部分都会去在线平台看一下其他消费者对商家的评论,服务的项目、服务的环境和服务的态度等评价,以及对相关业务的推荐等。但是别人的评价和自己真实的体验往往不会完全相同的,有时候相符,有时候差别很大,所以有学者研究人为的好评或人为的差评与后续消费者决策及之后对同一业务或产品的评价之间的关系(Muchnik 等,2013;Taylor 等,2014)。

本章小结

随着计算机科学的进步和大数据时代的到来,社会网络分析是被研究较多的数据密集型科学,越来越受到学者们的关注。本章首先对社会网络分析进行了基本的概述,包括社会网络分析的内涵、基本假设、原理、特征和分类；然后分析了社会网络分析法的任务：主要测量指标和分析角度；最后主要描述了在大数据时代，数据科学驱动下的社会网络分析有哪些典型的应用研究和未来的发展趋势。

参考文献

[1] 黎加厚，赵怡，王珏.网络时代教育传播学研究的新方法：社会网络分析——以苏州教育博客学习发展共同体为例[J].电化教育研究，2007(8)：17-21.

[2] Mllgram M. Barycentric entropy of markov systems[J]. Journal of Cybernetics，1981，12(1/2)：141-178.

[3] Barnes J C. Genital tuberculosis in women[J]. Acta Obstetricia et Gynecologica Scandinavica，1954，40(S2)：1-206.

[4] 张存刚，李明，陆德梅.社会网络分析——一种重要的社会学研究方法[J].甘肃社会科学，2004(2)：109-111.

[5] Wellman B，Haase A Q，Witte J，et al. Does the internet increase，decrease，or supplement social capital? Social networks，participation and community commitment[J]. American Behavioral Scientist，2001，45(3)：436-455.

[6] 朱庆华，李亮.社会网络分析法及其在情报学中的应用[J].情报理论与实践，2008，31(2)：179-183.

[7] Pieters R，Baumgartner H，Vermunt J，et al. Importance and similarity in the evolving citation network of the International Journal of Research in Marlceting[J]. International Journal of Research in Marketing，1999，16(2)：113-127.

[8] 仝丽娟，李传中，柏玲.社会网络分析在企业知识管理中的应用研究综述[C]//中国竞争情报年会.北京：中国竞争情报，2008.

[9] Mitchell M E. The relationship between social network variables and the utilization of mental health services [J]. Journal of Community Psychology，1989，17(3)：258-266.

[10] Hossain L. Effect of organisational position and network centrality on project coordination[J]. International Journal of Project Management，2009，27(7)：680-689.

[11] Freeman L C. Centrality in social networks conceptual clarification[J]. Social Networks，1978，1(3)：215-239.

[12] 唐明，刘宗华.网络科学：网络化时代的思维范式[J].科学，2018，70(3)：29-34.

63-64.

[13] 刘德海,王维国.维权型群体性突发事件社会网络结构与策略的协同演化机制[J].中国管理科学,2012,20(3):185-192.

[14] 尚明生,邱晓刚.社会网络及其上的传播动力学集成研究[J].系统工程理论与实践,2015,35(10):2557-2563.

[15] Anderson E W. Customer satisfaction and word of mouth[J]. Journal of Service Research, 2016, 1(1):5-17.

[16] 唐建民,朱赛.基于社会网络分析方法的口碑传播研究[J].中国集体经济,2008(S1):85-86.

[17] Taylor S J, Muchnik L, Aral S. Identity and opinion: A randomized experiment [EB/OL](2014-12-14). https://ssrn.com/abstract=2538130.

[18] 熊礼洋,刘冠,蒋石.羊群效应和寻求多样化行为对企业竞争的影响研究[J].软科学,2018,32(8):53-58.

[19] 刘小平,田晓颖,肖光杰.社会网络分析在微博信息传播中的应用研究[J].新媒体研究,2018,4(5):25-26.

[20] 韩真.基于共词分析的主题类型划分方法比较研究[J].图书馆,2009(2):46-47.

[21] 张世怡,刘春茂.中文网站社会网络分析方法的实证研究[J].情报科学,2011(2):246-252.

[22] 张玥,朱庆华.Web 2.0环境下学术交流的社会网络分析——以博客为例[J].情报理论与实践,2009,32(8):28-32.

[23] 刘军.整体网分析讲义:UCINET 软件实用指南[M].上海:格致出版社,2009.

[24] 赵丽娟.社会网络分析的基本理论方法及其在情报学中的应用[J].图书馆学研究,2011(20):9-12.

[25] 汪小帆.数据科学与社会网络:大数据,小世界[J].科学与社会,2014,4(1):27-35.

[26] Centola D. An experimental study of homophily in the adoption of health behavior [J]. Science, 2011, 334(6060):1269.

[27] Bond R M, Fariss C J, Jones J J. A 61-million-person experiment in social influence and political mobilization[J]. Nature, 2012,489(7415):295-298.

[28] Ugander J, Backstrom L, Marlow C, et al. Structural diversity in social contagion [J]. Proceedings of the National Academy of Sciences of the United States of America, 2012, 109(16):5962-5966.

[29] Banerjee A, Chandrasekhar A G, Duflo E, et al. The diffusion of microfinance [J]. Science, 2013, 341(6144):363.

［30］Muchnik L，Aral S，Taylor S J. Social influence bias：A randomized experiment
　　　［J］. Science，2013，341(6146)：647－651.

［31］Backstrom L，Kleinberg J. Romantic partnerships and the dispersion of social ties：
　　　A network analysis of relationship status on facebook［C］//CSCW'14 Proceedings
　　　of the 17th ACM Conference on Computer Supported Cooperative Work & Social
　　　Computing. New York：ACM，2014：831－841.

［32］林聚任,刘玉安.社会科学研究方法［M］.济南:山东人民出版社,2004.

［33］王德胜,韩旭.社会化媒体时代的口碑营销模式研究——基于社会网络理论视角
　　　［J］.东岳论丛,2014,35(8):165－169.

第六章　社会计算实验

计算实验是利用计算技术,借助计算机构造实验对象、实验环境和实验平台,模拟现实世界物质运动的基本动力和规律,对科学问题进行实验研究。在第三章第五节介绍了大数据和社会计算的交叉应用。社会计算实验是最受关注的一种方法。在本章中首先介绍社会科学的可计算性,然后介绍社会计算实验的相关概念,主要介绍计算实验中的人工社会方法,并在第六章第五节介绍以湖泊流域复合系统为例的社会计算实验平台,最后梳理一下前人的研究成果即社会计算实验的研究现状。

第一节　社会科学的可计算性

在社会科学研究中,学者们需要用某种符号系统作为桥梁(例如用变量名来表示研究相关的构念),通过对这种桥梁的分析对社会系统相关主题进行分析,得出社会系统发展的规律和未来的预测。在社会科学研究中,第 1 个被广泛使用的符号系统就是人类的自然语言;第 2 个符号系统是数字;计算机程序化的语言则提供了第 3 种符号系统(Ostrom,1988)。社会科学家们可以用计算机标准化的程序语言来描述自己的思想,并且用计算机来辅助计算研究,讨论过去、分析现状,以及产生对社会系统未来的预测。

人类的自然语言可以很准确合理地描述事物,但是文字或语言通常会带有一定的主观性,并且对语言的分析往往难以量化。数学模型具有高度的抽象性、严密的逻辑性和广泛的应用性,对静态事物的描述有一定的优势,但它对动态过程描述在许多情况下是非直观的。对于现实社会系统中的演化问题,不是所有的研究问题都适合用数学的方法描述,很多问题目前还没有适当的数学模型来描述,通常研究者们只知道存在某些因素对社会系统的演化起作用,具体如何影响,没有办法呈现出来;还有一种情况是虽然数学模型可以描述某种研究问题,但是给出具体的情况并不能得出结果。

在分析复杂的社会系统问题时,如果可以将所需要研究问题的数学模型转换为能输入计算机进行运算的形式,或直接建立计算机模型,在计算机上进行计算机模拟,那么对研究问题不仅可以描述,还可以观察其涌现过程。

从目前计算机科学的研究进展和实际应用的情况分析,任何可以由人类的自然语言和数学表达的理论或思想大多都可以由计算机的程序语言来进行编码和表示,而那些不能由数学语言表达的理论有相当一部分也可以由计算机的程序语言来表示。计算机程序化的语言为社会学家提供了一个切实有效的描述理论或思想的方法。

第二节　社会计算

社会计算是使用系统科学、人工智能、数据挖掘等科学计算理论作为研究方法,将社会科学理论与计算理论相结合,为人类更深入地认识社会、改造社会,解决政治、经济、文化等领域复杂性社会问题的一种理论和方法论体系。社会计算的产生大致罗列如表 6-1 所示:

表 6-1　社会计算的产生

时间	任务	事件	影响
1949	Parsons	建立了哈佛大学社会关系,开创了跨学科研究的先河	对欧洲社会学在控制论和系统科学方法产生重大影响
1960	Licklider	发表了《人与计算机的共生》一文,创造了因特网的原始设想,首次提出了交互计算概念	在 Licklider 等人的推动下,计算机网络作为一种通信设施于 20 世纪 60 年代末开始发展
1978	Hiltz&Turoff	出版了《网络国家:人类通过计算机交流》,最早描写网络社区社会学的著作	最早预测到未来虚拟社区以及对社会、政治、法律等方面的影响,也最早预测到网络的爆炸式发展以及隐私问题、匿名问题、远程办公、在线政治活动等

20 世纪 90 年代中期:个人计算向社会计算转型的时期,个人计算关注个体使用信息技术,社会计算通过小型的社会群体或大型的社区用户一起协作使用信息技术

（续表）

时间	任务	事件	影响
Schuler	1994	社会计算可以是任何一种类型的计算应用，以软件作为媒介进行社交关系的应用	社会计算的概念第 1 次出现
Dryer	1999	人类使用计算技术进行的社交行为和交互行为所产生的相互作用	将社会计算描述为一种理论概念，包括科学和技术两方面

第三节　社会计算实验

一、社会计算实验的基本概念

随着社会科学问题的复杂性不断被人们所认识，关于社会科学研究方法体系也在传统的定性、定量及实验方法基础上不断被拓展，经典的自然科学走向成熟，自然科学方法变得丰富并显示出越来越强大的作用。在这个过程中，一些自然主义的社会科学家开始尝试运用定量研究方法和实验去研究社会科学，从而打破了社会科学与自然科学在研究方法上的界限，一定程度上实现了研究方法的合流。特别是在多学科交叉与融合的推动下，集社会科学、数学、信息科学等形成的人工社会与计算实验方法应运而生。计算实验是近年来社会科学领域研究方法论的重大创新（张军，2010）。它以综合集成方法论为指导，整合系统科学、数学与信息科学等，通过计算机技术描述社会科学问题的基本情景与微观主体行为的相互关联与演化，并在此基础上分析各种复杂社会现象、行为与演化规律（盛昭瀚等，2002）。实践证明，计算实验方法提供了研究复杂社会科学问题的新手段，表现出跨学科开展社会科学问题研究新的强大的分析能力，并且可以和传统的社会科学研究方法一起，形成现代社会科学研究方法体系。

从哲学方法论的角度分析，就科学实验中使用的方法和涉及的对象来看，可以把科学实验划分为实际实验和虚拟实验。历史上由于技术条件限制,虚拟实验只是在人的头脑中进行,因此,虚拟实验长期被称为思想实验(有别于教育技术中以虚拟现实为主要技术特征的虚拟实验概念)(刘端直,1995)。思想实验一般是指在特定条件下,由于实际的科学技术手段的限制,尚无法直接物化,只能依靠科学原理,通过逻辑推论在思想中构建物质的运动及其规律的认识。计算机技术与思想实验的结合产生了计算实验,丰富了思想实验的内涵。

计算实验是利用计算技术,借助计算机构造实验对象、实验环境和实验平台,模拟现实世界物质运动的基本动力和规律,对科学问题进行实验研究(张军,2008)。从不同的角度理解,计算实验在一些场合也被称为计算机实验,工程领域中常把工程类计算实验称为计算机仿真或系统仿真。计算机实验本质上是实验,是一种新的独立的科学实验形式(林夏水,1998),相对于实际实验,具有不可替代性,特别是在因条件限制而无法进行实际实验的场合更显其独有优势。计算实验方法通过抽象与符号化,把社会现象、社会科学问题最基本的情景(情节与环境背景),如人的心理活动与行为、组织的基本特征与功能、社会基本运行机制、社会现象过程的演变等通过建模,构造人工社会。以此为基础,再以计算机为实验室,开展各种社会现象情节和动态演化过程的再现与实验,并通过对实验结果的分析研究社会现象,此即是社会科学计算实验的核心思想(张军,2009)。

社会科学计算实验是以社会现象的情景为核心,情景分析是一个非常重要的环节。在情景分析中,首先对实际系统进行认知,抽象实际社会系统,然后在此基础上,将抽象系统进行结构化处理,形成概念系统,抽象出系统的要素、关联、行为、结构与功能。可见,情景分析的对象是社会系统,情景分析的结果是概念情景,情景分析的目的是为下一步的情景构建提供必要条件。对反映社会现象本质特征的情景进行计算机重构,并通过在计算机系统中再现这类社会现象的基本情景,开展社会科学问题的分析、解释、预测、管理和控制研究。用计算实验方法对社会科学领域问题进行情景建模时,采用自顶向下分析、自底向上设计的思路,首先要界定社会系统的边界,确定所研究的社会系统本身及与其密切相关的环境。这里的环境一般指社会环境和自然环境,社会环境包括制度、法律、宗教、文化及习俗等;自然环境由天文、气候、地理、水文、生物等构成。对社会系统采用自下而上的建模思路,其模型一般包括 3 个层次:基元层次、主体层次、系统层次,如图

6-1所示。基元层次是主体层次心理和行为演化的基础,主体层次演化又对基元层次要素产生影响,主体层次心理和行为的演化涌现出系统层次的宏观行为,因此这三层模型结构和其外部环境共同构成了一个完备的自演化情景。

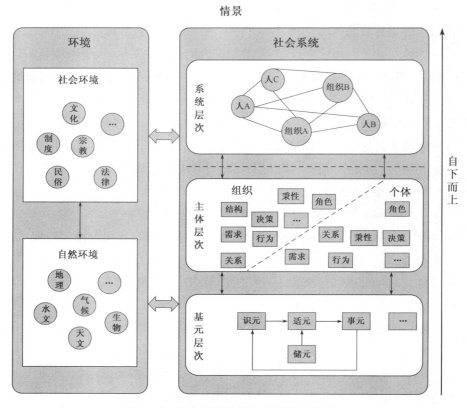

图 6-1　社会科学计算实验情景建模框架

　　社会科学计算实验的关键是对社会现象和问题进行情景建模,模型一般由社会智能主体基元层次(主体的记忆、认知、学习、偏好、行为等)、智能主体层次(企业、社会组织、政府等)和社会系统层次(行政区域、经济系统、行业、供应链等)组成,界定研究与环境、设定研究的基本假设、建立可计算模型、实现计算实验、评估和比较实验结果等步骤构成了计算实验研究的基本范式。

二、社会科学计算实验的研究框架和研究结构

1. 社会科学计算实验的研究(体系)框架

社会科学计算实验的研究体系是用复杂系统科学思想为指导,借鉴自然科学、数学、心理学、计算机科学等学科的思想方法,以社会系统为实验对象,抽象现实世界的基本特征和运动规律,在准确观察和分析基础上,利用计算技术进行社会系统演化机制、社会系统与环境的交互作用及其系统中要素的动力学行为模拟。通过对系统要素行为及其相互作用和影响的微观层面分析,揭示系统整体状态变化的演化过程,进一步揭示社会系统的一般原理,探索潜在的管理模式和方法,从而更好地服务于教学、研究和社会实践。

综合集成是研究复杂社会问题的基本思路。如图 6-2 所示(张军,2010),以研究人员为核心,在复杂系统思想方法下,利用计算机技术把社会系统模型化成在特定关联网络结构下相互作用的"人工主体"构成的"人工社会系统",利用计算机技术构造一个人工社会,它是与实体系统对应的抽象系统,并把它作为社会系统的具体体现。它是与实体系统对应的抽象系统。让一群人工主体在计算机所营造的人工环境下进行相互作用并演化,从而让社会系统整体的复杂行为自下而上地"涌现"出来。通过集成分析,揭示系统的运动规律。实验过程就是一个不断分析验证的交互过程,也是认识不断提高和深入的过程。

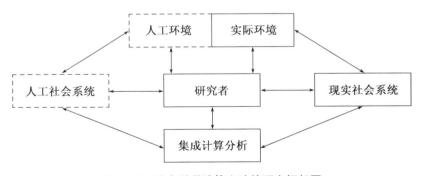

图 6-2　社会科学计算实验的研究框架图

在计算机科学中有一个概念 code,一般是指计算机中软件的代码。可以设计出具有独立意义且不再可分的 code,让它具有自我复制和变异功能。这给我们非常有益的启示:人为特殊构造的计算机软件代码,如果可以模拟类 meme 和 gene 的竞争、复制、遗传、变异、组合等基本特征,我们就可以用计算机代码模拟生物基因或文化基因,从演化过程中"基因"层次基本单位之间的互相竞争、相互作用的角度来对复杂生物、社会系统进行计算实验(张军,2010)。

2. 社会科学计算实验的研究模式

社会活动都发生在特定的时空中,需要从多个角度进行研究,才能相对全面地理解社会现象。因此,社会科学计算实验的研究需要针对研究的问题,构造适当的空间和时间关系以完成实验。

从空间维度的角度分析,社会科学计算实验的研究类型可以分为两大类:

(1)对应现实物理空间的研究,是指需要研究的社会活动与现实物理空间(如地理空间)有直接对应关系,如交通问题的研究等。这类研究的特点是计算实验空间坐标与现实物理空间坐标之间存在某种一对一的映射关系,计算实验结果的信息可视化展示也具有形象和直观的特点。

(2)对应抽象特征空间的研究,是指需要研究的社会活动与现实物理空间没有直接的对应关系,需要构造描述系统某一种特征的抽象空间,如组织行为问题研究、语言演化问题研究等。这类研究的特点是实验空间与抽象的特征空间对应,如描述主体行为特征的空间。可以构造多个抽象的特征空间,从不同的特征层面,研究在多个抽象特征空间中的社会活动,以及由此而引起的系统宏观上的涌现现象,以便更全面地把握系统的运动规律。

从时间维度的角度分析,社会科学计算实验的研究方法主要是针对某类社会活动的演化过程,可以分为三大类:

(1)历史重构,指研究的问题是历史上已经发生过的事件,计算实验所研究的时间段定位在过去。例如考古学领域研究的问题、文化或政治制度的历史演变问题等。通常这类问题的研究是根据一些可收集的数据,提出一些假设或理论,用计算实验的方法加以验证,分析哪些政治、经济、文化等因素对社会系统的演化产生了什么样的影响。在这类问题研究中,评判实验结果的唯一依据是现实世界已经发生的唯一事实。

　　历史重构的研究中还有一类问题,它是在对历史进程的反演中,分析人为的政策、规则、事件等对人类社会活动的控制和影响,以及这些因素对社会系统演化进程的扰动情况,探讨如果这样的政策、规则、事件等没有在特定的时间、特定的地点和特定的条件下发生,社会系统的演化进程将会如何,以期对当前的社会活动提供有借鉴意义的参考。例如证券市场交易历史的分析、战争与国家制度变迁问题等。计算实验研究方法在这类问题的研究上与一般意义上的系统仿真不同,它把计算实验的结果视为现实系统的"可能"实现方式,而"现实"只是计算实验分析的某一个可能的结果。

　　(2)现状研究,指在某一个时间段里,对某类社会活动进行综合分析。通常这类问题的研究包括寻找系统的均衡点或优化问题,系统结构与资金流、物资流、人员流、信息流的综合分析,系统要素、影响因素与环境的交叉分析等。在这类问题研究中重点关注的是系统在某时刻的状态,需要回答的是"系统现在是什么状态? 这个状态说明了什么? 主要影响因素是什么? 如何协调与优化? ……"这样的一些问题。如供应链的结构与物资流动态分析、证券市场中的买方向与卖方向价格冲击指数比较分析等。

　　(3)趋势推演,指研究的问题是将要发生的事,计算实验的时间段定位在将来。例如社会经济系统的风险分析及社会可持续发展问题等。社会系统是复杂系统,由于复杂系统演化的对称破缺原理,系统将要演化的趋势具有多种可能性。这类问题的研究路线是对系统基本动力机制建模和模拟,关注的是在什么样的环境条件下,社会系统演化的可能趋势。考虑到系统演化中随机因素的干扰,这类问题的研究一般采用多个实验方案同时计算比较分析和综合评价。

　　3. 社会科学计算实验的模型结构

　　针对需要研究的社会科学问题构造的计算实验模型,其整体结构一般需要包括3个层次,即社会系统层次、智能主体层次、智能主体的基元层次,如图6-3和表6-2所示。

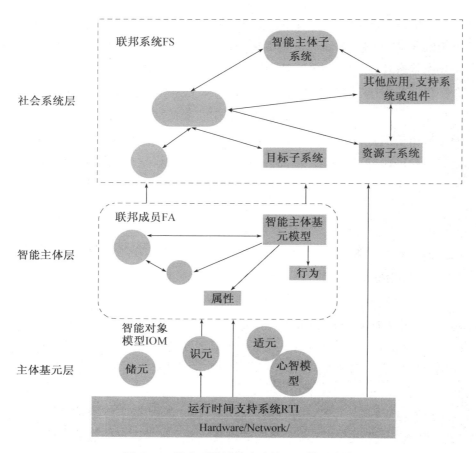

图 6 - 3   社会系统计算实验的三层模型结构

表 6 - 2   社会系统计算实验的三层模型结构

层次	描述
社会系统层次	对应于行政区域、经济系统、行业社会组织、供应链等社会系统
智能主体层次	对应于企业、社会组织、组织中的人等独立决策单位
智能主体的基元层次	包括智能主体的记忆、认知、行为、适应(学习)、偏好

社会系统层次描述需要进行研究的某类社会系统,如经济系统、社会组织、证券市场、供应链等,一般包括环境子系统、结构子系统、目标子系统、分工子系统、资源子系统、信息子系统、智能主体子系统等。智能主体层次中的智能主体可以代表现实世界中的人、企业或社会组织等。智能主体层次要反映与智能主体活动直接相关的要素,包括智能主体的属性、智能主体的

决策行为、智能主体可获取的资源和智能主体所处局部环境的影响等。

在社会环境下分析,人的心理和行为可以看成是在一定的边界条件下,根据环境和其他智能主体的行为等外部输入,结合自身的属性、记忆等信息,经过大脑的整合处理后做出的决策,这当中还受认知与行为偏好因素影响。行为作为智能主体的输出,是决策的外部表现。这种包括输入与输出的决策内容可以被编码,若干个决策编码构成的集合决定了某一时刻某一智能主体的心理和行为特征。这样的决策编码可以被看成是文化基因关于决策和行为的特定形式,它可以通过模仿被复制、通过学习被传播、通过尝试而产生突变,也可能由于外部压力而被淘汰。

社会系统演化问题的计算实验研究要建立在智能主体心理和行为演化,以及相互间交互作用的基础上,而智能主体心理和行为的演化应该建立在智能主体的基元层次演化上,三层模型结构构成一个完备的自演化系统。

4. 计算实验的常用工具

对于具体实现计算实验的计算机技术而言,从理论上来讲,研究者可以不借助任何类型的复杂系统建模工具或开发环境,直接使用通用的计算机编程语言(如 Java、C 语言等)设计出计算实验所用的程序。这样的程序有很大的灵活性,可以任意改动程序结构,完成想得到的实验结果。

许多复杂系统建模工具都提供了大量的计算机辅助的程序模块,例如 I/O 模块、图形输出处理模块等。借助适当的建模和数据处理软件,可以极大地降低编程量,提高计算实验程序的开发效率,让研究者把精力集中在问题的求解上。建模工具有许多,各有自己特定的强势适用领域,很难评价哪一种更好一些。在复杂系统建模中具有代表性的软件建模工具包括 Swarm、NetLogo、RePast、Fables 等。研究者可以根据自己的实际情况,选择适当的建模工具。

三、计算实验的实现方法

1. 实验对象的数字化描述

有多种方法可用于对实验对象的不同层面进行可计算数字化描述,常用的方法有:有限状态自动机(简称有限自动机,是一种具有离散输入和输出的数学模型系统);元胞自动机,定义在一个有限且离散的元胞活动空间上,由有限个数、有限状态、离散的元胞组成,并按照一定的局部行为规则,在离散的时间维上演化;多主体系统,最基本的组成包括多个 Agent、Agent 的活动空间、Agent 的邻居集合、Agent 特征属性的演化规则、系统演化的时间和环境 6 个部分(范玉顺和曹军威,2002);复杂网络,网络是一个包含了大量节点及节点之间相互作用的系统,它可以用来描述人与人之间的社会关系(周涛等,2005)。现实世界中存在着的大量复杂的系统结构问题,都可以通过网络方法加以描述,例如物流网络、交通网络等。

2. 社会系统演化机制的计算方法

(1)博弈论(game theory)。博弈论是关于策略的数学理论,是研究决策主体之间互动决策的理论,即研究决策主体之间的行为相互影响时,决策的选择与均衡问题。一个完整的博弈模型应当包括 5 个部分:博弈的参加者;博弈者所掌握的对选择策略有帮助的信息;博弈方可选择的全部行为或策略的集合;博弈参加者做出策略选择的先后次序;博弈各方做出决策后的所得和所失。博弈论根据其所采用的假设不同可以大致分为合作博弈理论和非合作博弈理论。演化博弈理论(evolutionary game theory)是把博弈理论分析和动态演化过程分析结合起来的一种理论(盛昭瀚和蒋德鹏,2002),为复杂社会系统研究提供了非常有益的思想方法。社会学许多领域的研究,需要特别考虑人与人之间行为的相互影响和相互作用,以及人与人之间的利益和冲突、竞争与合作,博弈论为此提供了一个有效的研究模型。

(2)演化算法。在社会系统演化分析中,需要借鉴在自然科学、生命科学、计算机科学、复杂系统研究等多个领域中许多常用的、非常有意义的、模拟现实世界变化过程的智能演化算法,从它们在演化计算中的作用角度考虑,大致可以分为学习类算法、遗传类算法和群智能类算法①。

(3)数学模型。数学模型是采用形式化的数学语言来描述某个特定对象或问题的特征及数量依赖关系的一组数学关系式或一个具体的数学算法,以此来表达事物的状态、关系和变化过程。数学模型具有高度的抽象性、严密的逻辑性和广泛的应用性,为科学技术研究提供了简洁精确的形式化语言、数量分析和计算方法以及逻辑推理的工具(董荣胜等,2002)。

(4)系统演化过程中的随机性。所谓随机性,就是指不可能由初始条件来完全决定将来的后果。从复杂性科学的观点来看,复杂系统的演化既

---

① 约翰·H.霍兰,周晓牧,等.隐秩序:适应性造就复杂性[M].上海:上海科技教育出版社,2011.

有因果关系,又有随机性(吴彤,2005)。使用计算实验方法研究复杂社会系统的演化必须考虑由系统的随机性所带来的各种影响,如果实验模型都是基于确定性信息的,那么有可能得出一些完全违反社会规则的结论。

四、社会科学计算实验的研究范式

对于任何一种科学的研究方法,都必须有自己的研究范式,社会科学计算实验也是这样,必须按照范式进行研究工作,才能保证研究结果的客观和可信(冯天荃,2008;闫永琴和焦斌龙,2008)。我们必须有一个清醒的认识,计算实验不是社会学者随意创作的软件艺术品,也不是计算机专业人员突发灵感设计出的软件游戏,而是严肃的科学实验。因此,社会科学的计算实验要在一定的范式下进行,才能保证研究工作的规范性、科学性。

社会科学计算实验方法基于系统科学思想,抽象现实世界的基本特征和运动规律,在准确的观察和分析基础上,利用计算技术构建可计算模型和严格推演,对社会学问题进行科学实验。它不应该是事实、方法和理论的简单堆砌,也不应该是知识和工具的简单组合,而应该是通过范式的规范化和科学化的研究过程。范式不仅是科学研究的必要条件,而且也是科学研究规范化和成熟的标志。图6-4为社会科学计算实验的研究范式。

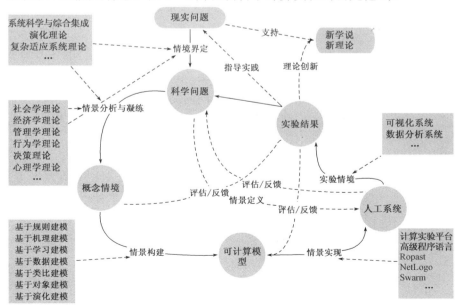

图6-4　社会科学计算实验的研究范式

1. 界定研究的问题与环境

界定研究的问题指的是界定需要研究的问题和类型、研究的视角和切入的层面、时间和空间特性,以及通过计算实验需要达到的目的。对不同的研究问题和需要达到的目的,需要不同的技术处理方法,因此,对需要研究的问题的明确界定,实际上也决定了计算实验建模和实现的技术细节。

2. 确定研究的基本假设

基本假设是针对所研究的问题而对整个社会系统所做的假设,假设需要建立在社会科学某研究领域中被证明或被证实的社会规律基础上,或者使用大多数学者可以接受的假设。基本假设决定了计算实验研究的基础,通过基本假设,可以明确研究工作的前提条件,告诉其他研究者研究结果是在什么样的假设条件下得出的,便于分析研究成果的适用范围和条件。同时,这些基本假设也决定了计算实验的处理依据和实际计算过程。

3. 建立可计算模型

计算实验的基础是可计算模型,构造模型是研究和解释客观世界的一种手段,构造计算实验模型的关键不在于图形化人机界面,也不在于抽象的程度,而在于表达方式。它应该更容易和直接地表达社会系统复杂的结构和主体间的相互作用,使人们可以在比原型条件更为有利的条件下研究原型(苗建红,2008)。在计算实验中,需要构建一个能在社会系统演化的基本因素层面与现实系统对应的可计算模型,这样的计算实验模型一般应具有:① 层级性。模型应该可以让研究者在不同的侧面、不同层次上分析社会系统的原型。② 扩展性。模型应该能够容纳其他任何可以符号化的模型,如数学模型等。③ 能动性。模型应该可以能动地反映原型,乃至在某些特征时空上超越原型。④ 特征性。模型应该能反映元素之间存在的某种因果关系、若干特征或内在联系。⑤ 演化性。模型应该可以描述系统多个层次的多种动态特性,包括系统层次、主体层次以及主体的基元层次中的学习和适应特性。⑥ 标准性。模型应该可以用通用计算技术,在通用的计算机系统上实现,便于交流。

4. 实现计算实验

实现计算实验包括:计算实验的环境计算,计算实验的边界条件,实验变量与初始数据设计,关键算法与计算公式,计算实验的实现过程,实验结果的可视化应用。

5. 实验结果的评估与比较

在计算实验研究中,对实验结果的评估分析与比较是研究体系中很重要的一个研究环节,它与研究结果和结论直接相关。

五、计算实验在社会科学研究中的作用

(1)便于我们观察世界。社会系统某些过程发生得太快(如突发事件引起的混乱)或是进行得太慢(例如教育投入与产出)或者某些现象只有在一定的规模和环境下才有可能发生(例如研究传销或产业聚集),使用计算模拟可以放宽所需的假设、限制或规模,解决在实际系统上观察的困难,把研究工作控制在适合观察的速度和规模上。

(2)便于实验和学习。由于法律、道德、成本以及系统的不可逆等因素,社会系统中的实际实验会受到许多限制,计算实验可以帮助研究者在人工系统上通过改变参数,进行反复、可控的实验,做多方案的比较,避免了在实体系统上实验的危险或是过高的成本,以及"观察者的活动可能造成的干扰"。

(3)便于验证理论和假设。使用实验的手段对现有理论加以验证,能够更精确地陈述理论或发现新理论。通过设计、控制计算过程和内容,可以检验已有假设和尝试研究其他新的、可能的假设;也可以了解研究中可能遇到的困难。

(4)便于指导社会实践。计算实验可以寻找和建议排除明显不合理的管理、协调方案,以解决实际问题,减少管理的盲目性和规避风险,支持社会活动的组织、决策、控制与协调,从而更好地服务于社会实践。

(5)便于更全面认识社会系统。计算研究可以协助我们观测社会系统中的微观行为与宏观现象,以及相同和不同层次相互之间的关系,有助于分析系统中各个组成要素的特征和彼此间的关系,更全面地认识社会系统的涌现现象。

(6)便于了解系统演化的多种可能性。计算实验研究方法可以处理并行过程,进行多方案比较。另外,不同微观要素在变化的环境中,由于随机因素,各自独立的行为决策及其在非线性结构中相互作用,可以反映宏观上

系统演化的不确定性,帮助研究者探索系统多个可能的演化趋势。

第四节　社会科学计算实验平台

将"社会科学计算实验平台"构念分为 3 个层次,主要包括社会科学(一般)计算实验平台、社会科学(核问题)计算实验平台、社会科学(具体问题)计算实验平台。具体地说,是对某领域内社会科学研究问题构建针对性很强的软件平台,这一平台既有一般的社会科学计算实验平台的基本功能,又能较好聚焦某一类社会科学问题,而不致使平台过于庞杂而难以开发与操作,我们称这一类问题构建的计算实验平台为社会科学(核问题)计算实验平台。在社会科学(核问题)计算实验平台的基础上,通过对某一特定问题的深入研究,可以进一步具体化为社会科学(具体问题)平台①。

一、社会科学计算实验平台开发框架

社会科学计算实验平台开发的第一步需要对系统做出整体架构,而这需要以研究者需求为导向,以平台需求为核心,从整体上对社会科学计算实验平台的系统架构技术架构和应用架构进行考虑,目前系统架构主要有两种方式,基于传统的客户端服务器模式和基于 web 的浏览器服务器模式,两者各自都有优点和不足。

下面我们以供应链管理计算实验平台的系统架构为例(图 6-5),来介绍该模式在平台开发中的应用:从用户角度,客户端通过展示模块、基于富客户端的 b/s 结构来实现用户行为的操作,包括实验模型的选择、参数的设置和展示结果的定制,实现平台的定制和展示功能。用户的操作行为,通过 ajax 技术发送到后台,struts 的分发器接收到这些请求,并过滤,然后将过滤后的请求转发到对应的响应模块和行为逻辑。

业务逻辑处理模块包含一个分发器和具体的业务模块,其中实验流程模块用于管理维护用户定制的流程,并执行具体的实验模型流程的定制和维护,管理这些流程的执行并将执行的结果存储进数据库,前台业务处理模

---

① 国家社科基金重大项目"社会科学计算实验基本理论、关键技术及应用研究"(11&ZD169)。

块使用用户定制实验的各项参数选择使用实验模型并定制这些模型的相关参数,实验结果输出模块负责结果图标的定制和展示,即用户可以通过该模块定制需要查看和展示的实验数据类型、选择需要对比的数据定制实验的研究对象,在此基础上该模块可以实现定制展示界面的各项参数,回送各项实验实时数据,并告知展示模块展示数据的类型、对比的对象功能。

实验流程扩展模块用于执行用户扩展的模型、方法和流程。用户可在内建的模型、流程基础上,基于其提供的模型参数和方法,构建自己的模型、方法和流程,并完成实验。在扩展的模型和逻辑模块中,清晰地定义了扩展接口。通过 JAVA 反射技术来识别用户定义的方法并自动集成到平台中。

数据库管理模块负责实现平台相关的所有数据的操作,维护数据库的完整性,配置连接管理实务,并提供清晰的接口,帮助用户实现平台上的扩展实验。该实验平台的四层架构清晰地分离了具体业务和模型的关系,提供了良好的接口,能够很好地支持用户在实验平台上的扩展。同时,该四层体系结构支撑了项目团队的软件开发,在此体系结构基础上的实验平台的开发职责划分是明确和清晰的,这样的体系结构帮助了团队成员能够发挥各自的专业所长专注于自身擅长的领域,进而为跨领域的团队协作提供可能和保证。该体系结构也为软件规模的增长提供应对,即能够很好地应对需求的变更,便于今后增量式的开发。本书列出供应链管理计算实验平台系统构架,如图 6-5 所示。

社会系统中个体行为痕迹编码而来的大数据是实验的原材料,概念模型的构建是实验的条件,社会科学计算实验平台的建立是基础设施,将专业领域的理论演绎和通过数据分析所得的规律进行应用是实验规程。社会科学计算实验的目的是从微观行为为起点探索和分析人类复杂决策背后的机理机制。海量的关于人类行为的非结构化的数据,基于大数据的社会科学计算实验平台,社会科学计算实验中人工社会或者仿真方法的使用,对于真实实验的模拟,对实验结果的观察、分析和推理,这些对于社会科学研究对象、研究方法的变革和突破具有重要的促进作用。

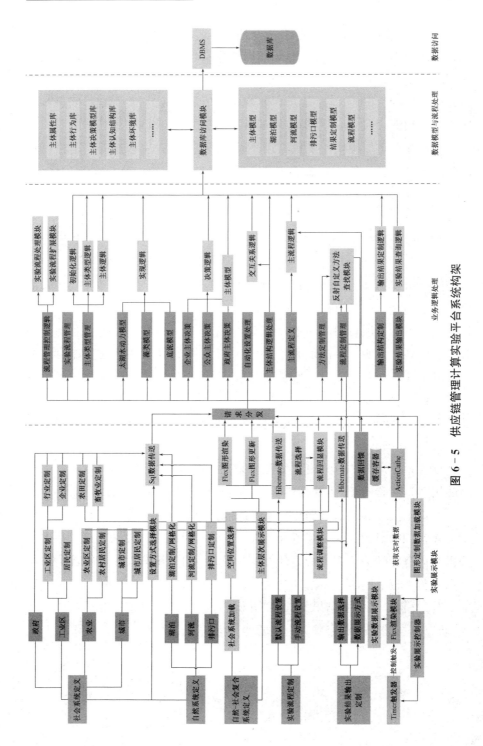

图 6 - 5 供应链管理计算实验平台系统构架

二、社会科学计算实验平台——以湖泊流域复合系统为例

我们可以将"社会科学计算实验平台"观念层次化,得到社会科学(一般)计算实验平台—社会科学(核问题)计算实验平台—社会科学(具体问题)计算实验平台这三个层次。具体地说,我们可以对某领域内社会科学研究问题构建针对性很强的软件平台。这一平台既有一般的社会科学计算实验平台的基本功能,又能较好聚焦某一类社会科学问题,而不致使平台过于庞杂而难以开发与操作,我们称这一类问题构建的计算实验平台为社会科学(核问题)计算实验平台。在(核问题)平台的基础上,通过对某一特定问题的深入研究,可以进一步具体化为(具体问题)平台①。

1. 湖泊流域复合系统概念模型

在湖泊流域自然—社会复合系统研究计算实验平台(Computational Experiment Platform for Natural-Social Complex System of Lake Watershed,LAKE-CEP)中,自然系统主要包括出入湖河流、湖泊以及湖泊中的水生生物、底泥等,入湖的河流将沿岸社会系统产生的污染物、降雨冲

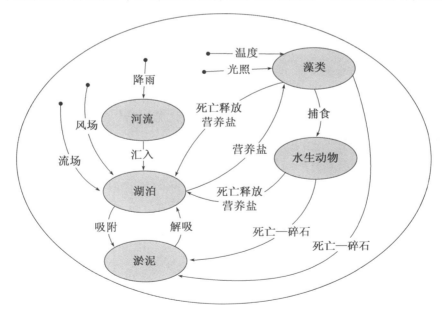

图6-6 自然系统概念模型

---

① 社会科学计算实验基本理论、关键技术及应用研究(11&ZD169)。

刷土壤溶解污染物颗粒等带入湖泊,同时在带入湖泊的过程中也通过物理化学等作用进行净化;在湖泊中,污染物经历了更加复杂的物理化学过程(盛昭瀚和金帅,2012)。图6-6所示是自然系统概念模型。

2. 湖泊模块的模型

(1)湖泊主流程模型

本模型主要介绍湖泊模块主流程概况,包括湖泊自身的水体扩散模型、湖泊中的藻类生长模型、淤泥的扩散模型、河流的流入流出模型等。模型根据湖泊网格中每个网格上每期的所有状态,以及由排污口进入湖泊的输入污染物浓度、降雨量等影响因子来计算湖泊每个网格当前的状态。湖泊主流程图如图6-7所示:

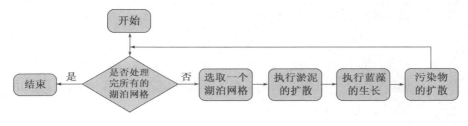

图6-7 湖泊主流程图

(2)水体扩散模型

本模型参考王璐等(2009)提出的基于元胞自动机的水体污染带扩散模型,给出了湖泊流域水体扩散模型。该模型将研究的水体离散成 $N \times M$ 个相同的网格,每个网格点代表一个元胞,任一元胞取其相邻的8个元胞作为其邻居,即为其摩尔型邻居。对于任意一个处在(x_i, y_j)位置的元胞,以 M_{ij} 表示其在 t 时刻所具有的污染物(N/P)浓度。每个元胞有两种状态,M_{ij} 与周围8个网格的浓度差低于阈值 M_{TH} 的视为0(不扩散),否则视为1(扩散)。污染元胞的扩散遵循两个规则:一是自身由于浓度差而与摩尔邻居之间的扩散;二是风场流场之引起的扩散。水体扩散行为流程图如6-8所示。

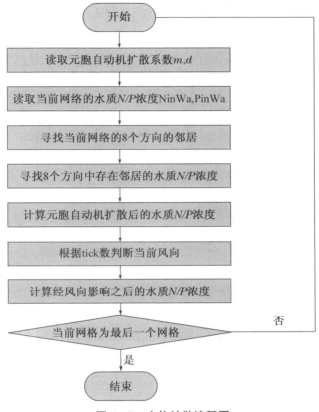

图 6-8 水体扩散流程图

（3）藻类生长模型

本模型参考刘元波等（1998）提出的藻类生长模型，主要考虑温度、光照、总氮、总磷因素对藻类生长的影响，其中当前 tick 藻类生物量 $A(t)$ 藻类生态动力基本方程为

$$\frac{\partial A(t)}{\partial t}=\left[u(t)-M_a(t)-\frac{Q}{V}\right]\times A(t)$$

$$\frac{\partial TP(t)}{\partial t}=-UP(t)\times A(t)-\frac{Q}{V}\times TP(t)$$

$$\frac{\partial TN(t)}{\partial t}=-UN(t)\times A(t)-\frac{Q}{V}\times TN(t)$$

其中:Q 表示湖水流出量,V 表示湖泊容积。对于上述公式,首先利用欧拉公式提供初值,然后利用梯形公式迭代计算。藻类生长流程图如图6-9所示。

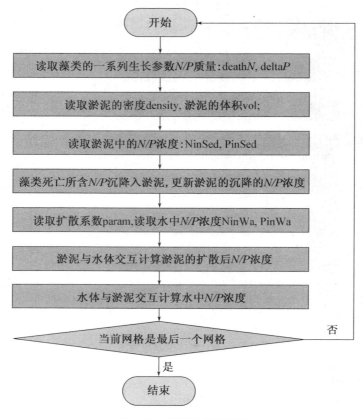

图6-9　藻类生长流程图

（4）淤泥扩散模型

模拟水体与淤泥浓度扩散、藻类死亡沉降过程对淤泥中 N/P 浓度产生的影响。淤泥扩散的流程图如图6-10所示。

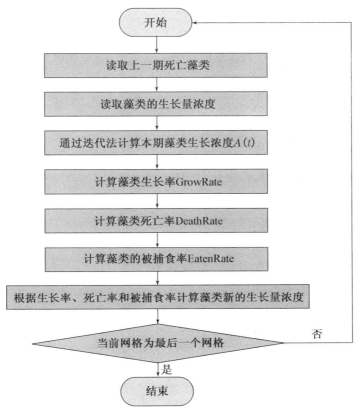

图 6 - 10　淤泥扩散流程图

（5）河流模型

无论是工业排污、农业排污还是畜牧业排污,都有一部分是通过河流排入湖泊里的,因此对于河流的研究也十分必要。河流污染物的排入方式主要有地表径流、渗透、排污口直接排污等。本模型主要依据物理因素、化学因素、微生物因素的迁移传递,根据河流网格中每个网格上一期的所有状态,以及由排污口进入河流的输入污染物浓度、降雨量等影响因子来计算河流每个网格当前的状态,从而实现污染物的传递(金帅等,2009)。

（6）流速模型

流速模型描述了河流的最基本属性——流速,流速作为最重要的物理因素之一,影响污染物在河流里的迁移。事实上,通过流速本身就可以粗略地估计出离排污口一定距离的网格的污染物的浓度。流速模型流程如图6－11所示。

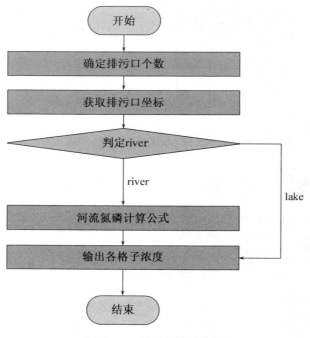

图 6－11　流速模型流程图

3. 湖泊流域复合系统模块设计

社会系统的发展需要自然系统资源的供给、良好的工作环境和不断的技术革新。大规模的经济活动需要通过高效的社会组织、合理的社会政策和良好的生态环境才能取得相应的经济效益。湖泊流域社会系统具有一般流域社会系统的特征,社会系统中的参与要素都是通过水资源为纽带进行联系,在湖泊流域内进行生产生活等经济活动和日常活动。这些参与主体的文化背景、认知水平、决策水平以及日常行为是社会系统研究的核心(盛昭瀚等,2009)。图6－12所示是社会系统概念模型。社会系统分为公众模块、政府模块、企业模块和面源(农业污染)模块。

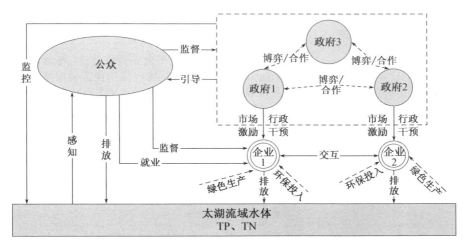

图 6 - 12 社会系统概念模型

第五节 研究现状

近年来,计算实验已经成为国外众多社会科学领域学者感兴趣的前沿研究领域,国外多所著名大学如美国加州大学社会科学计算中心、普林斯顿大学社会科学实验室、密歇根大学复杂系统研究所等都率先积极开展跨学科的社会科学计算实验研究,在国家宏观经济、金融市场、能源政策等领域取得了显著成果。社会科学计算实验 20 世纪左右的研究成果如表 6 - 3 所示。

表 6 - 3 社会科学计算实验 20 世纪左右的研究成果

时间	人物	事件和影响
1972	Cohen, March & Olsen	用基于 Agent 的思想构建计算模型研究组织选择问题
1978	Schelling	用简单的计算机模型研究了人口迁移问题
1984	Axelrod	利用简单的规则(针锋相对:Tit for tat)展示了在一个竞争环境中"合作现象"的涌现过程,说明了在复杂环境下简单规则可以得到良好表现的社会学道理

（续表）

时间	人物	事件和影响
1996	Epstein，Axtell	合作完成了计算实验中的经典模型——糖域模型（Sugarscape），验证了传统经济学预言的市场均衡条件很难满足，也反映了传统经济学理论的局限性
	Arthur，Holland	在认为人做出决策是在不完全信息、有限理性下的条件下构建了人工股市模型，反映了现实股市中的一些规律，得到了比传统数理模型更为丰富的结论
1998	卡斯蒂	研究城市道路交通问题的 TRAMSINS 模型
2004	Sprigg Jr 等	研究宏观经济，如贷款利率、家庭购买力、GDP 等走势的 ASPEN 模型
2005	Barrett 等	研究天花感染传播的 EpiSims 模型
2006	Jiao 等	基于多 Agent 的供应链模型
2007	Scheurer	组织理论（如组织学习、组织结构、组织成长等）
2011	Tatiana 等	金融理论

国内在社会科学计算实验研究领域普遍起步较晚，不少学校还不了解这一重要发展趋势。南京大学是国内较早开展社会科学计算实验研究的一所高校，早在 2001 年就已开始了经济演化计算实验研究的工作，后来学校专门成立了南京大学社会科学计算实验中心，是国内最早的社会科学计算实验研究基地。近年来，该中心基于计算实验方法开展了企业管理、社会舆论传播、知识产权保护、太湖流域环境政策等一系列研究工作，取得了一批高质量的成果。教育部社科司的领导多次来中心考察，对于这一跨学科的社会科学研究中心给予很高评价。

从总体上看，当前国内高校在社会科学计算实验研究领域除起步较晚外，研究队伍规模较小且比较分散，研究多以单个问题为对象，缺乏对社会科学计算实验基本理论、关键技术及实验平台等共性科学问题与技术研究，因此未能形成关于社会科学计算实验理论—技术—应用的完整体系，这在一定程度上影响了社会科学计算实验的应用和推广。

计算实验研究方法利用计算技术进行社会系统演化机制及其系统中要素的动力学行为模拟，研究社会系统中各种现象的发生过程、相互关系，分析"已经发生""正在发生"和"将来可能发生"的社会现象，解释形成的原因，发现其中的规律和法则，从而设计出解决实际问题的方案，为管理实际社会活动提供客观和符合规律的正确建议及依据。

本章小结

    本章主要对社会计算实验这一方法进行简要概述,首先在介绍社会计算实验这一方法之前在前人的研究基础上分析社会科学的可计算性以及社会计算的概念;然后对社会计算实验的相关概念一一介绍:社会计算实验的基本概念、研究框架和实验结构,计算实验的实现方法、研究范式以及计算实验在社会科学研究中起到的作用;接着介绍了社会计算实验中的人工社会方法的相关概念:基本概念、仿真流程以及人工社会方法的适用范围的讨论;最后梳理了社会计算实验方法的研究现状。

参考文献

[1] Ostrom T M. Computer simulation:The third symbol system [J]. Journal of Experimental Social Psychology,1988,24(5):381-392.

[2] Licklider J C R. Man-computer symbiosis[J]. Ire Transactions on human factors in electronics,1960,HFE-1(1):4-11.

[3] Hiltz S R,Turoff M. The network nation:Human communication via computer [M]. Cambrige,MA:The MIT Press,1993.

[4] Schuler D. Social computing[J]. Communications of the Acm,1994,37(1):28-29.

[5] Dryer D C,Eisbach C,Ark W S. At what cost pervasive? A social computing view of mobile computing systems[J]. Ibm Systems Journal,1999,38(4):652-676.

[6] 赵时亮.虚拟实验:从思想实验到虚拟现实[J].科学技术哲学研究,1999(6):21-25.

[7] 刘端直.论思维实验[J].科学技术哲学研究,1995(2):26-30.

[8] 张军.研究社会系统演化的计算实验方法[J].实验室研究与探索,2008,27(10):40-43.

[9] 林夏水.科学实验的新形式——计算机实验[J].哲学研究,1998(8):17-24.

[10] 张军.社会科学计算实验研究[J].实验技术与管理,2010,27(8):19-23.

[11] 周涛,柏文洁,汪秉宏,等.复杂网络研究概述[J].物理,2005,34(1):31-36.

[12] 范玉顺,曹军威.多代理系统,理论、方法与应用[M].清华大学出版社,施普林格出版社,2002.

[13] 盛昭瀚,蒋德鹏.演化经济学[M].上海:上海三联书店,2002.

[14] 董荣胜,古天龙,蔡国永,等.计算机科学与技术方法论[J].计算机科学,2002,29(1):1-4.

[15] 吴彤.复杂性是随机性吗?[J].系统科学学报,2005,13(2):6-8.

[16] 谢惠媛.社会研究范式的三次转变[J].云南社会科学,2007(6):50-53.

[17] 冯天荃.量化研究与质化研究:社会科学领域两种对立的研究范式[J].南京师范大学学报(社会科学版),2008(4):92-96.

[18] 闫永琴,焦斌龙.现实与科学:现代主流经济学研究范式的选择[J].社会科学,2008(1):42-45.

[19] 李怀祖.管理研究方法论[M].2版.西安:西安交通大学出版社,2004:131.

[20] 苗建红.自然科学研究范式在教育研究中的影响[J].教学与管理,2008(9):9-10.

[21] 靳涛.经济学两种研究范式的碰撞与演革——再论经济学的"工具理性"与"演化视角"的矛盾统一[J].经济社会体制比较,2007(3):19-25.

[22] Gilbert N, Conte R. Artificial societies:The computer simulation of social life [M]. Taylor & Francis, Inc. , 1995.

[23] Epstein J M, Axtell R. Growing artificial societies:Social science from the bottom up[M]. Brookings Institution Press, 1996.

[24] Gilbert N, Troitzsch K. Simulation for the social scientist[M]. UK:McGraw-Hill Education, 2005.

[25] 林健,赵剑冬.基于 Agent 的社会学仿真研究[J].计算机仿真,2008,25(5):259-262.

[26] Bonabeau E. Agent-based modeling:Methods and techniques for simulating human systems[J]. Proceedings of the National Academy of Sciences, 2002, 99(S3):7280-7287.

[27] Davidsson P. Agent based social simulation:A computer science view[J]. Journal of Artificial Societies and Social Simulation, 2002, 5(1):1-5.

[28] 张江,李学伟.人工社会——基于 Agent 的社会学仿真[J].系统工程,2005,23(1):13-20.

[29] 罗批,胡晓峰,司光亚,等.战争系统人工社会的研究实践与几点思考[J].系统仿真学报,2006,18(12):3589-3592.

[30] 王飞跃,史帝夫,兰森.从人工生命到人工社会——复杂社会系统研究的现状和展望[J].复杂系统与复杂性科学,2004,1(1):33-41.

［31］ 盛昭瀚,金帅.湖泊流域系统复杂性分析的计算实验方法[J].系统管理学报,2012,
21(6):771-780.

［32］ 王璐,谢能刚,李锐,等.基于元胞自动机的水体污染带扩散漂移仿真[J].水利学
报,2009,40(4):481-485.

［33］ 刘元波,陈伟民,范成新,等.太湖梅梁湾藻类生态模拟与蓝藻水华治理对策分析
[J].湖泊科学,1998,10(4):53-59.

［34］ 金帅,盛昭瀚,刘小峰.基于计算实验的排污权交易系统效率研究[C]//第十三届
世界湖泊大会(2009).北京:中国环境科学学会,中国环境保护协会,2013:
408-415.

［35］ 盛昭瀚,张军,杜建国.社会科学计算实验理论与应用[M].上海:上海三联书
店,2009.

［36］ Candelaria Sansores, Juan Pavón. Agent based simulation for social systems from
modeling to implementation[C]//the 11th Conference of the Spanish Association
for Artifical Intelligence (CAEPIA 2005). Spain: Santiago de Compostela, 2006.

［37］ 约翰·L.卡斯蒂.虚实世界:计算机仿真如何改变科学的疆域[M].王千祥,权利
宁,译.上海:上海科技教育出版社,1998.

第七章　众　包

数据科学的最终目的是获取数据或者大数据并根据具体企业或者学术研究的需要从所得数据中提取有价值的信息,以解决社会系统中存在的问题,并将这些信息与具体的领域结合使用,为决策者的决策提供依据或者为研究者带来知识发现。传统的数据处理方式为可自动化编排、执行、监控以及追踪数据。随着数据获取技术的提高,以及计算机网络和数据存储技术的发展,海量科学数据资源的积累和传播成为可能。大数据的价值被广泛承认,但由于大数据规模越来越大、结构越来越复杂,如半结构化或非结构化,数据处理的工作量急剧增加,这类数据往往难以通过计算机实现自动化处理,因此,传统的基于集群或云平台的数据科学已经不能完全满足数据密集型的大数据处理。而且人工智能和机器学习等数据科学往往也需要人工的介入来学习新的知识和做决策支持,由于时间和精力有限,对于数据的处理面临极大的挑战。众包作为一种分布式的群智计算模式,通过互联网高效地调用分布全球的人力资源,对于处理人类比较擅长而计算机难以自动化处理的任务有很大优势。所以,众包是可以通过高效调用人力资源,成为进行科学大数据获取和处理的解决方案之一。本章探讨众包与大数据、社会网络、数据科学的关系。

第一节　众包的涵义

2006 年 Howe 首次提出众包的概念,他认为"公司或者机构把原来由员工执行的工作任务,以自愿的形式,外包给非特定的大众网络的做法即为众包",是合作创新的一种模式。相比于用户生成内容、大众生产等相似的概念,众包服务的目的性更明确,直接针对特定的任务。目前,众包已经渗入我们工作和生活的方方面面,众包的价值也被越来越广泛的认可。一方面,许多公司设立了企业众包网络平台,如戴尔、阿迪达斯、宝洁、海尔等,吸引民间高手参与解决企业面临的商业、技术难题,提供新创意。另一方面,一些著名的企业在专业众包平台上通过提供物质奖励,找到民间高手,解决创新难题。如宜家通过举办"天才设计"大赛,吸引用户参加家具方案的设计;乐高通过举办 Lego Ideas 大赛来发动人们设计自己喜爱的模型;欧莱雅等公司让用户参与广告设计的活动。这些众包平台起到了桥梁作用,将个人智慧与企业创新问题连接起来,一定程度上提高了企业的创新能力。除了商业应用,众包活动在很多社会事件中也发挥着重要作用。例如,2010年海地爆发了一场造成近 25 万人死伤失踪的 7.2 级地震,官方无法在第一时间获知受灾地的具体情况,这就为救援组织带来了难度。这时,推特上的一群志愿者在 1 月 14 号到 1 月 24 号这 10 天的时间内,发起了一项网上救援活动,自发地为与海地地震有关的推文加上标签并重新翻译成标准格式,然后转发,这就为信息的有效传播和检索提供了极大便利。

众包系统由 3 部分构成:发包方、接包方和众包平台。发包方是众包活动的发起者,将直接从大众输入的方案中获益,也称为任务分配者。接包方由个体组成的问题解决群体,需要对众包任务负责,并试图提交解决方案作为反馈。众包平台是连接众包活动参与双方(发包方、接包方)的桥梁,主要是网络众包平台。围绕这 3 类主体,学者们对众包活动的开展流程进行了研究。Zhao 和 Zhu(2014)综合前人的相关研究,构建了包含 3 个成分、6 个过程和行动的众包框架。其中发包方和众包平台之间存在 3 个行动,包括提交、验证和奖励;接包方和众包平台之间存在 3 个行动,包括推送、参与和竞标行动;此外,发包方和接包方之间可能存在一些平台之外的联系,如接包方需要咨询一些关于任务的详细信息来支持自己的接包工作,或就奖励和提交的事宜与发包方协商等。严杰等(2017)总结以往相关文献,提出一个完整的众包流程框架应该包括 3 个实体、3 个属性以及 9 个活动,其中发包方对应的属性是任务,众包平台对应的属性是众包过程机制,接包方对应的属性是解决方案。具体的 9 个过程(图 7-1)包括:发包方对应的确定任务、确定众包平台和提交任务过程;众包平台对应的确定众包机制、推送问题、结果评估和结果奖励过程;接包方对应的执行任务过程以及发包和接包双方参与的协调、代理和解释过程。其中,发包方确定完成任务的众包平台,通常可以考虑自建众包平台(如 Threadless 公司自建 T 恤众包网站 Threadless.com 征集 T-shirt 创意)或考虑借助第三方众包平台(如宝洁借助 InnoCentive 平台收集产品创新解决方案）。

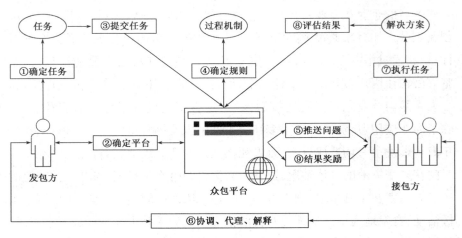

图 7 - 1 众包系统组成及工作流程

第二节 众包平台分类

一、按众包任务类型进行分类

众包平台是众包活动参与者与任务发布者的中介,是连接两者的桥梁。根据众包平台运用领域的划分,现有文献从商业模式、软件开发视角将众包平台主要分为两类:解决问题平台和思想生成平台(表 7 - 1)。解决问题的平台主要聚焦于具体的问题和任务,例如 InnoCentive、亚马逊机械土耳其(AMT)等。这类平台又可以进一步分为开放式创新研发平台及微任务解决平台。例如 InnoCentive 就是典型的开放式创新研发平台,它连接问题需求者和潜在解决者。AMT 是典型的微任务解决平台,重点解决小问题和任务,这些小问题和任务通常被称为"微任务"。这两类众包平台都提供具体问题解决方案。思想生成平台不同于解决问题平台,这类平台专注于人群的创造力,目标是形成简单构念、想法,表达和草拟想法。思想生成平台又可分为主要为形成新产品概念的开放竞争平台,例如 Dell Idea Storm,以及以 Threadless 为代表的微创新平台,主要由使用者参与产品设计。思想生成类平台通过大量的潜在问题解决者,寻找新的抽象概念或有形产品,甚至还能将一个领域的问题解决方案应用到另一个领域。

表 7 - 1　众包平台模式分类

众包平台类别	分类	举例	特征
解决问题类	开放式创新类	InnoCentive	聚焦于具体的问题和任务,并解决
	微任务解决类	AMT	
思想生成类	开放竞争类	Dell Idea Storm	专注于群体创造力,形成构念、想法
	微创新类	Threadless	

资料来源:根据相关文献整理。

二、按交易方式进行分类

　　众包平台在发展初期,悬赏制是主要的交易方式。随着众包任务日趋复杂,众包参与者与任务发布者人数快速增长,新的交易方式逐渐新起。李燕将众包网站的交易方式分为悬赏制、招标制和雇佣制 3 种;余世英等分为现金悬赏模式、招标模式、速配模式、威客地图模式;李忆等进一步总结出众包网站的交易方式为悬赏制、招标制、雇佣制和计件制 4 种。本书沿用李忆等提出的分类方式,认为悬赏制是指由任务发布者发布创新任务,众包参与者完成任务后获得任务奖励的一种交易方式。招标制是指参与者制定标书(任务解决方案、任务报价、信誉等信息),中标后再完成任务的一种交易方式。雇佣制通常用于团队任务或任务较大的情境。计件制适用于简单、技术含量较低且报酬少的众包任务。按交易方式分类的众包平台如表 7 - 2 所示。

表 7 - 2　众包平台交易方式分类

交易方式	特征	网站举例	
		国内	国外
悬赏制	任务周期较短;稿件数量多,智力资源浪费;发包方定价	猪八戒、一品威客网、任务中国、时间财富、K68、小鱼儿、我图网	scriptlance、mturk freelancer、freelance

交易方式	特征	网站举例	
		国内	国外
招标制	任务周期较长；技术难度较高；一对一定制服务	猪八戒、一品威客网、任务中国、时间财富、小鱼儿	Odesk、elance、freelancer、freelance
雇佣制	任务周期不确定；技术难度较高；任务完成质量较高	猪八戒、一品威客网、时间财富、K68、痛客	Odesk、elance、freelancer
计件制	任务周期短；技术难度小；稿件数量多	猪八戒、一品威客网、任务中国	—

资料来源：根据相关文献整理。

第三节　众包大数据的应用

无论学术研究还是企业实际运营，众包模式用于大数据采集的方式越来越普遍和高效。近年来，许多学者使用众包来完成他们在数据采集、数据清洗、数据标注、质量评估等方面的一系列工作。比如，Tong 等（2014）提出了一个基于众包的数据清洗系统，利用众包发现劣质数据，从而实现对互联网上多版本数据进行清洗，进而解决现有数据清洗方法计算难度大、精度不高等问题。McDuff 等（2011）将众包应用于人类的面部表情数据采集过程中，首次提出采用在线媒体阅读器的形式来收集动态、自然、自发的面部反应数据。Alonso 等将众包应用到网络搜索结果质量评估方面中，核心思想是利用大众来分析搜索结果是否能够提供用户寻找的信息，同时进一步判断其相关性。Yang 等（2015）将众包应用到交通监测中，提出利用大量的个人智能手机收集超大规模感知数据，颠覆了传统的实时路况信息采集技术。刘雅儒（2016）将众包理念引入物流领域，提出了众包配送的一种新型配送模式。

在企业运用方面，以高德地图众包大数据为例。大数据评测网站 Trustdata 发布的《2017 年上半年中国移动互联网发展分析报告》显示，在地图导航领域,高德地图 MAU 继续位列榜首。MAU 月活用户量位列移动应用 TOP20,且用户黏性很高。高德地图能拥有高比例的用户黏性,与其数据采集方式分不开。高德地图数据的核心是建立在用户生成内容(UGC)的数据广度和实时性上的。具体来说,高德自主采集数据能力负责数据的深度和准确度,众包大数据的运用负责数据的广度和实时性。

高德地图众包大数据的过程:用户在使用手机高德地图时,会将在路上行驶的 GPS 定位进行实时回传。这样,高德地图就会实时捕捉交通动态,实时获知各条道路的畅通情况、行驶车速、拥堵原因及事故、管制、施工等交通事件,并根据通行情况对用户的导航路线进行调整或提醒。高德地图精准的实时交通大数据中 78% 来自 UGC 众包数据,22% 来自出租车、物流车等行业浮动车辆。高德地图的实时交通动态事件数据中,更有 85% 来自用户上报,其余来自交管和政府。高德在获取实时数据后会再将处理过后的数据回馈,反哺道路、POI、导航、公交、步行等地图基础数据,并完成新路发现、老路清除、交通规制信息变化识别、园区内部路发掘,以及道路通行等级判断等数据更新。上面这些 UGC 数据,除了来自 C 端用户,还来自高德的 B 端数据联盟,包括由高德自身、阿里巴巴集团、政府交管及开放平台服务的第三方。比如,高德地图通过其交警平台与全国近百家交管部门合作,互相提供信息和数据,还与数十家交通广播联合成立了"空中交通信息联盟",为交管和交通广播提供全景路况信息;除此之外,高德地图还能拿到阿里的数据,比如菜鸟的运单数据、物流车数据,以及口碑的外卖订单数据。

高德地图的大数据众包,就是用户在使用过程中用户反馈回来的,包括轨迹点、速度、方向等数据。高德把它转化成对于轨迹的热力图、流量监测,实时交通流量监测图等,通过这些可以进行大数据挖掘,可以去发现新路,发现道路的过期,包括信息、单行线等等。

第四节　基于网络分析法的众包效果研究

一、理论基础

　　经过文献回顾,众包平台研究主要应用了以下理论:权变理论、价值理论、价值期望理论、动机理论、创新竞赛理论、社会认同理论、价值敏感设计理论、社会交换理论等。这些理论用于分析众包平台模式,解释众包平台项目中参与者、任务发布者的参与或持续参与众包活动的意图。李忆等从权变理论视角探讨了众包模式与众包定价机制、交易机制、防范机制之间的匹配关系。Sun 等运用价值理论对众包网站任务中国进行了调查,发现享受感增强了众包活动参与者持续参与意图,这种关系被众包流程的满意度部分调节。接着这个研究,Sun 等又基于价值期望理论开发了参与者持续意图模型。他们调研了任务中国的众包活动参与者,发现外部(货币奖励)和内在(享受)动机都增强了参与者持续参与众包活动的意图。同样地,Zheng 等运用动机理论发现内部动机(享受)和获得认可的外在动机增强了任务中国众包平台中参与者的参与意图。根据同样的理论,Geri 等对 3 个不同的众包平台进行了研究,发现奖励、声望和互惠对参与行为的积极影响。Shao 等从创新竞赛理论视角探讨了奖励、任务、竞争强度等对于大众参与众包行为的影响。Boons 等用社会认同理论来解释自豪感对参与者在众包活动中的活动水平的影响。除了这些定量研究,Deng 等利用价值敏感设计理论进行定性研究,发现了众包活动参与者 9 个共同价值观,即获取、自主权、公平性、透明度、沟通、安全、问责制、影响力和尊严,这些研究均从众包活动参与者利益角度进行探讨。Ye 等运用社会交换理论从利益与成本角度研究众包活动参与者行为。从利益角度看,物质奖励、技能提升、工作自主性、享受权和信任度对众包活动参与者有积极影响,而成本角度的认知努力是负向影响因素。这些文献主要运用管理激励理论、经济价值理论探讨众包平台参与者与任务发布者的行为,及对众包结果的影响。

　　区别以往的众包平台机制研究,我们试图从众包平台结果研究的视角出发,借用平台理论和社会网络理论对众包平台绩效的内在影响机制做出系统性解释。平台理论是一个新兴的课题,平台研究专家 Cusumano 认为

"平台提供了开发各种应用的可能性"。谷虹认为"平台就是建立在海量端点和通用介质基础上的交互空间,它能通过一定的规则和机制促进海量端点之间的协作与交互"。这两个概念揭示了平台的基本功能:连接、协调和交互。我国学者徐晋认为"平台实质上是一种交易空间或场所,可以存在于现实世界,也可以存在于虚拟网络空间,该空间引导或促成双方或多方客户之间的交易,并且通过收取恰当的费用而努力吸引交易各方使用该空间或场所,从而追求利益最大化"。这个概念强调一种多边市场模式。Baldwin与 Woodard 将平台划分成技术平台、产品平台、双边平台这 3 种基本形式。3 种形式的平台不仅具有一些共同点,而且存在一些逻辑关联,如众包平台既是技术平台也是双边平台,它连接着参与者与任务发布者双方,又为双边的沟通提供技术平台和管理平台。

社会网络分析(SNA)是研究人与人之间互动关系的方法。社会学家和科学家自 20 世纪初以来在社会学、人类学、传播学、经济学、信息科学等多个领域一直在研究和运用社会网络理论。社会网络分析可以直观地了解网络数据,传达分析结果,并揭示任何可能通过定性测量未被捕获的隐藏属性。最近,社会网络理论多用于组织行为研究和工程管理,分析参与者之间的沟通和信息流程,以提高项目管理效率和更好地整合团队成员。社会网络理论中常用的定量指标有节点和网络,节点指标通常有中心度、紧密度,社会网络可分为完全网络和自我中心网络。完全网络主要研究个体在行业中的位置,自我中心网络指的是以某一成员为点,研究他与其他个体的关系。夏绍伟从电子商务平台社会网络的结构维度和关系维度两个方面探讨平台社会网络对其成长性机遇的影响。其中结构维度使用网络规模、中心度、结构洞测量;关系维度通过关系的强度、稳定性测量。本书提到的社会网络指的是以众包参与者为中心的网络,其网络属性也指以众包参与者为中心的网络属性。众包参与者网络主要由众包接包方、发包方、众包平台构成,是众包网络的主要节点。众包活动主要提供的是脑力服务,众包平台上的脑力服务离不开活动三方的不断互动和沟通。

二、模型构建

我们认为众包参与者的社会网络会对众包绩效产生影响,概念模型如图 7 - 2 所示。

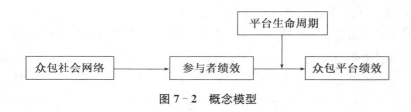

图 7 - 2 　概念模型

1. 网络规模与绩效

社会网络规模通常指社会网络中的网络成员数量,是网络中其他节点与之直接相连的链接总数,是整体网特征之一。社会网络中到达某个节点的路径节点数越多则说明该节点的网络规模越大,反之则说明该节点在网络里相对孤立。本书中的众包参与者网络规模指的是众包平台内与参与者相关联的网络成员的数量,包括其他众包参与者、任务发布者、众包平台的数量。根据社会网络规模的定义可以看出,在参与者参与众包活动过程中,与其他参与者、任务发布者、众包平台的关联越多,其社会网络中连接的节点就越多,网络规模越大。根据众包平台交易方式的分类,众包平台分为悬赏制、招标制、雇佣制和计件制。无论哪种交易方式,都需要众包参与者有足够的信息量有机会接收到发包方发出的项目需求。如果众包参与者通过社会网络获得的信息越多,那么接包的可能性越大。因此,可以假设:

H₁:参与者网络规模对参与者绩效具有显著的正向影响。

2. 中心度与绩效

网络中心度用来度量网络主体在社会网络中的中心性,体现了该网络主体在社会网络中的优势,反映出网络成员在社会网络中位置的差异。网络中心度高的企业或个人拥有更多的联结关系,因此可以快速地获取大量的信息和资金资源,同时处于中心的企业或个人对信息的控制程度高,有利于形成相对控制优势。对于创新类众包平台,大多数平台的知名度、影响力较大,众包参与者也慢慢形成规模,甚至组成专业社区或形成社群。社群作为众包机制背后的基本组织力量,对接包主体参与众包的意愿及行为有着至关重要的影响。当对参与者有重要影响的社群认为其应该参与众包活动,或其发现周围的社群正在参加众包任务时,为了维系人际关系或扩展人脉,参与者将更愿意参与众包。对于非创新类众包平台,大多数众包项目是相对独立的,虽然众包项目规模较创新类平台项目要小,但这类众包项目仍能体现个人能力。如果周围的人都认为参与众包是个人能力的体现,既能完善个人形象,也能提升其社会地位,则受此观念影响,为了获得他人的认可与赞誉,潜在接包主体也会更愿意参与众包活动。提出假设:

H₂:参与者中心度对参与者绩效具有显著的正向影响。

3. 关系强度与绩效

社会网络关系强度指的是网络成员嵌入在社会网络中的深度,主要包括网络节点(主体)与其他节点之间的联系频度及相互共享的社会资源量。Granovetter 在其论文《弱关系的力量》中首次提出了"关系力量"的概念,将关系分为强关系与弱关系两种,并认为可以通过互动频率、感性力量、亲密程度和互惠交换 4 个维度来界定关系强度。在关系研究中,研究最多的就是强关系与弱关系理论。强弱关系在社会网络主体互动过程中所起到的作用不同。Mitchell 认为感情较好的朋友关系属于强关系,强关系对相关行为者的影响和帮助更大。按照众包平台任务分类,对于解决任务类的众包平台,众包参与者与网络成员沟通机会就多,关系强度越高,解决任务的可能性越大。由于偶尔认识比起关系紧密的朋友更能提供相对独特的信息,而大多数人都拥有弱关系而非强关系,所以弱关系更能成为信息源之间的桥梁。但是 Granovetter 认为弱关系更可能是创新的源泉,更有利于思想交流、技术扩散。思想生成类众包平台的参与者如果在社会网络中存续时间越长,改变网络关系的可能性越小,也会因此失去获取新的稀缺资源的机会,完成众包任务的可能性变小。提出假设:

H₃:参与者关系强度与参与者绩效之间呈现倒 U 形关系。

4. 参与者绩效与众包平台绩效

在电子商务平台消费时,消费者往往对产品销售页面呈现的信息依赖程度比较高,尤其是网络口碑(Word-of-Mouth,WOM)信息与观察学习(Observational Learning,OL)信息。WOM 信息通常包括消费者的推荐和评价;而 OL 信息仅体现出所有消费者行为的综合结果(如销量排行榜),具有一定的统计属性,但并不提供导致该结果的理由。如果观察学习行为是基于互联网信息展开时,则被称为在线观察学习。实证研究证明,人们产生采纳他人观点的行为倾向,大多是因为观察学习的影响。观察学习很容易导致信息级联(information cascades),并最终产生羊群行为。众包平台参与者绩效可从数量及质量两个角度考虑,具体表现为参与者的收入及发布者对参与者的评价。其中参与者收入是观察学习信息,对参与者的评价

属于口碑信息。羊群行为在众包平台上最终表现为众包平台用户增长。因此,提出假设:

H₄:参与者绩效对众包平台绩效有正向影响。

5. 众包平台生命周期

菲利普·科特勒将生命周期划分为导入期、成长期、成熟期、衰退期4个阶段,并将产品生命周期概念应用于产品和品牌。也有些学者将产品生命周期应用于服务类产品,如网络搜索引擎。段文奇将电子商务平台生命周期分为平台创设阶段、启动阶段、起飞阶段、扩张阶段、成熟和上市阶段。有关 WOM、在线 OL 与平台生命周期关系的研究较少,Chen 研究了网络口碑与观察学习对销售的不同影响,研究表明:成熟产品更容易获得正面的观察学习信号,网络口碑与观察学习的交互作用会随着产品生命周期减弱。众包平台产生时间普遍不长,本书将众包平台的生命周期大致分为导入期及非导入期。因此,提出假设:

H₅:平台生命周期对参与者绩效与众包平台绩效间的正向关系具有调节作用。具体来说,众包平台导入期更有利于参与者绩效对众包平台绩效的正向影响。

本章小结

人们生活的社会空间越来越多地趋于网络化,社会科学领域中大量很难观察的信息被各种类型数据进行测量和记录。数据科学通过对社会科学领域的数据进行分析,从而反映社会科学的事实,以全数据样本进行可视化分析,为社会科学领域发展提供全新的视角。社会科学领域的碎片数据、非结构化数据、海量数据为数据科学提供了丰富的研究对象,如在不同地点的人物之间可通过网络社交媒体进行实时沟通,这些网络行为都会留下数据记录,即大量的信息数据。社会科学中的各种现象、事实及相互之间的联系都可以通过各种类型的数据来体现,数据科学以研究数据为核心。可见,数据科学在社会科学领域具有广泛的应用前景。众包平台是平台经济、共享经济时代的产物,平台合理地将闲置资源调配并最大化利用,平台战略的思想和运作模式还会广泛推广,众包模式在数据科学的运用也会越来越广泛。

参考文献

［1］Tong Y，Cao C C，Zhang C J，et al. CrowdCleaner：Data cleaning for multi-version data on the web via crowdsourcing［C］//IEEE，International Conference on Data Engineering. IEEE，2014：1182－1185.

［2］Mcduff D，Kaliouby R E，Picard R. Crowdsourced data collection of facial responses［C］//International Conference on Multimodal Interfaces. ACM，2011：11－18.

［3］刘雅儒. 众包配送模式及其发展趋势研究［J］. 物流工程与管理，2016，38（4）：32－33.

［4］严杰，刘人境，刘晗. 国内外众包研究综述［J］. 中国科技论坛，2017（8）：59－68.

［5］顾姝姝，陈曦. 众包平台研究综述与众包平台绩效影响机制构建［J］. 科技进步与对策，2017，34（22）：153－160.

［6］36氪. 高德地图于志杰：真正的未来地图是"活地图"［EB/OL］.（2016－12－29）. http：//www. siilu. com/20161229/208510. shtml.

第三篇

应 用 篇

　　本篇主要希望可以建立数据科学对社会科学研究影响的理论分析框架及相关实例。本篇的核心内容是第八章,如果我们想要了解数据科学对社会科学研究的影响,那么前人的研究结果是需要梳理的第一手文献资料。第八章主要运用科学计量方法分析数据科学在社会科学领域的应用研究,梳理国内外社会科学领域与数据科学相关主题的文献,分析数据科学在社会科学领域的应用并对比国际上和国内的研究热点和研究现状,以探索数据科学对社会科学研究的影响。第九章主要描述数据科学对社会科学研究对象的影响,对大数据进行简要概述。第十章是以社交媒体大数据为研究对象,获取社会化媒体的大数据,并进行实证分析(社会网络分析——可视化),研究社会化媒体信息机制及特点,创新之处在于大数据与实证研究相结合,运用社会网络分析的可视化。第十一章是剖析数据科学对社会科学领域应用研究的影响。第十二章是梳理出数据科学对社会科学领域研究方法影响的分析框架。第十三章、第十四章将行为大数据、实证研究及社会计算实验结合——基于代理仿真建模的社交化 App 价值研究及启示。第十五章在实证分析的基础上基于计算仿真的社会化媒体信息传播研究,进一步总结规律;第十六章综述了数据科学对社会科学研究方法转型的影响,最后简单地梳理了大数据时代社会科学面临的挑战和机遇。

第八章　数据科学对社会科学的影响——基于科学计量方法

　　本章的目的是运用科学计量方法分析数据科学在社会科学领域的应用研究,梳理国内外社会科学领域与数据科学相关主题的文献,分析数据科学在社会科学领域的应用并对比国际上和国内的研究热点和研究现状,以探索数据科学对社会科学研究的影响。科学计量分析的结果发现,数据科学对社会科学研究的影响主要体现在 3 个方面,或者说数据科学在社会科学领域内的应用有 3 个明显的聚类:① 研究对象,即大数据成为社会科学领域越来越受关注的研究对象;② 应用研究,数据科学如何赋能企业提高其长期生产力和创新能力是数据科学对社会科学领域应用研究的主要方面;③ 研究方法,主要体现在数据科学的一系列数据技术与社会科学领域原有的方法交叉融合,促进生成新的研究范式。

第一节　研究背景

　　随着期刊全文数据库的普及和信息处理技术的进步,文献题录作为描述文献外部特征的重要元数据集合,通过计算机技术和计量方法对一定学科领域内的题录数据进行处理与分析,该方法主要运用数学和统计方法研究文献的外部特征,进而描述和评价某一学术领域的研究现状、发展历程和研究重点,并预测其发展方向(刘启元和叶鹰,2012)。科学知识图谱是以科学知识为对象,应用数学、图形学、信息可视化技术、信息科学等学科的理论与方法同文献计量、引文分析和共现分析等结合,显示学科的发展进程与结构关系的一种图形,具有“图”和“谱”的双重属性与特征(陈悦,2015)。科学计量学、管理学、科学学和情报学等领域的知识图谱理论与实践研究表明,知识图谱作为一种有效的、综合性的可视化分析方法和工具,可以形象、定量、客观、真实地显示一个领域的研究结构、特点、热点、演化与趋势,这无疑为学科研究提供了一种新的视角(邱均平等,2003)。

本书以 2000—2018 年中外主题为数据科学的 Web of Science 核心合集数据库的 10 409 篇国际论文数据和中文社会科学引文索引(CSSCI)的 2 610 篇国内文献为实例,利用 SATI(文献题录分析工具),CiteSpace/Ucinet 6(两种不同的可视化软件)等进行科学计量分析并以知识图谱的形式直观地呈现近几年数据科学在社会科学领域的研究主题和研究热点。

第二节　数据收集与分析方法

一、数据采集

针对国内外期刊全文数据库的差异,以 10 409 篇国际论文数据和 2 610 篇国内文献为实例,从 Web of Science(WOS)核心合集检索并下载所需国际期刊的论文题录数据,从中文社会科学引文索引(CSSCI)检索并下载所需国内期刊的论文题录数据。

1. 国际文献

国际文献来自 Web of Science 核心合集,检索主题词是"data science"或者"big data",选择文献类型为"ARTICLE",时间跨度为 2000—2018,索引是"SCI/SSCI"。检索结果为 10 409 篇(截至 2018 年 9 月 10 日),将检索到的文献导出引文全记录,并进行各年份文献量的统计,得到了图 8-1 所示发文量年份分布图。从图 8-1 中可以看到数据科学相关文献数量年份分布情况:2010 年以前各年份论文发表数量一直保持在 100 篇以下,2012年发文量出现拐点,进入逐年增长趋势,并从 2014 年开始呈现急剧增长,这表明国际上真正数据科学应用于社会科学领域的研究是开始于近几年,伴随着大数据的研究热潮,学者们纷纷开始关注这样一门研究数据的科学,以期能够更好地为迎接大数据时代的挑战提供理论与技术上的支撑,社会科学领域的学者们也不例外。

通过对下载的数据进行统计发现 WOS 文献采集类别有 68 种(如表 8-1 所示:选取最多的前 20 个类别),同时进行文献来源出版物的统计,本书所检索到的数据科学主题相关论文来源于 627 种期刊,这儿选取了其中刊文量最多的前 20 个刊物绘制了期刊来源分布表(表 8-2),这说明目前国外对于数据科学的研究较为零散,尚未形成领域内的主要类别与核心期刊集。从表中可以发现,数据科学相关论文主要来源于 Economics、Management、Operations Research Management Science、Business、Engineers Industrial 等类别,期刊来源于 European Journal of Operational Research、Expert Systems with Applications、Research Policy、Economics Letters、Journal of Econometrics、World Development。这表明国外将数据科学应用于社会科学的研究主要还是在经济领域和管理领域。

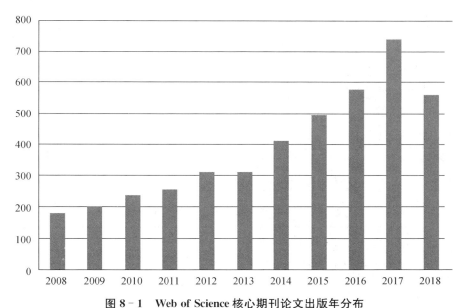

图 8-1　Web of Science 核心期刊论文出版年分布

表 8-1　Web of Science 核心期刊论文采集类别

采集类别	论文数
Economics	4 761
Management	3 394
Operations Research Management Science	2 660
Business	1 698
Engineers Industrial	959
Planning and Development	897

（续表）

采集类别	论文数
Environmental Studies	640
Computer Science Artificial Intelligence	527
Computer Science Information Systems	510
Social Science Mathematical Methods	392
Business Finance	389
Engineering Electrical Electronic	354
Mathematics Interdisciplinary Applications	338
Information Science Library Science	330
Psychological Applied	305
Environmental Sciences	302
Engineering Manufacturing	300
Transportation	278
Transportation Science and Technology	245
Computer Science Interdisciplinary Applications	219

表 8 - 2　Web of Science 核心期刊论文来源

期刊名称	论文数
European Journal of Operational Research	483
Expert Systems with Applications	321
Research Policy	296
Economics Letters	262
Journal of Econometrics	232
World Development	204
Decision Support Systems	185
Journal of Business Research	183
Economics of Education Review	176
Technological Forecasting and Social Change	175
Reliability Engineering & System Safety	174

（续表）

期刊名称	论文数
International Journal of Production Economics	167
Energy Policy	140
Ecological Economics	137
Information Management	137
Journal of Development Economics	137
Omega-international Journal of Management Science	137
Journal of Banking & Finance	122
Safety Science	107
Transportation Research Part A: Policy and Practice	104

2. 国内文献

国内文献来自中文社会科学引文索引（CSSCI），检索关键词是"数据科学"或"大数据"，选择文献类型为"论文"，时间跨度为 2000—2018 年，检索结果 2 610 篇（截至 2018 年 9 月 10 日），出版年分布如图 8 - 2 所示。从图 8 - 2 中可以看到数据科学相关文献数量年份分布情况：2011 年以前各年份论文发表数量几乎为零，2012 年发文量出现拐点，进入逐年增长趋势，并从 2013 年开始呈现急剧增长，这表明国内开始将数据科学应用于社会科学领域的研究较国际上要滞后很多，真正将数据科学应用于社会科学领域的研究是开始于近几年，伴随着数据科学越来越多地应用于各个领域，国内学者们纷纷开始考虑这样一门研究数据的科学，以期能够更好地研究各自领域的课题，探寻数据科学带来的新视角和新思路。

通过对 CSSCI 下载的文献采集类别前 20 种进行统计（表 8 - 3），同时进行文献来源出版物的统计，本书所检索到的数据科学主题相关论文来源于 20 种期刊（表 8 - 4），与国际文献情况类似，目前国内对于数据科学的研究同样不够集中，尚未形成领域内的主要类别与核心期刊集。从表中可以发现，数据科学相关论文主要来源于图书馆、情报与文献学，教育学，新闻学与传播学，经济学等类别，期刊来源于情报理论与实践，图书与情报，情报杂志，情报科学，科技与出版。这表明国内将数据科学应用于社会科学的研究主要是在图书和情报领域，并没有太多地涉及经济与管理领域，这是经济管理领域的学者要关注并重视的机遇。

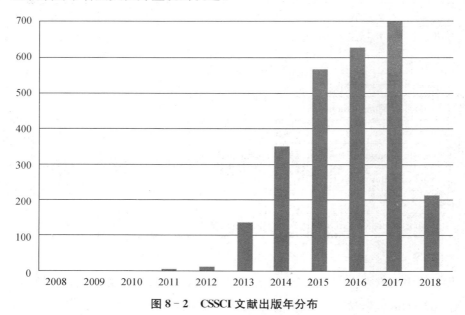

图 8 - 2　CSSCI 文献出版年分布

表 8 - 3　CSSCI 文献学科分布

学科	论文数	学科	论文数
图书馆、情报与文献学	758	体育学	17
教育学	353	文化学	17
新闻学与传播学	260	历史学	11
经济学	238	人文、经济地理	8
政治学	100	军事学	7
法学	99	环境科学	6
统计学	66	民族学	6
社会学	47	心理学	5
艺术学	47	中国文学	5
社会科学总论	28	外国文学	1

表 8 - 4 CSSCI 文献期刊来源

学科	论文数	学科	论文数
情报理论与实践	84	现代传播：中国传媒大学学报	48
图书与情报	76	现代教育技术	48
情报杂志	72	统计与决策	48
情报科学	71	出版发行研究	47
科技与出版	57	中国出版	46
图书馆学研究	56	情报资料工作	37
图书情报工作	52	中国行政管理	36
编辑之友	51	图书馆工作与研究	34
中国电化教育	50	当代传播	33
电化教育研究	50	统计研究	33

二、分析方法

文献题录信息统计分析工具（Statistical Analysis Toolkit for Informetric，SATI），通过对期刊全文数据库题录信息的处理，利用一般计量分析、共现分析、聚类分析、多维尺度分析、社会网络分析等数据分析方法，挖掘和呈现出美妙的可视化数据结果。SATI 软件具有题录数据格式转换、字段信息抽取、词条频次统计和知识矩阵构建四大基本功能，支持 WOS、CNKI、CSSCI、万方等数据库平台导出的相应题录数据格式并可进行字段文本预处理，将其自动转化为 SATI 专用的 XML 格式数据文件，为后期题录数据的存储、交换和分析提供便利（刘启元和叶鹰，2012）。

社会网络分析软件 Ucinet（University of California at Irvine Network）是一个功能强大的社会网络分析软件（邓君等，2014），是目前最流行的，也是最容易上手、最适合新手的社会网络分析软件。Ucinet 由 Linton Freeman 编写，后来由美国波士顿大学的 Steve Borgatti 和英国威斯敏斯特大学的 Martin Everett 共同维护更新。该软件带有 Net Draw 制图软件，可以绘制出某研究领域的关键词共现、作者共现和机构共现知识图谱（叶文豪和王东波，2017）。

可视化软件 CiteSpace 由长江学者、大连理工大学特聘教授、美国德雷塞尔大学（Drexel University）陈超美博士开发，基于共现分析、共引分析理论和寻径网络算法对特定领域文献(集合)进行计量,以探寻出学科领域演化的关键路径及其知识拐点(以关键论文为代表),通过一系列可视化图谱的绘制形成对学科演化潜在动力机制的分析和学科发展前沿的探测(赵丹群,2012)。

运用文献题录信息统计分析工具软件 SATI 进行数据格式的转换、字段信息的抽取、词条频次的统计和知识单元共现矩阵、词条频率逐年分布矩阵及文档词条矩阵的构建,基于 SATI 软件自动生成的 Excel 格式的相似或相异矩阵文档,以 Ucinet 6 辅助生成聚类图,利用 SPSS 最终生成国内外数据科学研究多维尺度分析图。运用 CiteSpace 对检索到的数据进行关键词共现网络分析以及文献共被引分析。通过一系列可视化图谱的绘制形成对学科演化潜在动力机制的分析和学科发展前沿的探测(文庭孝和刘晓英,2016)。

第三节　研究过程与发现

一、高频关键词分析

关键词是研究论文内容的高度概括和提炼,因此,高频关键词常被用于确定一个研究领域的热点(冯璐和冷伏海,2006)。对关键词进行共现分析的思想源自文献计量学中的文献共被引及文献耦合理论,是通过对相关文献之间的连接强度分析,得到某一学科领域研究发展的方式和趋势。

利用文献题录信息统计分析工具 SATI 对期刊全文数据库题录信息的处理,进行题录数据格式转换、字段信息抽取、词条频次统计。对词条频次统计结果进行处理,将一些重复含义的关键词进行合并,如数据开放、政府数据开放、开放数据;模式、应用模式;情报服务、情报、竞争情报、情报分析;数据治理、治理;"互联网+"、互联网;高校图书馆、图书馆;隐私、隐私权、隐私保护;政府治理、政府;数据素养、数据质量,等。国际文献高频关键词频次列表如表 8－5 所示,国内文献高频关键词频次列表如表 8－6 所示。

从表 8－5 可以看到国际文献中较高频次的关键词有 model、innovation、management、technology、data envelopment analysis、firm、market、efficiency、productivity 等(因搜索词是 big data,所以不考虑关键词 big data),可以发现数据科学应用于社会科学领域的研究主题有模型、创新、管理、技术、数据分析、营销、生产率等。从表 8－6 可以看到国内文献中较高频次的关键词有图书馆、教育大数据、互联网+、大数据分析、隐私、数据挖掘、大数据技术、云计算、变革、人工智能等(因搜索词是数据科学和大数据,所以不考虑这两个关键词),可以发现国内的研究大多是情报与舆情分析、大数据相关技术以及对于大数据研究的梳理与展望,将数据科学应用于社会科学领域的研究也仅仅止步于理论分析和研究范式提出层面。

表 8-5　Web of Science核心期刊高频关键词频次列表

关键词	频次	关键词	频次
model	1 121	determinant	189
performance	704	organization	182
innovation	578	policy	182
science	574	quality	167
big data	453	research and development	165
impact	436	competition	162
management	431	network	161
system	408	risk	146
technology	333	demand	139
behavior	327	time series	136
industry	324	choice	131
growth	323	counteraction	122
data envelopment analysis	291	regression	115
firm	289	education	114
market	282	economic growth	112
efficiency	282	university	110
productivity	280	analytics	96
panel data	267	design	95
information	253	algorithm	92
knowledge	251	framework	91
united states	211	decision making	90
perspective	208	consumption	89
strategy	191	China	87

表 8－6　CSSCI 文献高频关键词频次列表

关键词	频次	关键词	频次
大数据	1 483	信息安全	15
大数据时代	101	个人信息	15
图书馆	73	政府治理	15
教育大数据	65	创新	14
互联网	57	信息安全	15
情报分析	55	数据新闻	13
隐私	47	高校	13
数据挖掘	39	个性化服务	12
大数据分析	39	国家治理	12
大数据技术	38	智慧教育	12
云计算	36	个性化学习	12
数据治理	35	数字图书馆	12
互联网＋	30	社会治理	11
人工智能	29	信息技术	11
数据开放	27	应急管理	10
大数据思维	26	智慧城市	10
数据科学	25	知识发现	10
学习分析	24	变革	10
知识服务	17	发展趋势	9
小数据	17	数据共享	9
可视化	16	信息服务	8
数据素养	16	模式	7
大数据环境	16	移动互联网	7
网络舆情	16	数据分析	7

二、聚类树状图与多维尺度图谱

1. 聚类树状图

聚类分析是通过聚类算法将关联密切的主题聚集在一起形成类（研究领域）的过程，用于揭示某学科领域的研究主题结构（周磊等，2014）。设定 SATI 软件 Rows/Cols 选项知识单元数为 50，得出国内和国际高频关键词共现相似矩阵，将相似矩阵分别导入 Ucinet 进行层次聚类分析，得到如图 8－3 和图 8－4 所示的国内外高频关键词聚类树状图。

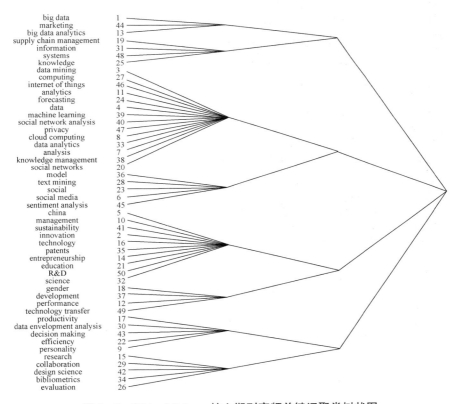

图 8－3　Web of Science 核心期刊高频关键词聚类树状图

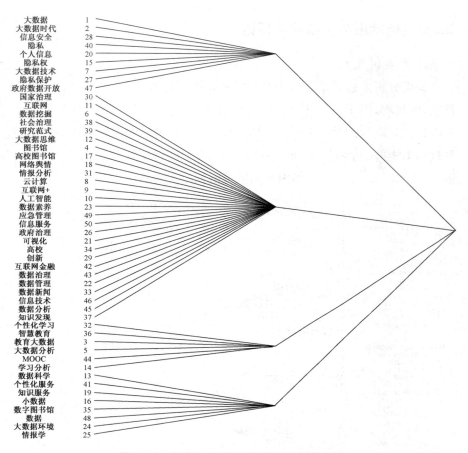

大数据	1
大数据时代	2
信息安全	28
隐私	40
个人信息	20
隐私权	15
大数据技术	7
隐私保护	27
政府数据开放	47
国家治理	30
互联网	11
数据挖掘	6
社会治理	38
研究范式	39
大数据思维	12
图书馆	4
高校图书馆	17
网络舆情	18
情报分析	31
云计算	8
互联网+	9
人工智能	10
数据素养	23
应急管理	49
信息服务	50
政府治理	26
可视化	21
高校	34
创新	29
互联网金融	42
数据治理	43
数据管理	22
数据新闻	33
信息技术	46
数据分析	45
知识发现	37
个性化学习	32
智慧教育	36
教育大数据	3
大数据分析	5
MOOC	44
学习分析	14
数据科学	13
个性化服务	41
知识服务	19
小数据	16
数字图书馆	35
数据	48
大数据环境	24
情报学	25

图 8 - 4　CSSCI 文献高频关键词聚类树状图

　　国际上将数据科学应用于社会科学领域的研究大致可分为四大主题结构:数据科学在信息层面的应用(Marketing、big data analytics、supply chain、information、system 等),大数据相关技术(data mining、forecasting、machine learning、cloud computing、social network 等),数据科学对企业创新的影响(innovation、technology、entrepreneurship、performance、technology transfer 等),数据科学对企业生产率的影响(productivity、data envelopment、decision making、efficiency、collaboration、evaluation 等)。

　　国内数据科学应用于社会科学领域的研究大致可分为三大主题结构:信息安全主题(信息安全、隐私、个人信息、政府数据开放、隐私保护等),数据科学相关技术及其应用(可视化、云计算、大数据分析、人工智能、国家治理、政府治理、社会治理、情报学、数据管理、互联网+、互联网金融等），数据科学对教育的影响（个体化学习、智慧教育、教育大数据、学习分析、个性化服务、数字图书馆等）。我们可以发现相比于国际上对于数据科学的研究，首先，国内的研究主题更加零散，聚类不明显；其次，将数据科学应用于经济管理领域的研究较少，如数据科学如何影响企业创新、数据科学如何提升生产力等；最后，关于数据科学相关技术的研究没有形成体系，大部分都是关于零散的社会应用等研究。

2. 多维尺度图谱

多维尺度分析通过测定主题词之间的距离来发现主题结构，高维空间数据变换后的低维数据（二维数据）仍能近似地保持原数据间的关系。与聚类树图相比，多维尺度分析可以在较低维空间中直观地判断出某研究领域在学科内的位置（储节旺和闫士涛，2012）。将相异矩阵导入 SPSS 进行多维尺度分析（中文文献分别对比知识单元数 50、70、100，发现当知识单元数为 70 时聚类效果最好），得到如图 8-5 和图 8-6 所示的多维尺度图谱。

如图 8-5 所示，从多维尺度图谱的一致性出发，国际上将数据科学应用于社会科学领域的研究大致分为三大主题结构：数据科学对企业创新和生产力的影响（innovation、entrepreneurship、performance、productivity、data envelopment、decision making、efficiency、collaboration 等），数据科学在信息层面的应用（data analytics、supply chain、information、system、knowledge management 等），大数据相关技术（data mining、cloud computing、social network、text mining/evaluation 等）。

我们发现相比于聚类树状图，国内相关主题的文献生成的多维尺度图谱更直观清晰地生成了 3 个聚类，即国内数据科学应用于社会科学领域的研究可大致分为三大主题结构：数据管理主题（信息安全、情报分析、数据共享、个人信息、政府数据开放、隐私保护、国家治理、政府治理、社会治理、情报学等），数据科学相关技术及其应用（可视化、云计算、大数据分析、人工智能、互联网+、互联网金融、个体化学习、智慧教育、教育大数据、学习分析、个性化服务、数字图书馆等），大数据相关产业（移动互联网、电子政务、情报服务、大数据战略等）。虽然国内研究主题聚类已见雏形，但是很多关键词并没有成为完整的系统，数据科学在社会科学中的不同主题研究还需要从整体上梳理、从研究范式的角度总结。

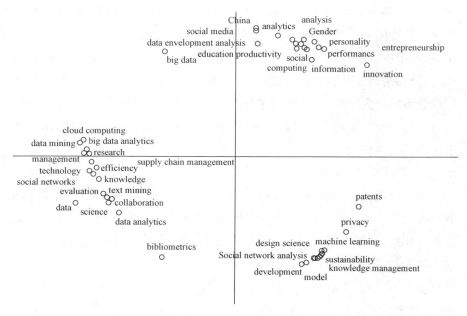

图 8‑5　Web of Science 核心期刊高频关键词多维尺度图谱

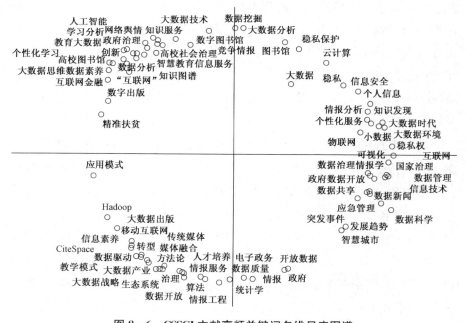

图 8‑6　CSSCI 文献高频关键词多维尺度图谱

三、关键词共现网络

本部分利用 CiteSpace 软件对从 WOS 核心合集数据库中下载所得数据进行相关知识图谱的绘制之前,对 CiteSpace 软件的界面进行了如下参数设置:根据笔者检索得到数据的时间覆盖范围,选取时间段为 2000—2018,时间切片为 2 年,link strength 选择 Cosine 算法,数据抽取对象 Top50,引文数量(c)、共被引频次(cc)和共被引系数(ccv)的阈值选择为(2,3,15)、(3,3,20)、(3,3,20),每年分区的阈值由线性内插值来决定。之后再选择对应的节点进行关键词共现网络图谱的绘制。国际文献关键词共现网络如图 8-7 所示,国内文献关键词共现网络如图 8-8 所示。高频关键词及中心性如表 8-7 和表 8-8 所示。

基于 CiteSpace 生成的关键词共现网络包含的信息更多,不仅可以显示关键词的频次(次数越高,字体越大),还可以反映关键词的中心性及其之间的共被引关系,但这不足以发现数据科学应用于社会科学的主要方面和研究热点。以下部分我们会进一步绘制文献共被引网络以获取更多的信息。

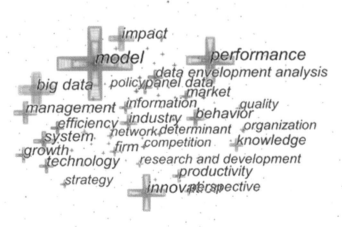

图 8-7　Web of Science 核心期刊关键词共现网络

图 8 - 8　CSSCI 文献关键词共现网络

表 8 - 7　Web of Science 核心期刊高频关键词及中心性

关键词	频次	中心性	年份
model	1 121	0.24	1992
performance	704	0.17	1992
innovation	578	0.12	1992
big data	453	0.12	2014
management	431	0.11	1994
system	408	0.16	1993
technology	333	0.12	1992
behavior	327	0.04	1994
industry	324	0.03	1996
data envelopment analysis	291	0.02	1996
firm	289	0.09	1994
market	282	0.09	1992
efficiency	282	0.06	1994
productivity	280	0.1	1992

（续表）

关键词	频次	中心性	年份
panel data	267	0.02	1993
information	253	0.03	1998
knowledge	251	0.04	1995
perspective	208	0.02	1996
competition	162	0.03	1996
network	161	0.05	1996

表 8-8　CSSCI 文献高频关键词及中心性

关键词	频次	中心性	年份
大数据	1 483	1.61	2015
大数据时代	101	0.02	2015
教育大数据	65	0.11	2015
图书馆	55	0.02	2015
数据挖掘	39	0.03	2015
大数据分析	39	0.01	2015
认识论	38	0	2018
治理机制	38	0	2018
大数据技术	38	0.01	2015
云计算	36	0.02	2015
互联网+	30	0	2015
人工智能	29	0.02	2016
互联网	27	0.01	2015
大数据思维	26	0.01	2015
数据科学	25	0.01	2015
学习分析	24	0.01	2015
隐私权	19	0	2015
知识服务	17	0.01	2015
小数据	17	0	2015
高校图书馆	16	0	2016

四、文献共被引网络

对 CiteSpace 软件的界面的参数设置同前,然后进行文献共被引网络图谱的绘制,并对这些图谱进行解读,从而探析数据科学在国际及国外的研究现状。

CiteSpace 软件提供的文献共被引分析可以用来帮助分析相关领域的知识基础及研究前沿。通过 CiteSpace 软件中的"Cited Reference"节点类型,阈值 c 设置为(2,2,20),阈值 cc(4,3,20),阈值 ccv(4,3,20),对生成的共被引网络进行聚类,选择 K 命名方式(从施引文献中抽取 indexing terms 命名聚类),使用 LLR 算法对类标签进行抽取,得到了共被引网络的聚类图,生成了共被引频次在两次及以上的国际文献共被引网络和国内文献共被引网络。因为国内相关主题文献数量较少,研究相比国际上的文献资料较缺乏,研究主题零散,聚类不明显,所以本部分重点分析国际文献共被引网络呈现的信息,国内文献只做简单的呈现和对比分析。

国际文献共被引网络中包含 471 个节点,共生成了 39 个聚类。详细信息见表 8-9 呈现出来的 11 个聚类,我们可以看到国际文献中数据科学应用于社会科学领域的研究已经非常细化,特别是管理领域(innovation、buyer-seller relationships、production microeconomics、research and development),经济领域(financial performance、growth、stock markets),而在研究方法和数据技术这一块包括 structural vector error correction model、regime-switching、criterion-related validity、aircraft。在这些聚类标志的基础上,总结数据科学领域的研究前沿主要是基于应用和技术方法方面。表 8-9 中详细呈现了每个聚类所包含的内容,在这里不过多赘述。

国内文献共被引网络中包含 780 个节点。图中共生成了 6 个聚类,如图 8-10 所示,可以看到"big data"表明的是研究对象,"big data study"体现的是研究方法,"big data policy""artificial intelligence""smart class""several major thinking categories"呈现出来数据科学的应用。

这些聚类中的高频次共被引文献在一定程度上可以认为是数据科学领域的知识基础,为数据科学的发展起到了一定的推动作用。而这些聚类的标签词则反映了目前数据科学方面的研究前沿。

表 8 - 9　Web of Science 核心期刊聚类汇总表（11 个聚类）

Cluster ID/ Size/ Silhouette	Label (LLR)	Label (MI)	Mean (Cite Year)
0/31/0.824	innovation	university patenting; research commercialization; technology transfer; network embeddedness; interorganizational collaboration; intellectual property; biotechnology; networks; embeddedness; industry; growth; us; performance; technology	1994
1/29/0.945	buyer-seller relationships	carrier selection criteria	1986
2/23/1	production microeconomics	information technology; economics of information technology; data envelopment analysis; information systems; firm performance; performance; automation; strategy	1984
3/22/0.823	research and development	travel cost methods; revealed behavior; stated behavior; quality change; willingness-to-pay; contingent-valuation; environmental amenities; count data; models; water; management; demand; river	1991
4/21/0.934	stock markets	travel cost methods; revealed behavior; stated behavior; quality change; willingness-to-pay; contingent-valuation; environmental amenities; count data; models; water; management; demand; river	1989
5/20/0.952	structural vector error correction model	core inflation; forecasting inflation	1989
6/6/0.991	regime-switching	core inflation; forecasting inflation	1985
7/5/1	criterion-related validity	developing countries; operations strategy; performance; path analysis; structural equations; manufacturing strategy; production competence; organizational performance; business performance; management	1989
8/4/0.959	financial performance	manufacturing strategy; taxonomy; competitive priorities; sand cone model; strategy; model; firm	1984
9/3/1	growth	wages; business cycles; comparative advantage; indivisible labor; time; fluctuations; allocation; contracts	1985

（续表）

Cluster ID/ Size/ Silhouette	Label （LLR）	Label（MI）	Mean （Cite Year）
10/3/1	aircraft	neural networks; regression; skewed data; connectionist	1986

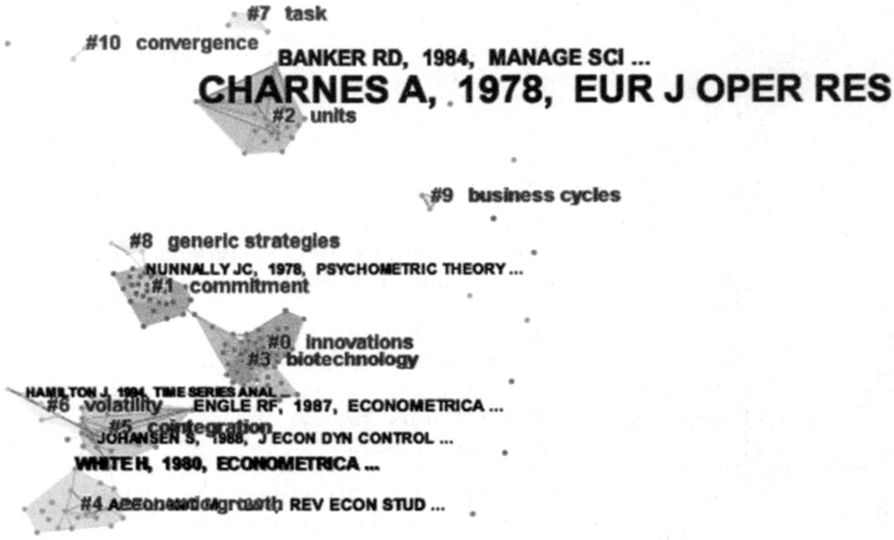

图 8－9　Web of Science 核心期刊共被引网络

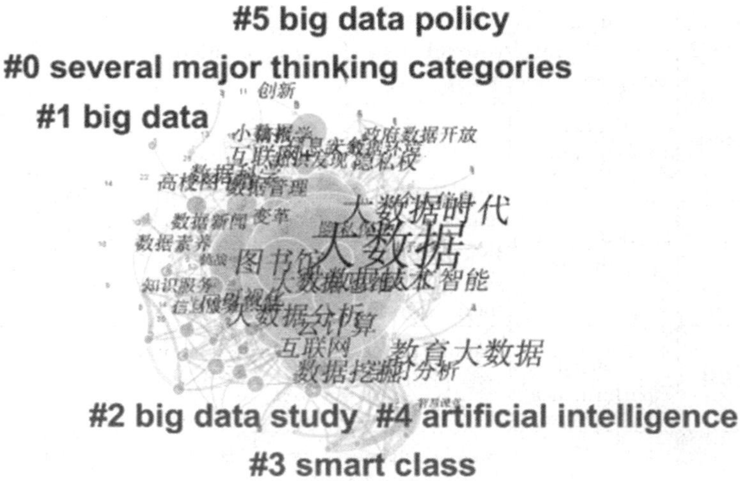

图 8－10　CSSCI 文献共被引网络

第四节　数据科学对社会科学研究的影响和未来研究趋势

一、主要研究主题分类

通过对国际和国内高频关键词的综合分析,以及对聚类树状图、多维尺度图谱、文献共被引网络等可视化图谱的探索,我们可以将数据科学应用与社会科学领域的研究归纳为 3 个方面的研究主题:数据科学对社会科学研究对象的影响、数据科学对社会科学应用研究的影响,以及数据科学对社会科学研究方法的影响。

从研究对象来看,通过国际文献高频关键词可以发现数据科学的研究对象是"big data""panel data""management""time series"等,其中"big data"和"data science"的发文量年度分布走势基本相似,表明了数据科学和大数据之间的强关联性,而"management"表明数据科学已经较多地应用于管理领域;国内文献的高频关键词显示出"大数据""教育大数据""小数据"等,与国际上的研究成果有一定的一致性,只是在研究对象上更多地局限于小的领域,原因是其他领域数据获取时存在难度或者数据分析技术的局限。总而言之,数据科学的研究对象是数据,在社会科学方面主要体现在对社会数据的分析上,对于社会科学领域的相关研究主题而言,大数据提供了更好的数据来源,而数据科学提供了更先进的数据分析的方法,数据科学正是基于大数据的爆发而成为研究热点。

从研究方法来看,国际文献体现出数据科学的研究方法和技术主要集中在"model""system""technology""network""data envelopment analysis"等方面。首先,"model"一词的高频出现主要因为随着数据科学被应用到越来越多的领域,不同领域的学者也都在不断探索适合本领域数据的特征模型,开发针对特定领域的数据处理和分析系统;"system"一词是由于社会科学领域的研究越来越重视系统理论的运用;"technology"表明数据科学对企业技术层面的战略价值越来越引起人们的关注;"network"则反映出了数据科学在大数据可视化方面的研究。随着数据科学在决策中的价值体现越来越突出,怎样将数据分析得到的结果更好地呈现出来,以便决策者能够更有效地理解和利用信息就成了关键问题。"machine learning"并没有出现,机器学习是增长最快的技术领域之一,是人工智能和数据科学的核心,如果能将机器学习应用于社会科学领域的研究,必然会为学者们带来更多的机遇。国内文献较多的研究方法包括"数据挖掘""大数据分析""云计算""人工智能"等,在模型、系统理论、可视化等领域研究较少,国内学者在今后的研究中可以较多地关注此领域。

从应用的角度来看,国际文献研究较多的应用主要是信息层面的应用,表现在企业层面、政府的预测分析,大数据预测在现代社会的应用非常广泛,在新闻传播、影视娱乐、金融投资、农情监测等方面得到了快速的推广与应用。预测分析能够帮助决策者更好地预测未来的形势,从而制定出更有效的决策,这一点在政府部门和商业领域有着很大的应用价值,政府可以更好地进行国家和社会治理。尤其是在企业当中,预测分析已经逐渐成为企业的核心竞争力,企业可以运用数据科学等一系列技术促进自己的决策支持系统、协调活动等,这也是企业越来越关注数据科学的一个重要原因。国内文献较多研究的是数据科学在高校的运用以及对人工智能的研究,人工智能在物流行业、云会计、互联网金融、媒体行业、医疗行业、军工企业均有广泛应用。如淘宝、谷歌翻译等互联网最成功的几家企业,本质上都是基于人工智能和大数据。物联网、云计算、在线社区、信息系统、决策支持系统、智能终端、移动互联网等数据技术已经应用到企业和政府的各个领域,从而为医疗保健、制造业、教育、金融建模、警务和市场营销等多个领域提供知识和决策支持。

二、未来研究趋势

1. 研究对象方面

随着计算机及其相关技术,如数据编码技术、传感器技术、模式识别技术以及计算机仿生学、人工智能的发展,在大数据时代,事物本身、社会关系乃至人本身的自然状态和社会活动都存在进行编码的可能,这些信息大多会以文本、图像、视频、音频的形式在互联网空间中留存下来,而人类信息一旦被编码,则可以形成计算机可以直接处理的数据信息。数以百亿计的机器、企业、个人随时随地都会获取和产生新的数据。

目前,大数据广泛应用在零售、电信、金融以及教育、医疗、交通等行业,并已经创造出了巨大的经济价值,这些价值也正在转化为人类了解世界甚至认识自身的基础信息,使社会科学的研究者拥有更为广阔的视域。利用先进的计算机技术和编程语言,研究者不仅可以扩展和深化现有研究领域,还可以把研究的触角伸向以前难以或者无法从事的研究领域。数据资源和土地、劳动力、资本等生产要素一样,成为促进经济增长和社会发展的重要资源。

不同方式产生的数据将成为社会科学大数据研究的主要数据来源,意味着社会科学研究的数据获取的核心方式的变迁以及社会科学研究对象的变革,如:用户行为数据(精准广告投放、内容推荐、行为习惯和喜好分析、产品优化等),用户消费数据(精准营销、信用记录分析、活动促销、理财等),用户地理位置数据(O2O 推广、商家推荐、交友推荐等),互联网金融数据(P2P、小额贷款、支付、信用、供应链金融等),用户社交等 UGC 数据(趋势分析、流行元素分析、受欢迎程度分析、舆论监控分析、社会问题分析等)。大数据将为已有社会科学量化研究提供精准的数据支撑(Boyd 和 Crawford,2012)。

2. 应用研究方面

数据科学的发展为中国企业的创新和升级提供了新的机遇。国内外的政治经济形式近期的变化则更进一步凸显了数据科学的战略紧迫性。但同时,如何从理论的高度理解数据科学对企业创新的促进作用仍然是学术研究亟待解决的问题。解决企业和数据技术有效结合的问题,其关键就是系统性地建立数据科学和组织科学的联系。也只有在建立这种联系的基础上,我们才能理解数据和数据科学是如何赋予企业创新和发展的能力的。连接数据科学和组织科学不仅仅是国内学术界面临的问题,也是国际企业管理研究面临的最重大、最迫切的问题之一。

数据科学在企业层面的应用主要体现在大数据预测和人工智能两个方面,大数据能够帮助企业预测经济形势、把握市场态势、了解消费需求、提高研发效率,不仅具有巨大的潜在商业价值,而且为企业提升竞争力提供了新思路。人工智能在物流行业、云会计、互联网金融、媒体行业、医疗行业、军工企业均有广泛应用。

我们的核心观点是,要理解数据和数据技术在企业中的应用,需要理解数据科学发挥作用的不同形式和不同对象。通过系统梳理数据科学的相关文献和企业实践案例,我们把数据科学发挥作用的形式分为 6 种:产生知识/洞见、感知变化、连接物、连接人、协调活动和决策支持。同时,我们分别讨论了数据对 4 种不同对象的影响,包括对人(团队)赋能、对管理方式赋能、对技术赋能和对组织赋能。图 8-11 简要描述了对数据科学主要形式和主要对象的分类方式,以及各个赋能形式对应的主要数据技术。

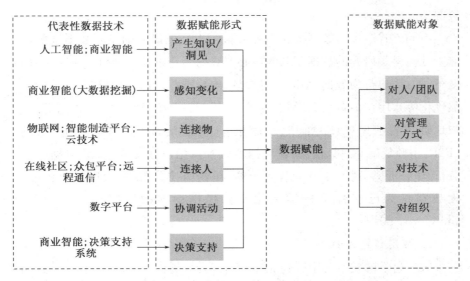

图 8-11　数据科学的主要形式、对象以及相关数据技术

3. 研究方法方面

社会科学学术思想的演变和学术观点研究兴趣的走向与研究手段的变化息息相关。大数据时代的数据收集、统计分析和研究方法的跨越式变革成为社会科学发展的重大契机。数据科学在社会科学研究中的应用相当于增加了一个新的手段,一方面,丰富了研究方法,多样化的大数据来源为社会科学的研究提供素材(耿直,2014),另一方面,计算科学、数据挖掘等信息分析技术的迅速发展,也使得高效处理和分析海量数据成为可能。上述两大条件的渐次成熟,促成了在数据科学驱动下的社会科学研究范式的变革。

数据科学主要从以下两个方面影响社会科学的研究:首先,是数据获取方式方面,大数据的信息获取具有"高速性"。这种高速性在社会科学研究上主要体现在 3 个方面:在数据采集方面更高速,使社会科学研究更加快捷,使文献资料更丰富。其次,是数据分析方式方面,大数据的出现,统计学必须加入以计算机科学、数学、逻辑学、系统科学、行为科学等众多学科为基础的数据科学中(方环非,2015),结合数据挖掘和研究者本身的研究素养。

随着研究理念的更新、研究方法的换代,社会科学的研究范式发生了不同程度的迭代和革新。吉姆·格雷(Jim Gray)提炼并概括了社会科学研究范式的四次演变,他认为,社会科学的发展经历了经验型、模型和概念型及复杂现象模拟型三次研究范式,即将到来的第四次范式革新,被称作数据驱动型研究范式(罗玮和罗教讲,2015)。社会科学第四范式的目标是借助各种与社会学研究相关的新技术、新工具、新手段,克服以往社会学研究中存在的各种缺陷与障碍,提高社会学研究的科学性与有效性,开创社会学发展的新时代。本书将大数据和数据科学驱动社会科学范式变革框架表示如图8-12所示。结合前人研究成果,我们将现有的研究趋势或者说数据科学在社会科学研究方法中的应用梳理为5个方面:大数据的获取与分析、定性研究与定量研究相结合、社会计算实验、人工社会(Floridi,1999)、基于大数据的社会实验(Franke和Keinz,2009)。

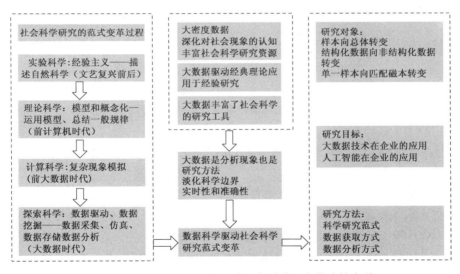

图 8-12　数据科学驱动下的社会科学研究范式的变革

本章小结

本章的目的是运用科学计量方法分析数据科学在社会科学领域的应用研究,梳理国内外社会科学领域与数据科学相关主题的文献,分析数据科学在社会科学领域的应用并对比国际上和国内的研究热点和研究现状,可为今后的社会科学的研究提供新的视角和新的思路,为国内学者提供借鉴。基于 Web of Science 核心合集数据库和中文社会科学引文索引(CSSCI)对国内外将数据科学应用于社会科学领域的文献进行检索,利用 SATI、CiteSpace、Ucinet、SPSS 等软件对关键词、主题等内容特征进行科学计量分析;并在此基础上,通过逐篇阅读,进一步梳理数据科学在社会科学领域应用的研究热点。探索数据科学对社会科学转型影响的应用框架。此外,对数据科学在社会科学领域的应用研究的未来方向进行了讨论。发现数据科学应用于社会科学的研究主要体现在 3 个方面,分别是数据科学对社会科学研究对象的影响、数据科学对社会科学应用研究的影响以及数据科学对社会科学研究方法的影响。下面章节分别对这几个主题进行展开阐述。

参考文献

[1] 叶文豪,王东波.基于知识图谱的国外数据科学研究状况分析[J].河北科技图苑,2017(6):73-83.

[2] 周傲英,钱卫宁,王长波.数据科学与工程:大数据时代的新兴交叉学科[J].大数据,2015,1(2):90-99.

[3] 陈振冲,贺田田.数据科学人才的需求与培养[J].大数据,2016(5):95-106.

[4] 刘磊.从数据科学到第四范式:大数据研究的科学渊源[J].广告大观(理论版),2016(2):44-52.

[5] 王曰芬,谢清楠,宋小康.国外数据科学研究的回顾与展望[J].图书情报工作,2016,60(14):5-14.

[6] Law K, Patterson T G, Muers J. Staff factors contributing to family satisfaction with long-term dementia care: A systematic review of the literature[J]. Clinical gerontologist, 2017, 40(5):326-351.

[7] 刘启元,叶鹰.文献题录信息挖掘技术方法及其软件 SATI 的实现——以中外图书情报学为例[J].信息资源管理学报,2012(1):50-58.

[8] 陈悦,陈超美,刘则渊,等.CiteSpace 知识图谱的方法论功能[J].科学学研究,2015,33(2):242-253.

[9] 邱均平,段宇锋,陈敬全,等.我国文献计量学发展的回顾与展望[J].科学学研究,2003,21(2):143-148.

[10] 邓君,马晓君,毕强.社会网络分析工具 Ucinet 和 Gephi 的比较研究[J].情报理论与实践,2014,37(8):133-138.

[11] 冯璐,冷伏海.共词分析方法理论进展[J].中国图书馆学报,2006,32(2):88-92.

[12] 周磊,杨威,张玉峰.共现矩阵聚类分析的问题与再思考[J].情报杂志,2014(6):32-36.

[13] 储节旺,闫士涛.知识管理学科体系研究(下)——聚类分析和多维尺度分析[J].情报理论与实践,2012,35(3):5-9.

[14] 郭华东,王力哲,陈方,等.科学大数据与数字地球[J].科学通报,2014,59(12):1047-1054.

[15] 张平,崔琪楣,侯延昭,等.移动大数据时代:无线网络的挑战与机遇[J].科学通报,2015(5):433-438.

[16] 陈泓茹,赵宁,汪伟.大数据融入人文社科研究的基本问题[J].学术论坛,2015,38(12):106-110.

[17] 米加宁,章昌平,李大宇,等.第四研究范式:大数据驱动的社会科学研究转型[J].社会科学文摘,2018(4):11-27.

[18] 罗玮,罗教讲.新计算社会学:大数据时代的社会学研究[J].社会学研究,2015(3):222-241.

[19] Floridi L. Information ethics: On the philosophical foundation of computer ethics [J]. Ethics and Information Technology,1999,1(1):33-52.

[20] Franke N, Keinz P, Steger C J. Testing the value of customization: When do customers really prefer products tailored to their preferences? [J]. Journal of Marketing,2009,73(5):103-121.

[21] 文庭孝,刘晓英.我国非物质文化遗产研究的可视化分析——基于三种可视化工具的比较分析[J].图书馆,2016(2):21-27.

[22] 赵丹群.基于 CiteSpace 的科学知识图谱绘制若干问题探讨[J].情报理论与实践,2012,35(10):56-58.

第九章 数据科学对社会科学研究对象的影响

从第八章分析结果中发现,数据科学对社会科学研究的影响有 3 个方面,从研究对象来看,数据科学的研究对象是数据,大数据与数据科学之间有着较强的关联性,在社会科学方面主要体现在对社会数据的分析上,对于社会科学领域的相关研究主题而言,大数据提供了更好的数据来源,而数据科学提供了更先进的数据分析的方法,数据科学正是基于大数据的爆发而成为研究热点。随着计算科学的发展,特别是传感器技术、数据编码技术、相关识别技术以及计算机仿生学、人工智能及其相关技术的出现和发展,在移动互联时代,社会系统中的存在的各种要素和单元,事物之间的关联及各种活动的动态都存在进行编码的可能,这些信息存在的形式多种多样,包括文本、图像、视频、音频等,都会在信息空间中留下自己的痕迹,而社会系统的事物一旦被编码,则可以形成计算机可以直接处理的数据信息。海量的政府信息、企业信息、个人行为随时随地都会获取和产生新的数据。

第一节 大数据是社会科学研究对象

一、大数据的产生

移动互联网、物联网和云计算技术的迅速发展改变了人类观察自身的方式,数据越来越吸引人们的视线(刘智慧和张泉灵,2014)。进入移动互联时代,无论是人与人之间的距离还是人与世界之间的距离都有质的改变,世界上的人与物都联结在一起,像一个"地球村",互联网的一系列技术使人与人之间的沟通和交流变得更加迅速和便捷,信息的交换以及工作的协同都变得通畅而低成本(孟小峰和慈祥,2013)。互联网技术的高速发展,特别是数据库技术的出现、完善与广泛使用以及相关硬件设备的发展,信息不再是传统的被人们获取和吸收,人们不再是信息的接收者,而是信息的产生者、转变者与交流者。当前的计算科学一系列技术已经发展到可以将社会系统中的各种事物进行编码,可以通过相关技术将社会现象转换为数据,即这些人、事、物编码可被计算机处理。20世纪末,社会科学研究获取数据(资料、档案)的几个中心相继被建立起来,主要有国际社会科学理事会(ISSC)的社会科学数据库常务委员会、国际数据组织联盟(IFDO),从某个层面体现了社会科学研究对象的数据化趋势以及大数据对于社会科学研究的价值所在。社会系统方方面面的数据化和信息化使人类社会越来越公开和透明。大数据时代,数据科学与各行各业和各个研究领域得到广泛应用,本书前面有提到说在大数据时代可以将整个社会系统看作一个复杂巨大的网络,其中的各个单元和要素都是网络中的组成部分,并且其最本质的特征即单元和要素的各种行为都会在网络中留下痕迹、都会留下数据,社会系统的各个领域每时每刻都会产生大量数据,大数据对于社会系统覆盖的广度是前所未有的。

　　社交网络和社交媒体的出现、兴起和普遍使用是移动互联时代对人们生活影响非常大的一件事物,其中被人们所熟知有博客、微信、QQ、微博、Facebook等新兴网络社交媒体平台,人们几乎每时每刻都在使用这些社交媒体,企业的运营也大量运用这些社交媒体的相关工具,甚至基于这些社交媒体工具衍生了很多全新的商业模式并产生了很多新兴的职业形式,无论是用户还是组织在使用社交媒体的同时都被记录着他们的行为、想法和需求等等。因为几乎所有的行为痕迹都可以被编码转换为数据,所以社会系统中的数据增长速度非常迅速,是一个爆炸的状态人。这些数据主要以文本形式、图像形式、视频和音频的形式在信息空间中被存储。这些由个体和组织行为产生并留存下来的数据必然蕴含着与人类行为相关的心理和行为规律,是社会研究的宝贵资源。虽然大数据的出现为社会科学的研究提供了丰富而有价值的资源,但同时大数据自身数量大、结构复杂等特点是传统的数据分析技术所不能解决的,这同样也是企业利用大数据时遇到的挑战。那么,提升数据挖掘技术这一方面是企业在获取数据之外的另一个需求,同时也是推动企业主动寻求创新技术来解决海量数据的存储和挖掘技术的外在动力机制。在上述社会背景下,"大数据问题"(Big Data Problem)产生了,随着大数据问题成为研究热点,政府、企业、学术界都为之付诸了大量的热情。这些数据成为社科研究当前对社会问题分析和预测的基础。

在这个瞬息万变的时代,随着社会和科学技术的迅速发展,传统的人们认为,促进社会经济增长和发展的重要资源已经不再局限于土地、劳动力、资产,甚至不局限于知识和人力资源,数据资源和它们一样成为非常有价值的生产要素。任何一个处于社会系统中的个体、组织和领域都会产生海量的有价值的数据,而通过对这些数据的获取和处理可以获取数据背后潜藏着的与人类心理、行为、需求等相关的丰富的价值。

随着大数据技术的发展和人们对大数据的认识和研究的加深,大数据已经渗透到社会系统的各个领域,影响到人们生活的方方面面。具体来说,当前的大数据已经在人们的衣食住行、通信、货币流通、教育和医疗等行业得到应用并带来了巨大的经济价值,这些价值本身也是社会科学探索社会系统的重要信息,丰富了研究者们的研究素材,拓宽了研究者们的研究视角。对现有的领域是一种扩展和深化,对未涉及的领域是一种创新和探索。

二、大数据的来源

如今,在线的数据以每年翻倍的速度增长,经统计,最近几年新增长的数据占在线所有数据的 90%,IDC 预测,到 2020 年全球的数据量将会达到 35 ZB,本质原因正是前面提到的社会系统的方方面面都将被编码和数据化①。多样化的数据来源是学术界普遍认同大数据的一个主要特征。那么,今后的研究对象将会是多元化的大数据,来自不同的平台和渠道。如今被关注较多的数据种类如表 9 - 1(刘智慧和张泉灵,2014;刘林平等,2016)。

表 9-1 数据来源的平台和渠道

平台种类	功能	数据类型	面临的挑战
搜索引擎:百度	网页数据的爬取、网页内容的组织和解析,通过语义分析对搜索需求的精准理解,从海量数据中找准结果,一个数据的获取、组织、分析和挖掘的过程	用户搜索表征的需求数据;爬虫和阿拉丁获取的公共 WEB 数据	更多的暗网数据;更多的 WEB 化但是没有结构化的数据;更多的 WEB 化、结构化但是封闭的数据

① 资料来源于中文互联网数据资讯中心。

（续表）

平台种类	功能	数据类型	面临的挑战
交易平台：阿里巴巴	商家和用户进行交易的平台,对商家和用户进行信用评价	交易数据;信用数据;社交数据;移动数据	如何从交易数据、信用数据中挖掘丰富的商家和用户信息
社交平台：腾讯	用户基于此建立自己的社交网络并完成客户的社交需求	用户关系数据和基于此产生的社交数据	通过这些数据可以分析人们的生活和行为,从里面挖掘出政治、社会、文化、商业、健康等领域的信息,甚至预测未来
大数据类型的公司：Google,Facebook,Metamarkets,Tableau,ParAccel	专门经营数据产品,为客户提供很好的数据分析支持,将海量数据以可视化的方式展现出来	提供数据相关的服务	如何更好地提供数据存储、性能报告、数据分析等工具
新一代信息技术:物联网	解决物与物、人与物、人与人之间的互联。本质而言,人与机器、机器与机器的交互	信息交互过程中产生的数据,大量的网络使得网络上流通的数据大幅度增长,从而是大数据的一个主要来源	完成从信息传送到信息感知再到面向分析处理的应用(毛峻岭和贾雪琴,2017)
视频软件：You tube	提供各种视频资源	产生视频数据、视频点击数据、用户评价数据等等	如何从数据众找到商业技术、用户需求和创新方向

　　总之,在大数据时代,存在于社会经济系统中的个体也好、组织也好、机器也好,每时每刻都会产生和接收大量的多元的数据。除了表9-1中举出的例子,搜索引擎Google也会产生大量的数据、爱奇艺视频数据、淘宝和天猫的交易数据、互联网用户的行为大数据、Facebook产生的社交数据、百度的存储数据(刘路,2014)⋯⋯所有这些都是海量数据的具体呈现方式。随着移动互联网的普遍使用,移动设备硬件措施的发展和普及、移动终端的丰富,大数据的来源渠道越来越丰富,在线数据流量正在迅猛增长。

第二节 大数据对社会科学研究目标的影响

一、提供了认知总体社会的数据基础

传统的社会科学的研究往往会放弃对宏观总体的认识去关心局部的因素的因果机制,本质原因是很难获取关于社会总体的数据。千百年前,前人会从实践经验的角度获取对社会的认知,从个体的经验到对于有限的个案的研究,再到抽样调查和普查,总的来说关于宏观研究的信息和素材很少。有限的素材难以探索宏观的社会系统。信息技术和移动互联的普及和发展,将社会系统中的方方面面时时刻刻进行编码并转换为数据,提供了认知总体社会的素材和数据基础。社会科学的对象具有主观性、动态性、环境适应性等等,这些特征都是传统实证研究数据来源受到质疑的地方。大数据的优势在于,它是在客观地记录社会系统中个体或者组织的实时行为,具有一定的真实性和客观性,可以排除掉情境不同产生的误差。大数据为社会科学研究提供丰富的研究对象和精准的数据支撑。大数据资源是对社会科学研究对象的个体原始数据采集,直接由研究个体的行为生成并经由各类数据采集技术聚集的(陈泓茹等,2015)。

二、对小概率事件的研究

大数据对社会科学研究目标的影响还体现在使对小概率事件的研究和预测成为可能。传统的抽样数据的处理过程中会删掉最大值和最小值这样的极端值,但是这些被删掉的值很可能具有潜在价值,而在大数据中这些少量极端值可以变成重要的个案。帕特里克·塔克尔(Patrick Tucker)指出,“大数据可以帮你实现的,是找到拥有特定的行为模式和性格的人,而在小样本中你很难遇到或许永远不会遇到,因为周围噪音太多了。”“当你的数据中有了足够的点,即便异常事件也可能显示出某种特征。”在小范围里的小概率事件,在一个大范围里可能就不是小概率事件,或者至少有较多的个案可以进行统计分析。这样,大数据相比于抽样数据,在研究小概率事件时具有一定的优势。总而言之,作为记录社会系统方方面面、时时刻刻的大数据具有很多传统研究数据不具备的优势,大数据对社会科学研究目标的影响:

为认知社会系统总体的规律提供数据基础,为研究小概率事件提供路径和可能。

本章小结

多样化的大数据来源为社会科学的研究提供素材,同时计算科学、数据挖掘等信息分析技术的迅速发展,也使得高效处理和分析海量数据成为可能。上述两大条件的渐次成熟,促成了社会科学与信息科学的交叉融合。本章主要内容是分析在数据科学影响下作为社会科学研究对象的大数据的产生、来源及大数据的特征;然后分析大数据对社会科学研究目标的影响:提供了认知社会总体的数据基础,并为小概率事件的研究提供了可能;最后介绍了大数据的相关技术:大数据的处理流程、物联网和云技术、人工智能与数据分析和处理。

参考文献

[1] 刘智慧,张泉灵.大数据技术研究综述[J].浙江大学学报(工学版),2014,48(6):957-972.

[2] 孟小峰,慈祥.大数据管理:概念、技术与挑战[J].计算机研究与发展,2013,50(1):146-169.

[3] 毛峻岭,贾雪琴.物联网大数据生态发展展望[J].电信网技术,2017(5):3-7.

[4] 刘路.基于云计算的移动互联网大数据用户行为分析引擎设计[J].电子制作,2014,29(4):174-175.

[5] 沈浩,黄晓兰.大数据助力社会科学研究:挑战与创新[J].现代传播(中国传媒大学学报),2013,35(8):13-18.

[6] 涂子沛.大数据[M].桂林:广西师范大学出版社,2012.

[7] Bizer C, Cyganiak R. Quality-driven information filtering using the WIQA policy framework[J]. Web Semantics: Science, Services and Agents on the World Wide Web, 2009, 7(1):1-10.

[8] 王裕.基于云平台的大数据处理流程的关键技术研究[J].信息技术,2014(9):143-146.

[9] 朱阳春.云计算技术[J].硅谷,2011(18):7-8.

［10］Corradini A，Montanari U．Recenttrends in algebraic development techniques ［C］//19th International Workshop，WADT 2008．Pisa，Italy：Spring-Verlag 2009，79：193－200．

［11］Roman R，Lopez J，Najera P．A cross-layer approach for integrating security mechanisms in sensor networks architectures［J］．Wireless Communications ＆ Mobile Computing，2015，11(2)：267－276．

［12］Havinga P J M，Smit G J M．Wireless communications and mobile computing［J］． Wireless Communications ＆ Mobile Computing，2013，8(2)：231－244．

［13］田杰棠.我国云计算产业发展趋势及政策建议［J］.经济纵横,2011(8)：31－35.

［14］张兴旺,李晨晖,秦晓珠.云计算环境下大规模数据处理的研究与初步实现［J］.数据分析与知识发现,2011,27(4)：17－23.

［15］何清,李宁,罗文娟,等.大数据下的机器学习算法综述［C］//中国计算机学会人工智能会议.北京:中国计算机学会,2013:15.

［16］Markoff J．Machines of loving grace：The quest for common ground between humans and robots［M］．HarperCollins Publishers，2016．

第十章　基于社会网络分析的微博信息传播机制

第九章我们分析了大数据是数据科学时代社会科学的主要研究对象，各个行业和领域都会产生有价值的数据，并创造出了巨大的经济价值，而社会系统中的各种单元和要素产生的线上的数据可以为社会科学的研究提供丰富而多元的数据基础。这些价值也正在转化为人类了解世界甚至认识自身的基础信息。多渠道来源的大数据的爆发意味着社会科学研究的数据获取的核心方式的变迁以及社会科学研究对象的变革，如用户社交数据（趋势分析、流行元素分析、受欢迎程度分析、舆论监控分析、社会问题分析等）。前面对大数据来源的总结中，社交媒体的数据是非常主要的一种。社交媒体数据已经被很多学者研究。本章选择微博平台上的热点事件的传播数据作为研究对象，运用社会网络分析研究微博信息传播机制，选取一个以社交数据作为研究对象获取知识的一个例子。获取社会化媒体的数据，并进行实证分析，创新之处在于社交媒体数据与实证研究相结合，运用社会网络分析的可视化。

第一节　研究背景

中国的互联网自 1994 年出现并不断发展，到今天已经广泛普及并进入移动互联网的时代，其载体移动互联相关设备手机、平板等也经历了从最开始的 2G 到 3G 再到 4G 的发展历程，各式各样的社交平台相继出现，出现了百花齐放的情景，社交平台也逐渐成为人们不可或缺的信息交流平台。社交类媒体在信息传播中的影响力因为其受众的广泛变得越来越大，在这些信息中，热点事件相关信息的传播受到人们的关注，热点事件在社交平台上的传播具有传播速度快、波及范围广、群众影响力大等特点。有研究者指出："随着社会化媒体的崛起，微博成为社会热点事件的重要信息源、策源地和意见发酵池,对热点事件中微博的传播机制研究具有重要价值。"总之,国内外的社交媒体都已经在社会系统中发挥了重要的作用,显示出其不可忽视的社会动员能力。在中国,在众多社交平台中,新浪微博是非常受欢迎的,我国的众多网民中有一半以上是新浪微博的用户。新浪微博逐渐成了重要事件备受关注的信息传播平台,其具有用户基础庞大、发布信息便捷等优势。目前,国内在政治、经济、娱乐领域发生的热点事件都会在微博平台上进行广泛传播。广大网民通过发布微博、微博转发和评论、@ 等方式迅速性的信息,这些信息经过传播会产生集聚效应,会使具有类似想法和观点的信息聚类然后形成热点事件微博舆情。

本书第五章介绍了社交网络分析,社会网络分析(Social Network Analysis)是为了满足研究社会结构和节点关系的需要而发展起来的一种跨学科的研究方法,它综合了心理学、人类学、社会学等多学科的研究思想。在特定环境下分析节点间的相互关系,研究关系的特征和探索关系对社会结构的影响是社会网络分析的主要分析对象(刘军,2004)。社会网络分析不仅能够测量节点与其他节点间的相互关系,而且可以通过 Ucinet、Pajek 等各种软件工具可视化节点间的互动关系,使研究者能够更直观地把握节点行为并加深对网络结构的认识(Adler 等,2002;Tang 等,2009;Newman,2001)。本书前面章节已有详细论述。

第二节　微博信息传播网络结构测量流程

微博热点事件传播网络也是一种社会网络,所以社会网络分析的研究方式适用于微博舆情传播网络的研究。本书所采用的分析方法主要包括整体网络结构和位置与角色测量两部分。其中微博热点事件传播模型是通过社会网络分析中的关系矩阵和网络结构图来构建的,具体的测量分析流程如图 10 - 1 所示(赵金楼和成俊会,2015)。

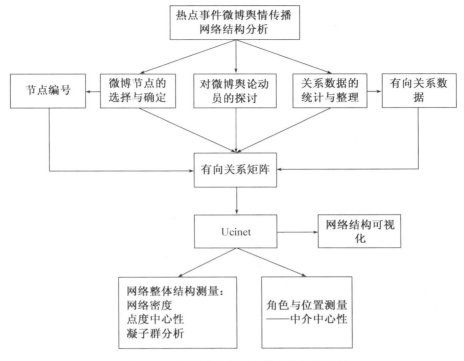

图 10 - 1　微博事件传播网络结构测量流程

　　社会网络分析提供了很多分析网络结构的参数,按照用途大致分为整体网络结构测量和角色与位置两大类。衡量整体网络结构的参数主要有网络密度、点度中心性、点度中心势、距离和小团体分析(张利华和闫明,2010)。网络密度是衡量一个网络整体结构的基本参数,Mayhew 和 Levinger 在 1976 年利用随机实验的网络模型分析中指出,社会网络密度最大值为 0.5(Mayhew 和 Levinger,1976);另外在测量网络整体结构时,还要对节点间的互动关系进行测量,对关系进行直接测量的指标是点度中心性;与此同时,还要考虑网络中的小团体现象,小团体内部存在着强关系,而且小团体结构往往在整体网络中占据着核心地位。节点是构成网络的基本元素,因此分析节点在网络中所处的位置和扮演的角色是必要的。衡量角色与位置的主要参数有结构同型性、结构洞以及中介中心性。本书通过测量节点间的 Concor 相关系数来衡量节点的结构同型性,节点间 Concor 相关系数等于 1 时,就说明两节点具有结构同型性;结构洞指数则主要测量节点控制其他节点接收信息的能力,主要包括有效规模、全局约束和等级等指标,有效规模值越大,表明该节点在网络中扮演的角色越重要,而约束值则反映节点利用结构洞的能力,数值越大,所受约束越大,数值越小,节点越能接触非冗余信息资源(谢英香和冯锐,2010);中介中心性①是测量在其他节点的测地线上经过该节点的次数。另外,因为微博中关注与被关注是具有方向性的,其信息传播也具有显著的方向性,所以本书在研究突发事件微博舆情传播网络中采用的是有向图模型。

本章的案例是运用社会网络分析(SNA)研究微博舆情传播的网络结构特征,探究微博舆情传播的网络结构对微博信息传播的影响。以 2016 年 12 月 8 日微博用户"甬城沙僧"在微博发布的沙画视频《医者仁心》的传播为例,运用 Ucinet 软件生成微博舆情传播网络拓扑图,基于统计得到的微博节点关系矩阵进行微博舆情传播网络整体结构、角色与位置结构等测量。通过测量找出在舆情传播网络中具有较高的传播能力的节点,因此可以通过影响这些关键节点有效控制舆情的传播速度。本章采用实证方式对热点事件微博舆情传播网络结构进行分析与测量。

第三节　微博信息传播机制分析

一、微博信息传播案例分析

1. 事件概述

2017 年 12 月 8 日 07:42,微博名为"甬城沙僧"的用户通过微博平台发布"沙画视频《医者仁心》"(蒋凯华原创沙画),沙画视频是"甬城沙僧"以当护士的妻子为原型制作的,他说,他经常深夜接妻子下班,视频中的每个场景都是真实的,想让更多人知道医护人员在背后付出了很多。讲述了广大医护人员的酸甜苦辣。这段沙画视频作品刷爆宁波人的朋友圈,感动无数医生、护士,很多人一边看一边流泪。12 月 14 日有第一条微博转发,12 月 14 日至 12 月 16 日期间,新浪平台相关微博数量达到了 958 条,其中微博信息包含沙画视频的有 396 条,热门微博 53 条,已除去相似结果,其中主要

① 斯坦利·沃瑟曼,凯瑟琳·福斯特.社会网络分析:方法与应用[M].陈禹,孙彩虹,译.北京:中国人民大学出版社,2012.

包括热门微博、250多家主流微博媒体等集中发布。

2."沙画视频《医者仁心》"微博信息传播阶段与重要节点分析

热点事件微博信息的传播过程通常分为舆情形成期、舆情爆发期和舆情衰退期3个阶段。"沙画视频《医者仁心》"热点事件微博舆情传播的第一阶段中,微博名为"甬城沙僧"的用户通过微博平台发布"沙画视频《医者仁心》"(蒋凯华原创沙画),成为有关此次地震的第一条微博。其后微博用户"西门町吃在宁波",成为从宁波地区发出的第一条微博。同时,"浙江日报"是第一家报道这次热点事件的媒体。微博用户微辣Video,是第一个微博大户发布此消息。

随着人民日报、中华新闻网、共青团中央等多家微博媒体的集中报道,将此突发事件微博信息推向了爆发阶段。12月14日至12月15日期间,是此次事件微博信息迅速传播的阶段,新浪微博提及数就达520多条。在该事件的微博信息传播过程中,微博媒体仍然扮演着"信息发生源"和"推波助澜"的角色。该事件充分展示了微博媒体对热点事件发生后的积极报道,能够促进信息的传播。从12月16日起,微博提及数量开始回落,截至12月17日,据新浪微博数据中心统计数据表明,在原创微博和转发微博中提及此次热点事件的达973条。

在此次事件微博信息形成的初始阶段,浙江日报,成为此事件中微博信息传播的关键节点之一。在微博信息的传播与扩散阶段,微博媒体所发布的有关"沙画视频《医者仁心》"热点事件的微博吸引了众多用户的关注,信息通过转发、评论、@等方式进行传播扩散,如@共青团中央仅一条微博就引起了21 084条转发和13 695条评论。但不可否认的是,信息在微博中的传播过程中存在着较严重的马太效应,意见领袖用户与普通用户所发信息受关注的程度存在着较大差异,这也从侧面反映了节点所具有的传播能力直接决定了其在传播网络中的地位。同时,微博关注与被关注的关系是单向的,这种单向关系使得微博用户既可以与实际生活圈中的人建立强关系,也可以基于共同的信仰、兴趣、专业背景等因素建立弱关系,强弱关系的建立使得微博信息热点的生成与传播具有较强优势。但是突发事件信息往往呈现不对称、不透明的特点,在快速传播的微博时代,虚假信息往往会干扰突发事件的应对,因此这也要求意见领袖节点能够及时引导准确信息的传播,有效遏制虚假信息的扩散,在关键时点上起到推动或弱化舆论的作用。

二、对微博舆论动员的探讨

1. 微博信息传播的三个组成部分

信息传播一般包括信息的产生、信息的传播、信息的接收等一系列过程,而微博信息的传播是基于微博平台的信息传播,首先需要有传播事件,这是事件传播的基础和源头,也是微博信息传播的素材,如果没有传播事件,就像是无源之水;传播者(微博博主),这是微博平台特有的传播主体,不同的博主的粉丝和人气是不一样的,微博中的大 V(拥有众多粉丝的博主)对于某个事件产生巨大影响在微博平台上是非常常见的,他们像明星一样拥有众多粉丝,而粉丝们大多因为被博主之前的微博内容和风格所吸引而来,通常会非常关注和推崇所关注博主的微博。但在特殊的情境下两种情况也会出现:粉丝很多的博主发的微博并没有受到很多人的关注,没有粉丝或者粉丝很少的人推送的信息受到广泛的重视。微博信息的发布者,即特定舆论动员的发起者;微博信息的接受者,则是被动员者,在微博特有的交互结构中,主动传播者和被动接收者之间并不是固定的,两者可以身份呼唤或者拥有两种不同的身份。本书研究的案例,其发布主体是事件的发布者,主题的设置者也是观点的表达者。这些不同的身份是动态变化的;特定微博信息,是博主所发布的事件信息或与事件相关的信息,就事件所发表的意见,在本书中则特指"沙画视频《医者仁心》"热点事件这一微博信息样本(丁晓蔚等,2016)。

2. 微博主体的信息传播网络

微博主体的互动网络是有向无权网络,平台设置微博用户有权限关注其他微博主体,即使关注对象并没有关注自己,单向的关注可以称之为粉丝。当被关注的微博主体发布新动态时,这条信息对于所有的粉丝来说都是可以看到的,不仅如此,关注者可以对信息进行评论、转发等操作将信息进一步传播。层层递进使微博的传播出现层级化的特征。根据上述特征,本研究将引用两个关键概念,动员广度和动员深度。所谓广度,指的是用以衡量单个信息节点发布的微博信息所引发的互动频次(用转发数表示)的指标,微博被转发的频率越高则表明它越有广度。所谓深度,是指单一微博信息在被转发过程中经由层级的多寡,经由层级越多,则表明越有深度(丁晓蔚等,2016)。如图 10-2 所示,A 发布微博信息后,如在第一层级就被 B1、

B2、B3 转发,这就意味着该信息的动员广度为 3;如果该微博信息经由第二层级的 B2 被再次转发,其深度就达到了 2;同理,如经由第三层级的 C 被再次转发,那么深度就达到了 3。以此类推。表 10 - 1 是本次事件不同博主发布微博信息不同层次被转发的次数,表 10 - 2 是本次事件不同博主发布微博信息被转发的广度和深度。

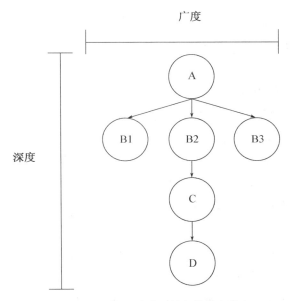

图 10 - 2　微博舆论动员的机构分析指标

表 10 - 1　不同博主发布微博信息不同层次被转发的次数

微博用户	第一层转发	第二层转发	第三层转发	第四层及以上
扬子晚报	598	32	9	6
环球时报	171	8	2	1
中国新闻网	214	6	2	1
人民日报	2 091	53	18	12
共青团中央	21 083	498	106	80
亮剑	178	5	1	2

表 10 - 2 不同博主发布微博信息被转发的广度和深度　　　　　　　%

微博事件	一占比	二占比	三占比	四占比及以上
沙画《医者仁心》	0.96	0.024	0.005	0.004

3. "沙画视频《医者仁心》"事件微博舆论动员的资源转化

在就"沙画视频《医者仁心》"热点事件舆论动员基本结构进行考察时，对微博信息被转发数与粉丝数及两者之比进行考察也是很有必要的。从某种意义上说，被转发数与粉丝数之比高，意味着舆论动员效率相对较高，反之则动员效率相对较低。博主拥有众多粉丝，是进行舆论动员的潜在有利条件；微博信息的被转发数，则是博主实现信息传播和社会动员的现实条件。决定信息转发数的影响因素很多，其中，信息发布主体在微博中所拥有的网络资源是重要的观察变量。

如表 10 - 3 所示，在"沙画视频《医者仁心》"热点事件微博舆论中，主体所拥有的粉丝被转化为动员资源的概率较低，绝大多数处于 1‰ 以下。就此而言，要正确对待舆论动员中主体的粉丝资源，粉丝并不是动员资源的可靠保障。

此外，如表 10 - 3 所示，被转发数与粉丝数之比越低，信息样本被转发的"趋中心化"结构越明显。

表 10 - 3　不同微博用户粉丝数、转发数和转发粉丝比

微博用户	粉丝数	转发数	转发粉丝比
扬子晚报	13 874 807	645	0.000 05＜0.01
环球时报	3 333	182	0.01＜0.054 605 461＜0.1
中国新闻网	8 902 878	223	0.000 025＜0.01
人民日报	55 197 875	2 174	0.000 04＜0.01
共青团中央	5 279 982	21 767	0.004 122 552＜0.01
亮剑	184 731	186	0.001 006 869＜0.01

三、微博信息传播网络结构分析

1. 数据来源

为了更清晰地展现微博信息传播结构的网络拓扑图,本书所用数据均来源于发展最为成熟的新浪微博。此次突发事件微博信息传播的节点通过滚雪球的方式在新浪微博平台上进行选取。为了使抽样网络能够更好地代表整体网络,首先对节点所发布有关此次事件的微博转发能力进行排序,经统计整理出转发数量 top20,并从中随机抽取 5 个节点作为本次研究的初始节点,所选节点为"扬子晚报""环球时报""共青团中央""人民日报""亮剑",同时,选取首次发布地震信息不同用户类型的 3 个节点,即"甬城沙僧""中国新闻网""浙江日报"。因此,本书共选取 8 个初始节点。在滚雪球抽样的过程中,结合随机抽样的原则进行节点选取,以"亮剑"节点为例,其传播的信息来源主要以"@"为标志,因此列举其@的微博用户,并从中随机选取若干个节点加入网络。由于本书所需数据的复杂性,且新浪微博提供的开放 API 隐私设置较高,所以数据无法自动获取,只能依靠人工进行统计,因此本书中数据量较于真实传播网络的节点量相对有限。本书最终选取 150 个节点,其中包括 98 个普通用户、28 个媒体官方用户、10 个其他(包括企业以及网站应用等)官方认证用户、14 个其他(除娱乐明星之外,包括企业家、作家、记者等)名人用户。本书采用的是有值有向的网络结构图,节点间边的取值主要是转发次数、评论次数和@次数的总和,根据各节点之间的传播关系构建了关系矩阵,其可视化结果如图 10-3 所示。

2. 热点微博信息传播网络整体结构分析

(1) 微博信息传播网络密度

网络密度(蔡亚华等,2013)是衡量网络中节点相互联系程度的指标,取值范围一般在 0~1。在包含 n 个节点的有向网络中,最大可能存在的连接数为 $n(n-1)$,以 $\sum L_w$ 表示有值有向图中所有边值总和,则网络密度计算公式如下:

$$D = \frac{\sum L_w}{n(n-1)}$$

运用 Ucinet 6.0 软件对"沙画视频《医者仁心》"热点事件微博信息传

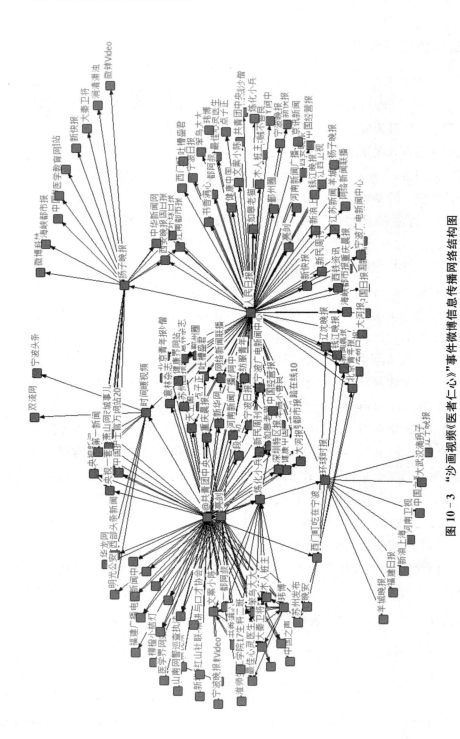

图 10 - 3 "沙画视频《医者仁心》"事件微博信息传播网络结构图

播网络密度进行测量,测量结果可知"沙画视频《医者仁心》"热点事件微博信息传播有向网络密度 Density(matrix average)＝0.020 1。

由表 10 - 4 可知沙画视频《医者仁心》热点事件微博信息传播有向网络密度为0.119 4,而将关系矩阵转化为布尔矩阵后,其网络密度仅为0.020 1。因此,网络密度与节点间关系的强弱有直接的关联,且网络密度的取值会随着节点数量的增加呈现递减趋势。本书采取以点窥面的方式,对此次事件的微博信息传播网络进行分析,虽然网络密度值与整体网络密度值有所差距,但其反映了整体网络的网络密度特点,也反映出整体网络中不同类别节点间关系强度的不同。

表 10 - 4　微博信息传播网络密度

有向网络密度	有向布尔矩阵网络密度
Density(matrix average)＝0.119 4	Density(matrix average)＝0.020 1
Standard deviation＝2.194 7	Standard deviation＝0.320 7

（2）点度中心性、点度中心势

在有值有向网络图中,点度中心性(又称程度中心性)分为点入度和点出度,点入度是指直接指向节点的边值之和,点出度是指从节点直接指向其他节点的边值总和。图 10 - 4 是"4·20 四川雅安地震"微博信息节点中心性的部分测量结果。点度中心势是对点度中心性标准化的结果,它反映了节点联系的集中趋势。

从图 10 - 4 中可以看出,不同类型的节点具有不同的点度中心性和点度中心势,相同类型的节点因参与程度、影响力等因素的影响所表现出的点度中心性也有所不同。在该事件微博信息传播网络中,媒体、热门微博博主的节点中心性较大。就媒体而言,其不同的媒体之间点度中心性取值差距也较大,这主要是由媒体传播他人和被他人传播的能力决定的。点出度主要衡量节点传播他人的能力,而点入度主要衡量被他人传播的能力。从整体上看,媒体节点的被传播能力极强,而其信息的来源也比较广泛,这与实际的网络媒体特征是相符的。而对于普通用户而言,点度中心性取值较低。

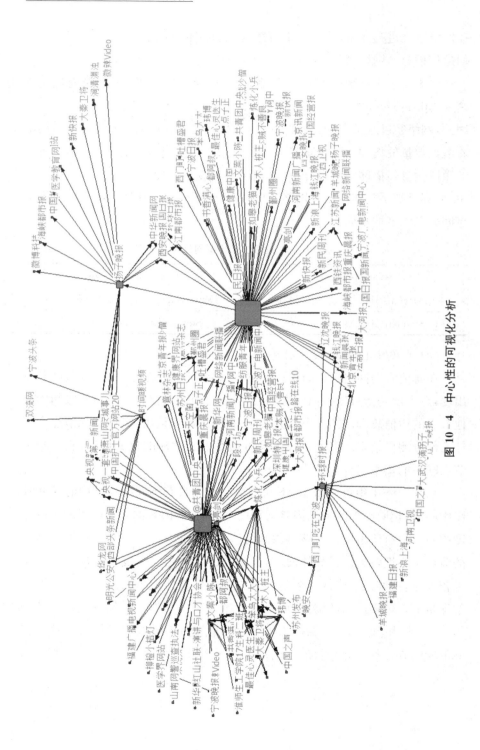

图 10-4 中心性的可视化分析

3. 微博信息传播位置与角色分析——中介中心性

中介中心性是衡量网络中一个节点作为媒介者的能力的指标。l_{j_k} 是节点 j 到节点 k 的最短路径数，$l_{j_k}(x_i)$ 是节点 j 到节点 k 的最短路径上有节点 i 的最短路径数，n 是一个网络中所有节点的数量。在有向网络中，对中介中心性标准化的计算公式如下：

$$C_B(x_i) = \frac{\sum_{j<k} l_{j_k}(x_i)/l_{j_k}}{(n-1)(n-2)}$$

利用 Ucinet 软件对传播网络的中介中心性的测量结果如表 10-5 所示。表 10-5 为"沙画视频《医者仁心》"事件微博信息传播网络的中介中心性测量结果（部分）。

表 10-5　微博信息传播网络的中介中心性

微博用户	绝对中介中心度	相对中介中心度
共青团中央	22	0.1
环球时报	18	0.08
扬子晚报	10	0.48
西门町吃在宁波	7	0.32
时间暖视频	6.5	0.29
亮剑	6	0.27
炼化小兵	3	0.014
玮博	2.75	0.012
木人桩主	1.75	0.08

由表 10-5 可知，中介中心性取值前三位节点依次为媒体用户"共青团中央""环球时报""扬子晚报"，说明这三个节点在此次"沙画视频《医者仁心》"事件微博信息传播过程中承担着较为重要的媒介者角色，其对舆情信息的占有度最大，可以较大程度地影响其他节点传播该事件的有关舆情信息。从中介中心性测量结果可以看出，媒体中介中心性较高，而其余节点的中介中心性普遍较低。

本章小结

　　微博信息传播机制的定量分析是当下学者较为关注的事情，本部分通过统计整理"沙画视频《医者仁心》"事件的传播信息研究其传播机制和传播节点之间的关系，主要是相关传播主体构成的传播网络的结构特征、传播节点的位置与角色进行了测量分析，研究结果说明在微博信息传播网络中，媒体类微博主体在网络中的点度中心性、中介中心性的排序都比较靠前，与其他主体联系频繁，通常在微博信息的传播过程中起到比较重要的作用，其信息传播能力强且信息来源渠道比较广。本书主要采用以点窥面的方式对"沙画视频《医者仁心》"事件微博信息传播网络结构进行定量研究。本研究很多指标取决于主体数量和传播主体之间的关系，所以测量出来的结果和真实情况有偏差，但其反映了真实传播网络的结构特征和不同类型用户在传播网络中所承担的角色与地位。未来可以将实证研究得出的规律与机制应用于仿真方法，与社会科学计算实验相结合。

参考文献

[1] 刘军.社会网络分析导论[M].北京：社会科学文献出版社，2004.

[2] Adler P S，Kwon S W. Social capital：Prospects for a new concept[J]. Academy of Management Review，2002，27(1)：17-40.

[3] Tang J，Wang T，Wang J，et al. Efficient social network approximate analysis on blogosphere based on network structure characteristics[C]//Proceedings of the 3rd Workshop on Social Network Mining and Analysis. ACM，2009：7.

[4] Newman M E J. The structure of scientific collaboration networks[J]. Proceedings of the national academy of sciences，2001，98(2)：404-409.

[5] 赵金楼，成俊会.基于SNA的突发事件微博舆情传播网络结构分析——以"4·20四川雅安地震"为例[J].管理评论，2015，27(1)：148-157.

[6] 丁晓蔚，夏雨禾，高淑萍.突发事件中的微博舆论动员及对策研究——基于大数据分析的实证研究[J].中国地质大学学报(社会科学版)，2016，16(6)：114-126.

[7] 蔡亚华，贾良定，尤树洋，等.差异化变革型领导对知识分享与团队创造力的影响：社会网络机制的解释[J].心理学报，2013，45(5)：585-598.

［8］张利华,闫明.基于 SNA 的中国管理科学科研合作网络分析——以《管理评论》(2004—2008)为样本［J］.管理评论,2010,22(4):39-46.

［9］Mayhew B H，Levinger R L. Size and the density of interaction in human aggregates［J］. American Journal of Sociology，1976，82(1):86-110.

［10］谢英香,冯锐.结构洞:虚拟学习社区信息获取行为研究［J］.软件导刊,2010,9(8):19-21.

第十一章　数据科学对社会科学应用研究的影响

　　通过第八章的科学计量分析发现,从应用的角度来看数据科学对社会科学研究的影响,前人研究成果较多的主要表现在可以运用数据科学等一系列技术促进自己的决策支持系统、协调活动等以提升自己的竞争能力,数据科学的发展为中国企业的创新和升级提供了新的机遇。从研究现状来看,如何从理论的高度理解数据科学对企业创新的促进作用仍然是学术研究亟待解决的问题。本章主要展开介绍数据科学是如何影响社会科学应用研究的部分,首先是数据科学在企业层面的应用,包括大数据和人工智能,然后主要分析数据科学应用的主要形式、数据科学的作用对象及相关的数据技术,最后介绍数据科学应用于企业的创新研究,并从不同的角度剖析。

第一节　数据科学在企业层面的应用

一、大数据在企业的应用

　　大数据预测在现代社会的应用非常广泛,在新闻传播、影视娱乐、金融投资、农情监测等方面得到了快速的推广与应用。美国学者通过“搜集1990年到2013年间166个国家的报纸文章,形成大数据后进行,来分析预测是否会发生战争”(Chadefaux,2014)。影视行业中依据大数据来进行演员的选择和剧情的创作、BAT通过大数据平台预测票房等,如纸牌屋的成功案例。在大数据文本分析和挖掘方面,有学者在用户生成内容挖掘的基础上提出了一个产品缺陷发现的综合文本分析框架,并在汽车和电子消费领域展示了此框架的有用性(Abrahams等,2015)。另外,在网民社交信息的内容分析方面,2011年美国和英国的三位学者合作通过近1 000万条推文作为样本展开网民情感研究,预测股市涨跌(Bollen等,2011)。

　　淘宝平台上的产品销售系统运用的是基于大数据技术的用户推荐系统，根据消费者交易数据、搜索行为、评价信息、浏览痕迹等留下的数据，通过对这些数据的处理和分析，获取用户图像，并精准地预测用户的喜好和需求，进而为潜在消费者推荐可能感兴趣的产品，用户推荐系统已经在电子商务平台广泛的普及和使用。

　　大数据的预测功能能够帮助企业了解宏观形势、预测市场的动态、挖掘消费者的需求、促进产品开发和创新，不仅为企业更好地适应动态环境及时做出应对，同时为企业提升自身创新能力和竞争力创造了好的条件和机会，大数据的应用为企业带来了巨大的商业价值。大数据的相关技术对企业的影响主要体现在企业决策、成本控制、服务体系、产品开发等方面。

　　大数据对企业决策系统的影响。决策是企业管理中非常重要的环节，现在大部分的企业都会建立自己的决策支持系统用来辅助企业做出的决策。因为技术的限制，传统的决策支持系统搜集的数据不是很全面，仅局限于少量的小部分的重点数据。将大数据技术运用到企业的决策支持系统指的是将企业的信息数据化，关键在于数据的获取和处理。首先，在数据获取方面企业决策支持系统需要引进大数据获取技术进行升级，根据决策支持系统的不同层次和不同功能进行设计；其次，需要大数据技术对获取的数据进行分析和处理；最后，要将决策者的主观性和专业与企业的决策支持系统结合起来，决策者依然是决策系统的顶层，其他层次做到科学化和自动化，提高决策指标信息含量和科学性，完善决策支持系统和决策机制。基于大数据的决策支持系统让数据说话，可以减少人为干扰因素，提高决策精准度。

　　大数据对企业成本控制的影响。企业的目标是利润最大化，而对成本的控制是企业扩大利润的主要环节，大部分企业也建立了自己的成本控制系统，以从整体的角度对公司的采购业务、物流环节、储存环节、生产环节、销售业务等进行科学的成本控制，但是传统的成本控制系统不同环节之间的链接程度较低。企业如果将大数据技术运用到系统的每个环节之中，可以促进企业综合控制成本系统的不同环节。与决策系统一样，成本系统的升级主要在两个方面，即数据的采集和数据的处理。其一，在数据获取方面企业成本控制系统需要引进大数据获取技术进行升级，争取贴近现实。其二，需要大数据技术对获取的数据进行分析和处理；在成本控制的全过程采集数据,以求最大限度地描述事物,实现信息数字化、数据大量化,获取更加精确的数据。其三,实现成本控制的自动化,规避人为主观因素的干扰。最后,打造综合成本控制系统,将成本控制系统的各个不同的环节进行结合,建立一个基于大数据的综合评价体系,为成本控制提供可靠依据。基于大数据的成本控制系统是以预先控制为主、过程控制为中、产后控制为辅的方式,可以用科学的方法降低企业运营成本。

大数据对企业服务系统的影响。企业的品牌、口碑和服务都是构成企业核心竞争力的重要因素,对于企业的生存和发展有着决定性的作用,企业如果想要提升自己的服务体系,就要改善组织的沟通、信息传播和反馈机制;要了解已有服务体系的现状,存在哪些问题品牌。而大数据的相关技术可以有效地发现现有体系中存在的问题,这样就不会盲目地进行修改。第一步,引进大数据技术加强数据收集。主要是对消费者信息的学习,通过对消费者的评价和反馈的搜集,找到服务体系的问题。第二步,利用大数据技术提高企业对消费者信息的响应速度。建立高效服务机制,提高服务效率。第三,实现服务系统的在线化、智能化和自动化。快速处理消费者服务需求信息,将程序化的案例实行标准化的快速处理,将非程序化的例子转入人工服务系统,并不断更新服务系统,添加新的消费者需求,大数据技术的使用可以最大限度提高服务质量和效率。

大数据对产品开发的影响。产品的开发和创新是企业核心竞争力的最关键的因素,一个公司能否快速响应客户的潜在需求,开发出创新的产品是公司能否占领市场的关键,产品研发的主要环节是对消费信息的学习,但是产品开发如果不能够正确地应对顾客的需求,不仅对开发市场效果甚微,而且会占用公司的大量资源、浪费大量的资本。大数据技术可以很好地降低产品开发的风险,大数据的分析和预测技术可以准确地预测消费者需求,并吸收消费者信息中的知识,提高产品开发人员的创新能力,从而提升公司绩效。可以将大数据技术应用到产品开发的数据收集、分类整理和分析利用中,拓宽消费者信息的来源渠道,优化消费者信息反馈机制,实现信息收集大量化、全面化、自动化,为产品研发提供信息源。然后利用大数据技术对收集的非结构化数据进行分类整理,科学地分析消费者的需求信息、缩短产品研发周期、提高研发效率。

二、人工智能在企业的应用

如今，人工智能在物流行业、云会计、互联网金融、媒体行业、医疗行业、军工企业均有广泛应用。淘宝的核心引擎就是人工智能的运用，它有很多种复杂的算法融合在一起，每天进行海量数据自动处理，人工智能同样广泛运用于淘宝、京东和菜鸟驿站的物流系统中；谷歌翻译运用机器智能的方法代替人的翻译；互联网最成功的几家企业，本质上都是基于人工智能和大数据。谢平等人把互联网金融看作一个谱系概念，分为金融互联网化、移动支付与第三方支付、互联网货币、基于大数据的网络征信和网络贷款、P2P网络贷款和众筹6种模式（谢平等，2014）。业界对于互联网金融模式的分类主要包括：第三方支付、P2P网贷、大数据金融、众筹、信息化金融机构以及互联网金融门户等。目前机器人新闻写作已经普及，这一新闻生产的方式渗入新闻业务的诸多环节之中，如2012年《华盛顿邮报》研发了新闻核查机器人——truth teller（吐真者），用于新闻事实的鉴别；2014年《洛杉矶时报》和美联社wordsmith公司开始使用新闻撰写机器人，直接用于新闻文本生产；国内应用也集中在机器人写作，如腾讯的Dream writer、新华社的"快笔小新"等；机器人挑选新闻，如新闻客户端以大数据算法为基础分析热点并结合用户习惯，完成新闻信息的自动选择和发布。数据科学已经应用到企业的各个领域，在未来，依然会给中国企业带来机遇和巨大的能量。

第二节　数据科学应用的主要形式、对象以及相关数据技术

数据科学的发展为中国企业的创新和升级提供了新的机遇。但同时，如何从理论的高度理解数据科学对企业创新的促进作用仍然是非常重要的研究课题。数据科学对社会科学应用研究的影响主要体现在对企业生产力和创新能力等方面，可以理解为对企业的赋能。

要理解数据科学的内涵，我们认为首先要理解数据科学是一种能力，而这种能力背后是数据科学和一系列数据技术的支撑。在技术层面，数据科学的核心越来越受到近年来飞速发展的"人工智能"科学的进展的支持

(Cohen 和 Feigenbaum，2014)。在这一基础上，数据科学衍生出了"机器学习""深度学习"等分支，进而实现了"自然语言处理""机器视觉""语音识别""专家系统"等应用。同时，又发展出了"物联网""云技术""数据库"等数据的生成、传输、储存的相关技术。在这些技术的基础上，又派生出"众包平台""智能制造""互联网+"等新的商业运营模式。这些技术上的进展，近年来已经鲜活地呈现在了我们眼前。

然而，尽管数据科学正在飞速地发展，为何学术和实践界都仍然面临企业数据技术投资回报率不高的问题呢？要找到解开这一问题的钥匙，即解决企业和数据技术有效结合的问题，关键就是系统性地建立数据科学和组织科学的联系。只有在建立这种联系的基础上，我们才能理解数据和数据科学是如何赋予企业创新和发展的能力的。连接数据科学和组织科学不仅仅是国内学术界面临的问题，也是国际企业管理研究面临的最重大、最迫切的问题之一。为了弥补这一重要理论缺陷，管理学国际顶级期刊 Organization Science 在 2012 年推出了数字创新专刊(Yoo 等，2012)；Academy of Management Review 开始讨论企业在线社区作为企业核心竞争力的来源(Fisher，2018)；Information Systems Research 在 2018 年推出了数字时代的平台经济专刊(Constantinides 等，2018)；Strategic Management Journal 在 2017 年开始征集平台生态圈专刊(Kretschmer 等，2017)；Journal of MIS 在 2018 推出专刊研讨大数据对企业的战略价值(Chiang 等，2018)；而 MIS Quarterly 则在 2018 年开始征集面向新时代的理论研究专刊，以了解大数据、平台生态系统等新现象对组织理论的影响(Burton-Jones 等，2018)。这些顶级学术期刊的动态充分反映出了国际学术界对这一问题的重视。

我们的核心观点是，要理解数据和数据技术对企业的赋能，理解赋能的不同形式和不同对象是关键。通过系统梳理数据科学的相关文献和企业实践案例，我们把数据科学的形式分为 6 种——产生知识/洞见、感知变化、连接物、连接人、协调活动、和决策支持。同时，分别讨论了数据对 4 种不同对象的赋能，包括对人(团队)赋能、对管理方式赋能、对技术赋能和对组织赋能。我们回顾了和数据科学这些方面相关的各个文献，对数据科学概念的系统性讨论不但丰富了数据科学相关的理论和文献(Chen 等，2012；Chiang 等，2018；Grover 等，2018；成思危，2009；李国杰和程学旗，2012)，也对企业如何在实践中用好数据科学和数据技术、优化数据科学和信息技术投资做出了有益的启示。图 11-1 简要描述了数据科学主要形式和主要对象的分类方式，以及各个赋能形式对应的主要数据技术。

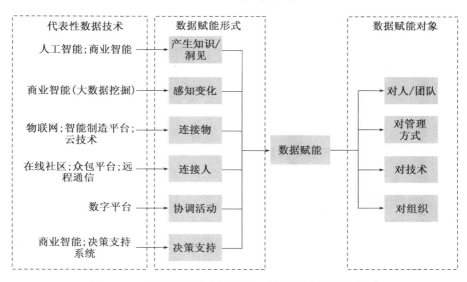

图 11-1　数据科学的主要形式、对象以及相关数据技术

一、数据科学促进企业创新的主要形式

大数据、物联网、云计算、在线社区、信息系统、决策支持系统、智能终端、移动互联网等数据技术广泛应用于经济社会各个部门和领域，信息技术是组织中一种重要的资源，从数据科学角度理解"互联网+"或 IT 资源就是物理世界的数据化，互动过程产生的海量数据，对于数据的获取、分析和运用的能力。IT 能力是企业集聚、整合和部署 IT 资源以支持和满足各类业务需求的能力（Davidson，2013）。根据前文对数据技术和数据科学的多方面讨论，我们认为数据科学以多元化的形式进行，并概括几种主要的数据科学的形式如下：

产生知识/洞见：这一赋能形式背后的技术包括人工智能、商业智能等，基于数据的机器学习、人工智能、商业智能等一系列新的技术将人们从初级低维的脑力工作中解放出来，从而最大限度地释放人最本源价值——主动性和创新性，知识潜能和创新的价值飞速放大和增值，并可以

"处理和综合不同性质和特征的信息,并提升根据复杂多变的环境和条件迅速调试的能力"。人作为创新的主体,将价值观、理论、知识甚至直觉贯彻到算法模型和产品中,通过反馈、学习和迭代提升智能,创造价值,通过将人的主动性和创造性相结合,相互促进,从而产生企业创新过程中所需的知识或洞见。

感知变化:商业智能(大数据挖掘)等作为感知变化这一赋能形式的主要数据技术,大数据的分析和处理技术特别是大数据挖掘的快速处理海量数据、信息的快速传播机制和实时性可以提升组织活动的柔性和对外界信息与变化的快速反应能力,提升组织机构感知变化的效率。处在瞬息万变的时代,面临动态的市场环境,数据科学可以通过提升企业敏感度、处理信息准确性和实时性来提升其感知变化并应对变化的能力。

连接物、连接人:物联网、智能制造平台、云技术等数据技术可以将物理世界在线化或者数据化,在虚拟世界中将物连接起来,加强物与物之间的联系,方便管理,同时也可促进企业有限资源得到最优化配置与整合;在线社区、众包平台和各种远程通信系统可以承载企业内部和外部的人与人之间的互动,将人与人连接起来,使得沟通更加地顺畅、透明,反馈更加地及时,人与人之间更好地配合,人力资源得到最大化的运用。

协调活动:数字平台和资源管理系统可以帮助企业有效协调资源和组织活动。大数据的分析和处理技术、信息系统的使用等可以使企业的组织机构更具柔性,可以更好地面对环境的变化,有助于推进企业协调活动的进行。同时,数字平台和资源管理系统促使企业组织活动更加科学地进行和安排,使得协调活动更具有针对性。

决策支持:企业可以通过商业智能和建设决策支持系统辅助决策。特别是在大数据时代,大数据本身的全样本、客观性以及实时性等特征让决策依据更具客观性。同时,基于数据的机器学习、大数据挖掘等一系列新的技术可以通过数据分析的结果反应用户、企业、行业甚至市场等行为特征和动态路径,在很大程度上给予企业决策上的支持。

二、数据科学促进企业创新的主要对象

对人(团队)的赋能:最近十年,大数据计算能力的爆发,加上基于数据的机器学习的新方向,使得人工智能技术完成了最空前的一次跃迁。人工

智能正重新定义智力工作的边界。数据科学首先通过一系列新的技术将人们从初级低维的脑力工作中解放出来,从而最大限度地释放人最本源的价值——主动性和创新性(钟国强等,2017),今天被称为"知识工作者"的工作机会中,一半人将被人工智能取代。人工智能将把我们更彻底地推向富含创意、充满挑战也更蕴含价值的工作中去。其次,数据科学加强知识与人的主动性和创新性之间的相互作用、知识潜能和创新的价值飞速放大和增值。人需要拥有"处理和综合不同性质和特征的信息,并根据复杂多变的环境和条件迅速调试的能力",《与机器人共舞》中用"柔适性"来描述人类心智的优势,未来十年最热门的工作需求就在于复杂社交技能、团队合作、协作创新、文化敏感性以及管理多样化团队的能力(Markoff,2016)。人作为创新的主体,将价值观、理论、知识甚至直觉贯彻到算法模型和产品中,通过反馈、学习和迭代提升智能,创造价值——继而再重塑人的体验、认知和价值体系。大数据时代的人才需要理解数据并善用数据,同时对商业有深刻的洞察,善于感知用户需求,身体力行,将创意变为现实;同时需要具备协同创新能力——善于沟通,能够快速理解和综合不同专业知识和技术,并激发、领导多元化的创新团队的能力。

对管理方式的赋能:不同于标准化生产,数据时代的创新在创新产品、新模式、新体验的过程中,方法和路径也是全新、有机的整体,这使得创新不应该也不能够以工业时代的方式标准化(曾鸣和杨疆,2016)。数据科学让企业的创新更具有敏捷迭代、高速流通和共享、重组和强可塑性、通过复杂机制实现创新价值的特点。大数据时代,复杂网络和数据科学为人与人之间创造互动机制,为组织的有效性创造知识密集和治理创新的场景。总之,数据技术通过商业智能、决策支持系统等技术对企业的协调活动和决策活动等管理方式进行赋能。

对技术的赋能:今天人工智能的技术核心,其实是机器用笨办法去算,它所谓的学习是通过概率论的方法,不断地通过正反馈来优化结果,而不是像人一样去思考学习,这种机器学习的方法必须基于海量数据的校验,必须基于算法的一个不断反馈过程。所以人工智能带来的商业价值,它所实现的路径叫作数据智能(程贞敏和项凯标,2016)。数据科学通过将企业中的多重技术进行深度聚合,构建一个资源移动、生机勃勃的创新生态空间:移动互联网、物联网和云计算的基础设施,资本会更为通畅地向高价值创新领域流动汇聚,人工智能技术随着大数据计算引擎和机器学习平台的开放变得容易获取,数据技术使企业的创新以极低的实现成本和极高的潜在价值被创造,形成了创新加速迸发和迭代的正循环动力(朱东华等,2013)。组织的功能必然从内部化稀缺资源、有效整合资源、优化管理效率,向激发创新、提升创新效率方向演化(李习保,2007)。越来越多的场景只有靠机器、靠人工智能才能完成以前靠人没有办法完成的海量服务和个性化的服务。通过数据算法和反馈闭环,机器就能学习,机器就能进步,机器就能拥有智能,而商业就能实现智能化升维(胡文俊和王慧茹,2016;曾鸣和杨疆,2016)。

对组织结构的赋能:新时代的组织结构模式是万物互联、人人互联,构成数据实时流动、共享、聚合的社会网络生态体。组织作为重要的社会节点,需要适应这种连通开放的结构和机理:组织内部的各个节点应当与外部世界的相关节点形成并联,实时互动;同时,组织内部更需要高效的互联和协同,才能确保每一个局部反应在组织内及时同步,并满足局部与全局的协同优化(许小虎和项保华,2006)。组织结构需要的是连通一体、柔性结构的协同网络模式,从而达到信息高度协同的组织目标,特别是对于信息流来说,组织的网络结构应该是一个全链接的状态,点与点之间需要实时连接,从而完成整体优化、协同一致的反应;组织内的信息流必须更为密集和实时,才能让组织协同创新的效率高于外部而具有存在的价值(姚小涛和席酉民,2003)。而数据科学则为组织结构的变革带来可能,如组织通过 Metrics 的智能处理系统协同决策和反馈、运用大数据处理和预测密集和实时的信息,运用机器学习深度挖掘并实时做出决策(Kan,2004)。

第三节　数据科学与企业的创新研究

首先,与许多研究一样不强调行业背景的研究(Tambe,2014;Santhanam 和 Hartono,2003)。谈起数据科学,大众普遍的认知更多地认为其应用场景是在以阿里巴巴、腾讯、百度等为代表的互联网企业上。尽管如今传统的企业如通用汽车、海尔等也在积极转型,也诞生了像苹果、小米这样核心业务横跨互联网软件和制造硬件的企业,数据科学在制造业的应用仍然需要更多的探索。其次,现有的大部分和数据科学相关的研究讨论的是一般信息技术投资对企业总体生产力的影响(Melville 等,2004;Tambe 和 Hitt,2012;李治堂,2009;齐晓云等,2012)。企业的生产力是由不同因素决定的。相对于其他一些因素,比如市场能力、运营能力等,企业的创新能力常常更能决定企业的长期竞争力。但是另一方面,创新能力和市场能力、运营能力等有时候又有一定程度的矛盾(Smith 和 Lewis,2011)——比如创新是长期性的(Eberhart 和 Maxwell,2004),市场和运营常常是短期性的。因此,研究数据科学对企业创新,而不是一般性生产力的影响有利于进一步聚焦问题。第三,为了从理论的高度解释数据科学对企业创新的影响,我们总结了企业从产品创新、商业模式创新、企业长期创新能力、生态圈创新,到产业创新和创新政策支撑的五个层次。现有大部分的数据科学研究和创新研究都是单一层次的,如前述的信息技术对生产力影响的研究都聚集在企业层面。然而创新是一个多层面联动的现象,孤立地研究单一层次的创新不利于我们了解企业创新的全貌。例如,如果要理解商业模式创新,我们需要先理解产品创新,因为商业模式的基础往往是产品(Zott 和 Amit,2008)。

最后,本书融合了多个和企业创新有关的理论。在创新的每个层次,我们都用一个或者多个理论与之对应:我们用技术创新(Ahuja 等,2008;陈晓红等,2009)和开放式创新理论(West 和 Bogers,2014;陈钰芬和陈劲,2009)解释产品创新;用商业模式理论(Massa 等,2017;Zott 等,2011;原磊,2007)解释模式创新;用企业资源观(Barney,1991;Nason 和 Wiklund,2018;齐险峰和蓝伯雄,2006)和吸收能力理论(Cohen 和 Levinthal,1990;Song 等,2018;刘常勇和谢洪明,2003)解释企业的长期创新能力;用协同创新(Gnyawali 和 Park,2011;Phelps 等,2012;陈劲和阳银娟,2012)和平台理论(Adner,2017;Constantinides 等,2018;Jacobides 等,2018;McIntyre 和 Srinivasan,2017;马蔷等,2018)解释企业生态圈创新;用产业经济学理论(Carlton 和 Perloff,2015;Teece,1992;张耀辉,2002)解释产业创新。图11-2描述了本书采用的企业创新的层次模型。

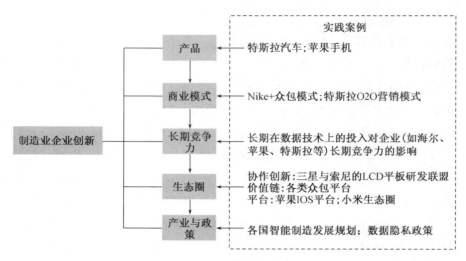

图 11 - 2　企业创新的层次模型

　　构建一个多层次的、有丰富理论支撑的企业创新模型不但有助于我们站在理论的高度解析数据技术对企业创新的各个环节的赋能，也直接帮助我们准确寻找理论中的空隙，开展一系列全新问题的研究：在产品技术层面，我们将研究技术研发人员和数据科学家之间的协作——尽管现有一些研究已经讨论了跨部门协作问题（Tortoriello 等，2012；Majchrzak 等，2012），对技术和数据人才之间的协作尚属首次；在商业模式层面，我们创新地用"巧创"（Bricolage）概念（Baker 和 Nelson，2005）解释后发企业的追赶式创新战略，并讨论数据科学对巧创战略的影响；在企业长期创新能力层面，我们首次将企业的数据能力和动态能力（Schilke 等，2017；Teece 等，1997；吴晓波，2000）相结合、并首次将数据伦理作为企业长期竞争力的基础进行研究；在生态圈创新层面，平台生态圈的研究这几年刚刚兴起（McIntyre 和 Srinivasan，2017；Jacobides 等，2018；李雷等，2016）。

　　结合对数据科学和企业创新的深刻理解，我们设计了总体理论框架。主要思路是，围绕每一个企业创新的层次开展，从微观（进行技术和产品开发的人与团队）到中观（企业的商业模式、长期竞争力培育、生态圈构建）再到宏观（相关行业政策和对策）。图 11 - 3 描述了总体理论框架。

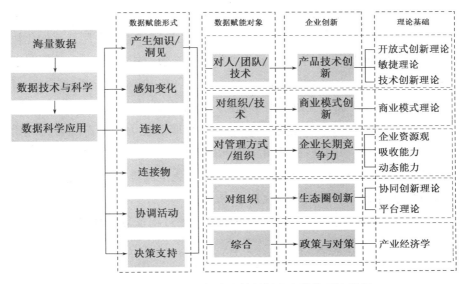

图 11-3 数据科学与企业的创新研究总体理论框架

第四节 数据科学在企业不同维度应用的研究

数据科学对社会科学应用的研究主要体现在企业层面,可以总结为从不同维度对企业的影响,本书构建一个多层次的、有丰富理论支撑的应用模型,将数据科学与企业不同维度有机地整合。首先,从微观层面研究数据和数据科学如何赋能企业的人和团队,即如何影响人的主动性和创新能力以及产品开发团队的创新能力;其次,从中观层面研究数据技术如何赋能企业的组织和管理,主要包括数据科学如何影响企业的商业模式创新能力,企业动态能力和吸收能力,企业联盟,价值链,平台生态圈等;最后,从宏观层面分析数据和数据科学如何赋能制造业产业整体生产力的提升。详细描述如下:

(1)从微观及中观层面研究数据科学对产品技术创新的影响。本部分研究大多基于开放式创新理论、敏捷理论、技术创新理论的视角,主要研究3个问题:数据科学如何对制造技术和产品创新能力的路径和模式产生影响、数据科学如何赋能企业开放式创新以及数据科学如何对企业敏捷产品开发和敏捷组织产生影响。

（2）从中观层面研究数据科学如何影响企业商业模式创新。理论基础是商业模式理论，主要研究 3 个问题：数据科学如何促进企业制造智能化从而对机器和组织进行赋能、数据科学如何促进企业营销渠道创新、数据科学如何促进中国企业的巧创式创新。

（3）从中观层面研究数据科学如何对企业持续创新能力和长期竞争力产生影响。首先是基于企业资源观的视角，以吸收能力和动态能力为理论基础，主要研究 4 个问题：数据科学如何影响企业吸收能力、数据科学如何影响企业动态能力、数据伦理如何成为企业的竞争优势、中国情境下数据科学如何对企业创新的作用产生独特影响。

（4）从中观层面研究数据科学在企业升级过程依靠的协同创新、价值链以及平台生态圈的建设中起到什么作用？用到协同创新理论和平台理论，主要研究 3 个问题：数据科学如何对企业协同创新产生影响、数据科学如何对企业价值链创新产生影响、平台效应下数据科学如何对平台生态圈创新产生影响。

（5）从宏观层面研究数据科学对制造业产业升级创新的影响以及相关政策和对策。本部分研究与产业经济学交叉，主要研究 3 个问题：数据科学驱动制造业产业升级创新过程中遇到的政策问题与障碍、数据科学驱动制造业产业升级创新过程中遇到的政策体制和经济体制问题、数据科学背景下制造业产业升级创新发展的相关政策建议。

本章小结

本章主要问题与内容可以概括为数据科学是一种能力，这种能力的背后是一系列数据技术的集合，数据科学通过不同的形式对企业不同层面的创新主体产生影响。数据科学不同的创新主体对应的是不同的适用理论集合，衍生出我们要研究的 5 个层层递进的主要问题，数据科学的发展为中国企业的创新和升级提供了新的机遇。国内外的政治经济形式近期的变化则更进一步凸显了数据科学的战略紧迫性。但同时，如何从理论的高度理解数据科学对企业创新的促进作用仍然是学术研究亟待解决的问题。解决企业和数据技术有效结合的问题，其关键就是系统性地建立数据科学和组织科学的联系。只有在建立这种联系的基础上，我们才能理解数据和数据科学是如何赋予企业创新和发展的能力的。连接数据科学和组织科学不仅仅是国内学术界面临的问题,也是国际企业管理研究面临的最重大、最迫切的问题之一。

参考文献

[1] Thomas Chadefaux. Early warning signals for war in the news[J]. Journal of Peace Research,2014,51(1):5-18.

[2] Abrahams A S,Fan W,Wang G A,et al. Anintegrated text analytic framework for product defect discovery[J]. Production & Operations Management,2015,24(6):975-990.

[3] Bollen J,Mao H,Zeng X. Twitter mood predicts the stock market[J]. Journal of Computational Science,2011,2(1):1-8.

[4] 谢平,邹传伟,刘海二.互联网金融监管的必要性与核心原则[J].国际金融研究,2014(8):3-9.

[5] Cohen P R. The handbook of artificial intelligence III[J]. Computer Music Journal,1982,6(3):78-78.

[6] Cohen W M,Levinthal D A. Adsorptive capacity:A new perspective on learning[J]. Administrative Science Quarterly,1990,35(1):128-152.

[7] Yoo Y,Boland R J,Lyytinen K,et al. Organizing for innovation in the digitized world[J]. Organization Science,2012,23(5):1398-1408.

[8] Fisher G. Online communities and firm advantages[J]. Academy of Management Review,2018:1-53.

[9] Constantinides P,Henfridsson O,Parker G G. Platforms and infrastructures in the digital age[J]. Information Systems Research,2018,29(2):1-20.

[10] Chen H,Chiang R H L,Storey V C. Business intelligence and analytics:From big data to big impact[M]. Society for Information Management and The Management Information Systems Research Center,2012.

[11] Chiang R H L,Grover V,Liang T P,et al. Specialissue:Strategic value of big data and business analytics[J]. Mis Quarterly,2013,36(4):1165-1188.

[12] 成思危.虚拟经济的基本理论及研究方法[J].管理评论,2009,21(1):3-18.

[13] 李国杰,程学旗.大数据研究:未来科技及经济社会发展的重大战略领域——大数据的研究现状与科学思考[J].中国科学院院刊,2012,27(6):647-657.

[14] Davidson R. Developing organizational agility through IT and supply chain capability[J]. Journal of Global Information Management，2013，21(4):38-55.

[15] 钟国强,梁洲虹.大数据时代背景下企业人力资源管理创新思考[J].人力资源管理,2017(10):8.

[16] Markoff J. Machines ofloving grace:The quest for common ground between humans and robots[M]. HarperCollins Publishers，2016.

[17] 曾鸣,杨疆.赋能:创智时代的组织原则[J].商业评论,2016(3):38-49.

[18] 朱东华,张嶷,汪雪锋,等.大数据环境下技术创新管理方法研究[J].科学学与科学技术管理,2013,34(4):172-180.

[19] 李习保.区域创新环境对创新活动效率影响的实证研究[J].数量经济技术经济研究,2007,24(8):13-24.

[20] 许小虎,项保华.企业网络理论发展脉络与研究内容综述[J].科研管理,2006,27(1):114-120.

[21] 姚小涛,席酉民.社会网络理论及其在企业研究中的应用[J].西安交通大学学报(社会科学版),2003,23(3):22-27.

[22] Kan S H. Metrics and models in software quality engineering[M]. Addison Wesley，2004.

[23] Tambe P. Big data investment，skills，and firm value[J]. Management Science，2014，60(6):1452-1469.

[24] Santhanam R，Hartono E. Issues inlinking information technology capability to firm performance[J]. Mis Quarterly，2003，27(1):125-153.

[25] Melville N，Kraemer K，Gurbaxani V. Review:information technology and organizational performance:An integrative model of its business value[J]. Mis Quarterly，2004，28(2):283-322.

[26] Tambe P，Hitt L M. The productivity of information technology investments:New evidence from IT labor data[J]. Information Systems Research，2008，23(3):599-617.

[27] 李治堂.基于互补性理论的信息技术投资绩效研究[J].科研管理,2009,30(1):8-14.

[28] 齐晓云,毕婷,周志永.信息技术对组织绩效影响研究述评[J].情报科学,2012(3):476-480.

[29] Smith W K，Lewis M W. Toward a theory of paradox:A dynamic equilibrium model of organizing[J]. Academy of Management Review，2011，36(2):381-403.

［30］Eberhart A C，Maxwell W F，Siddique A R，et al. An examination of long-term abnormal stock returns and operating performance following R&D increases［J］. The Journal of Finance，2004，59（2）：623 – 650

［31］Zott C，Amit R. The fit between product market strategy and business model：Implications for firm performance［J］. Strategic Management Journal，2008，29（1）：1 – 26.

［32］Zott C，Amit R，Massa L. The business model：Recent developments and future research［J］. Social Science Electronic Publishing，2011，37（4）：1019 – 1042.

［33］Ahuja G. Collaboration networks，structural holes，and innovation：A longitudinal study［J］. Administrative Science Quarterly，2000，45（3）：425 – 455.

［34］Ahuja G. Moving beyond schumpeter：Management research on the determinants of technological innovation［J］. Academy of Management Annals，2008，2（1）：1 – 98.

［35］陈晓红,李喜华,曹裕.技术创新对中小企业成长的影响——基于我国中小企业板上市公司的实证分析［J］.科学学与科学技术管理,2009,30（4）：91 – 98.

［36］West J，Bogers M. Leveraging external sources of innovation：A review of research on open innovation［J］. Social Science Electronic Publishing，2014，31（4）：814 – 831.

［37］West J，Gallagher S. Challenges of open innovation：The paradox of firm investment in open-source software［J］. R & D Management，2006，36（3）：319 – 331.

［38］陈劲,陈钰芬.企业技术创新绩效评价指标体系研究［J］.科学学与科学技术管理,2006,27（3）：86 – 91.

［39］陈钰芬,陈劲.开放式创新促进创新绩效的机理研究［J］.科研管理,2009,30（4）：1 – 9.

［40］Massa L，Tucci C L，Afuah A. A critical assessment of business model research［J］. Academy of Management Annals，2017（1）：73 – 104.

［41］原磊.国外商业模式理论研究评介［J］.外国经济与管理,2007,29（10）：17 – 25.

［42］Song Y，Gnyawali D R，Srivastava M K，et al. In search of precision in absorptive capacity research：A synthesis of the literature and consolidation of findings［J］. Journal of Management，2018,44（6）：2343 – 2374.

［43］刘常勇,谢洪明.企业知识吸收能力的主要影响因素［J］.科学学研究,2003,21（3）：307 – 310.

［44］Gnyawali D R，Park B J. Coopetition between giants：Collaboration with competitors for technological innovation［J］. Research Policy，2011，40（5）：650

－663.

[45] Phelps C C. A longitudinal study of the influence of alliance network structure and composition on firm exploratory innovation［J］. Social Science Electronic Publishing, 2010, 53(4):890－913.

[46] Phelps C, Heidl R, Wadhwa A. Knowledge, networks, and knowledge networks: A review and research agenda［J］. Journal of Management, 2012, 38 (4): 1115－1166.

[47] 陈劲, 阳银娟. 协同创新的理论基础与内涵［J］. 科学学研究, 2012, 30(2): 161－164.

[48] Adner R. Ecosystem as structure: An actionable construct for strategy［J］. Journal of Management, 2017, 43(1):39－58.

[49] Jacobides M G, Cennamo C, Gawer A. Towards a theory of ecosystems［J］. Social Science Electronic Publishing, 2018, 39(8):2255－2276.

[50] Mcintyre D P, Srinivasan A. Networks, platforms, and strategy: Emerging views and next steps［J］. Strategic Management Journal, 2017, 38(1):141－160.

[51] 马蔷, 李雪灵, 刘京, 等. 数据资源对企业竞合战略选择的影响机理研究——基于平台理论的多案例研究［J］. 经济管理, 2018, 40(2):37－54.

[52] Teece D J. Dynamic capabilities and strategic management: Organizing for innovation and growth［J］. Oup Catalogue, 2011, 41(2):217－218.

[53] 张耀辉. 产业创新:新经济下的产业升级模式［J］. 数量经济技术经济研究, 2002, 19 (1):14－17.

[54] Yoo Y, Boland R J, Lyytinen K, et al. Organizing for innovation in the digitized world［J］. Organization Science, 2012, 23(5):1398－1408.

[55] Baker T, Nelson R. Creating something from nothing: Resource construction through entrepreneurial bricolage［J］. Administrative Science Quarterly, 2005, 50 (3):329－366.

[56] Schilke O, Hu S, Helfat C E, et al. Dynamic capabilities? A content-analytic review of the current state of knowledge and recommendations for future research ［J］. Social Science Electronic Publishing, 2018, 12(1):390－439.

[57] 吴晓波. 动态学习与企业的核心能力［J］. 管理工程学报, 2000, 14(S1):21－25.

[58] 李雷, 赵先德, 简兆权. 网络环境下平台企业的运营策略研究［J］. 管理科学学报, 2016, 19(3):15－33.

[59] 程贞敏, 项凯标. 大数据提升企业竞争力［J］. 企业文化, 2016(6):56.

第十二章 数据科学对社会科学研究方法的影响

数据科学对社会科学影响最受关注的一个方面就是对社会科学研究方法的影响,社会科学学术思想的演变和学术观点研究兴趣的走向与研究手段的变化息息相关。大数据时代的数据收集、统计分析和研究方法的跨越式变革成为社会科学发展的重大契机。数据科学在社会科学研究中的应用相当于增加了一个新的手段,多样化的大数据来源为社会科学的研究提供素材,信息技术、大数据相关技术的迅速发展加速了对于海量非结构化的数据的挖掘。大数据蕴含的巨大价值和大数据相关技术的发展是大数据时代社会科学研究范式变革的主要两方面的动力机制。首先,数据科学的出现和发展是这个时代的一种新的科学范式,主要的特征是数据密集型和数据驱动型,数据科学的思维基础与传统科学研究有本质上的不同。其次,数据科学的研究对象包括各种各样形式的非结构化数据,传统的量化研究很难处理非结构化数据。最后,技术和方法层面,社会科学传统的量化研究使用的是基于统计学原理的数据处理与分析方法,而数据科学则采用基于数据库原理和计算科学的数据处理技术。所以,本章从3个大数据分析的具体研究特征:科学的研究范式、数据获取方式、数据分析方法来分析数据科学对社会科学研究方法的影响。

第一节 数据科学与传统量化研究的区别

一、科学研究范式

传统社会科学量化研究和数据科学的科学研究范式的本质区别在于研究从什么出发,即由什么驱动。传统的量化研究和实证研究首先需要有一个研究问题,而这个研究问题一般是从前人的研究成果中找到的研究缺口或者可以进一步改善的地方,根据相关理论基础对这个研究问题提出假设并构建理论模型,然后根据研究问题的类型建立实证模型,选择研究方法(实验、观察、调查),再来就是获取需要的数据(一般来说是经过抽样得到的,是假设能代表总体的样本)并进行处理和分析,最后验证假设是否成立。传统的实证主义研究是基于研究问题和理论来搜集需要的数据。对于数据科学来说,研究的最开始不一定是根据理论和研究问题提出研究假设,这一点与传统数据在研究中的工具性和依据性不同,大数据分析可以直接从数据得出知识和规律(第九章从社交网络大数据研究信息传播机制),再通过对数据的结构化与全面分析获得有价值的结论,数据本身已经上升到蕴含丰富的有待开发的信息和知识的资源地位(刘红和胡新和,2012)。也可以根据理论基础提出实证模型和假设(第十四章移动 App 在线可见性的模型建立过程),再比如通过理论演绎提出假设—获取抽样调查的数据—再用大数据去检验,数据科学对"六度分隔理论"的验证就是一个例子。根据大数据不同的特征需要具体问题具体分析采取不同的逻辑,从社会科学领域的专业知识和经验出发,经过理论演绎然后使用数据科学进行验证,即是从理论基础出发;如果直接对数据进行获取、描述和分析,研究直接从总体数据中发现规律并预测趋势,加以归纳总结形成结论,则是从数据出发。"挖掘数据不是为了科学验证,而是要发现数据背后隐藏的人类态度或行为的规律"(李金昌,2014)。正如数据库研究专家吉姆·格雷(Jim Gray, 1978)指出的两者间的区别,大数据分析的典型特征是"数据驱动"和"理论驱动"相结合,区别于传统的由研究者提出问题或假设、构建框架、假设检验的"知识驱动"路径(汪雅霜和嵇艳,2017)。

二、数据获取方式

传统社会科学量化研究是在理论演绎、提出假设并确定实证模型之后确定所需要获取的数据,这些数据是为了完成特定的目的,实证研究获取的数据大多是抽样数据,主要获取方法是实验、观察和抽样调查等,在第二章"社会科学研究存在"中我们描述了数据存在的一些问题,如内生性问题、数据滞后性问题等。我们也描述了大数据的特征,包括种类多(Variety)、速度快(Velocity)、容量大(Volume)、价值密度低(Value)、复杂性、不确定性、涌现性、非结构性等,大数据同样有非常多的来源渠道。所以,两者所需要

获取的数据类型和特征的不同导致了两者数据获取方式的不同。大数据的获取相对于传统数据的获取具有高速性,具体如下:

大数据的获取更加的快捷和实时。大数据是存在于社会系统的方方面面的单元和要素的行为、状态或者社会现象产生的真实的数据,是对社会事物的反映,具有真实性和实时性;虽然大数据的主要功能在于预测,在心理学和行为学等问题的解释上不一定非常精确,但其获取数据的高速性和海量性会给传统的量化研究带来很大的机遇和挑战。

大数据研究更加快捷。在云计算技术的发展和完善下,大数据相关技术不仅可以根据研究问题和研究目的需要针对性地获取数据,同样可以全面获取和处理数据直接从数据中获取规律和知识。这对于研究者的技能和专业知识有很高的要求,研究者需要深厚的专业功底,可以洞悉自己所要研究的问题,同时需要实时掌握和更新自己所拥有的技术,特别是与数据获取、挖掘相关的能力和工具的使用,也需要不同领域的学者可以相互合作以使数据信息可以获得高度整合,其中的价值得到最大限度的挖掘。

大数据使得文献资料的使用变得更方便。随着社会科学多年的不断发展和积累,前人已经留下了大量的有价值的研究资料。大数据促进了社会科学研究文献的数据化进程,可供研究的文献资料发展到了极大丰富的阶段。一方面,传统文献的数据化、大数据提供的研究资源的数据化,另一方面,丰富的文献资料和研究资源,如果仅仅以人的力量去浏览和学习,必然达不到充分挖掘资源价值的效果,大数据技术对于文献资源的利用可以说是如虎添翼,为学术工作者提供了技术支持。

三、数据分析方式

传统的社会科学量化研究的对于数据分析方式的选择取决于其所获取数据的特征,因为传统的获取数据的方法难以获取总体数据或者获取成本较高,研究者只能获取样本数据,所以传统社会科学量化研究的方法主要是基于统计学对数据进行的处理,并且采取以样本推断总体的思想。因此,样本数据存在很多难以克服的问题,传统量化研究主要被质疑也是主要努力在克服的问题就是非绝对随机取样引起的内生性等问题。而大数据的处理对象与抽样数据有着本质的差别,其数据量相比抽样数据由质的提升,其数据类型相较于传统量化数据更为复杂多元、增长和更新的速度更快,这时候仅仅采取统计学难以完成对大数据的分析和处理,必须将统计学结合新兴的信息技术(机器学习、数据挖掘),与数据科学相结合(耿直,2014),才能更好地对大数据进行分析和处理。

第二节　数据科学与传统社会科学量化研究的整合

大数据是对于社会系统中存在的要素和单元行为、状态和痕迹的编码和机理,是一个客观的存在,本身并不能直接体现其中事物的态度和价值观,现有的技术还没有发展到可以自动挖掘和处理大数据来解决这一缺陷。所以,虽然大数据为社会科学的研究带来了机遇,社会科学家应该积极地考虑将大数据应用于各自领域的研究中,但是目前的数据科学是不能代替传统量化研究的地位的,不可否认的是,数据科学为量化研究开拓了更广阔的研究领域(韩炯,2016)。两者在科学研究范式、数据获取方式、数据分析方式等方面存在区别同时也是互补的。其一,传统的量化研究可以很好地发挥理论基础和专业知识的作用;其二,大数据可以弥补传统量化研究中数据抽样的缺陷,扩大数据量和更多元的数据类型(汪雅霜和嵇艳,2017);其三,数据科学带来了新的知识发现的方式。因此,重视数据科学带来的全新的研究视角,应将大数据分析和传统社会科学量化研究,充分发挥传统量化研究和数据科学各自的优势,在社会科学研究中将数据科学和传统的量化研究结合起来。

根据上文所述,传统社会科学的量化研究与数据科学主要区别体现在科学研究范式、数据获取方式、数据分析方式3个方面,且也最需要在这3个方面进行互补和整合。以下也将从这3个方面描述数据科学对社会科学量化研究的影响。

一、两者科学研究范式的整合

社会科学传统量化研究和数据科学两者的科学研究范式主要体现在知识的构成问题和研究过程的转变,从原来的理论驱动和假设检验的研究范式转变为理论驱动和数据驱动相结合(方环非,2015)。上一节提到数据科学的研究思路与方法已经不再拘泥于传统的基于理论来建构模型,而是可以直接从数据出发,从对大量的数据的处理和探索中发现事物之间的关系和规律。同时，在社会科学领域相关理论的基础上，研究者可以结合现实需求针对性地获取特定数据，改变先有数据后有分析的逻辑顺序，先凝练出大致的研究方向并提出理论假设，再利用大数据平台挖掘数据，从而更好地验证假设和解决现实问题，研究结果也可以进一步补充理论的发展。科学研究范式的整合的具体过程是，将大数据思维融入对事物相关关系的研究过程中，然后根据所得相关分析结果来找寻相关联的变量，在根据前人研究结果和专业的理论探索解释机制和因果机制，这对于传统的量化研究从理论出发到验证的思路是一种补充和丰富。正如有学者指出，大数据时代，数据科学对于发现潜在的客观规律和事实有很大的推动作用。然而技术的作用的发挥，很大程度上依赖于人的使用，所以想要挖掘大数据背后的社会科学的相关原理和机制，最大化数据科学相关技术的运用，必须将对数据科学相关技术的掌握和专业领域的理论相结合（韩炯，2016）。因此，在理论驱动模式产生的理论基础上，实现"理论驱动"与"数据驱动"的整合是数据科学和社会科学传统研究科学范式整合的主要趋势。晋欣泉等人建立了基于大数据的在线学习情绪测量模型时强调"理论驱动"与"数据驱动"的融合，模型包括应用层、技术层和数据层，根据其功能划分为 4 个模块——用户数据模块、反馈交互模块、情绪集成模块以及分析诊断模块（晋欣泉等，2016）。

二、两者数据获取方式的结合

由上一节的分析指出，由于传统社会科学量化研究和数据科学中特别是大数据所研究的数据的特征有本质上的不同，导致两者数据获取方式的差别。社会科学传统的量化研究对于数据的要求比较高，只适合于结构化的数据。但数据科学中的大数据相关技术对于数据结构的要求比较低，适合于分析价值丰富的非结构化数据。比如，在研究个体方面，大数据分析可以描绘出个体全方面的特征，根据个体的社交数据、行为习惯数据、地理位置数据、消费偏好数据等分析所得①。社会科学传统量化研究和数据科学在数据获取方面的整合可以理解为，将结构化与非结构化数据的获取结合起来，这一结合有以下几个优势：首先，研究对象增加了非结构化数据，使得

---

① 大数据非结构与半结构化［EB/OL］.（2013 - 09 - 09）［2016 - 11 - 03］. http://www.enkj. com/idcnews/Article/20130909/2447.

传统量化研究视角更加多元；其次，增加了获取变量的方式，可以在通过对大数据的处理和分析获取并找出与研究问题相契合的变量；第三，采用大数据的方式可以加快数据采集与清洗的过程，达到节省人力成本和时间成本的目的。另外，大数据的获取不仅仅局限于当下状态的横断面数据，还可以纵向收集历史数据，拓宽量化研究的时间维度和空间维度，帮助研究者结合历史背景与社会制度环境来理解数据，更客观地探索因果的关系链条与传导机制（陈志武，2016）。总的来说，结合数据科学的数据获取方式是社会科学家们需要重视的趋势和可行途径（陈云松，2015）。

三、两者数据分析方法的结合

传统社会科学量化研究与数据科学中的大数据分析具有各自的优势。传统的量化研究是针对性地收集数据，是根据一定的理论演绎和理论实践，某种程度可以理解为在制造数据，其采用的分析方法更多的是基于统计学对数据进行处理，并且采取以样本推断总体的思想，更加容易进行理论的创新和突破（唐文方，2015）。而大数据分析是直接从数据中进行规律和知识的发现，更擅长于发现规律和预测趋势。聚焦到具体的数据分析方法层面，传统的量化研究方法主要有实验研究中的因果推断、调查研究中的相关分析和回归分析等。而数据科学中的大数据分析主要有可视化分析、文本分析以及偏差分析等数据挖掘技术。大数据分析很难考虑到理论基础和研究对象的态度和心理，在因果推断与回归分析模型方面并没有优势，但是大数据具有海量、多元等优势，如果能将传统社会科学的量化研究和大数据技术的优势都充分发挥，即结合运用数据挖掘技术与统计推断技术，那么就能使得研究结果更加地具有完整性与可信度（陈云松等，2015）。

第三节　大数据时代社会科学研究范式的变革方向

什么是研究范式呢？不同学者从不同的角度对范式进行了探讨。总之，范式是进行科学活动的指导思想、研究方法论和研究工具的综合，对于具体的学科领域而言，研究范式是一个基本的研究框架，框架中包含科学研究的规范和结构程序（李怀祖，2004）。在讨论新时代社会科学研究范式的变革方向之前,我们先把自然科学研究的变革过程作为借鉴,自然科学的研究范式经历了 4 个阶段,从定性研究到定量的实验研究,再到仿真研究,再到第四研究范式,产生于 19 世纪末的第四研究范式也被称之为探索科学。研究对象是自然科学研究者们依靠工具获取或模拟产生科学大数据,研究方法是将科学大数据处理并储存于信息空间之中,然后运用计算科学和数据科学进行处理和分析的研究范式。自然科学的研究范式变革到第四研究范式有几个方面的提升,对于错误的兼容性、研究对象样本的全面性、数据之间的关联性等,最本质的变革是其在数据采集和数据处理方面,使得传统研究方法难以解决的一些问题变为可能。

　　社会科学的产生和发展也不是一个一蹴而就的过程,同样经历了很长的变革和演化过程,无论是研究对象、研究理念还是研究方法,都在不停地更新换代,研究范式也在不断地迭代和变革。前面描述到,社会科学与自然科学紧密联系,社会科学的发展很大程度上都依赖于自然科学的发展,可以预测,社会科学研究范式的每一次变革也会收到自然科学研究范式的变革(谢惠媛,2007)。吉姆·格雷(Jim Gray)认为社会科学研究范式经历了经验研究范式、模型研究范式、复杂模拟研究范式和第四研究范式,即将到来的研究范式的革新,是基于数据科学和大数据的研究范式。大数据时代,随着一系列新的技术渗透到人类日常工作和生活中,比如,众多社交媒体平台已经成为人们社交生活中的重要组成部分,深刻地影响着人们的社交方式、日常生活方式、工作方式等。这些技术使得体现在众多平台上的人类的行为被可视化与平台化。还有很多质的改变,这些都使得研究者们对社会系统的认知进程向前了一大步,社会科学的研究进入了全新的阶段。其动力机制的主要外部因素是新时代涌现的一系列新的信息技术、新的分析工具、新的研究方法,这些都是可以被运用到社会科学中并可以解决传统社会科学量化研究难以克服的一些问题和受到质疑的地方,使社会科学的范围、效率和有效性都得到提升。社会科学第四研究范式的实现需要社会科学研究的每个环节,无论是研究对象还是研究方法都需要随着时代进行创新,建立一个全新的社会科学研究框架。可见,这种基于数据科学和大数据的第四研究范式将会促进社会科学研究范式转向真实研究、深度研究、全面研究和交叉研究(陈潭和刘成,2017)。

　　结合前面章节描述的大数据和数据科学对社会科学研究方法转型影响

的理论基础、影响原因以及给社会科学带来的研究范式的变革,本书将大数据和数据科学驱动社会科学范式变革框架表示如图 12-1 所示。

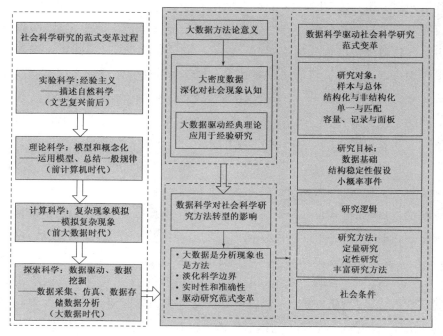

图 12-1　数据科学驱动社会科学研究范式变革

第四节　大数据时代社会科学未来的研究趋势

本书第八章中描述了大数据为社会科学的研究提供了丰富有价值的资源,大数据记录了社会系统中人们行为和事物现象的方方面面,这些都为社会科学的研究提供了丰富而有价值的资源,拓展了社会科学研究的范围和视阈;再加上信息技术、数据科学和计算科学等的蓬勃发展和广泛应用,使得对这些资源的运用成为可能。通过学习相关文献和前人的研究成果,我们借鉴米加宁学者对于数据科学在社会科学中的应用框架的划分将其总结为 5 个相关联的组成部分:大数据的获取与分析、定性研究与定量研究相结合、社会科学计算实验、ABM 仿真建模、基于大数据的社会实验(米加宁等,2018),如图 12-2 所示。人工社会法和社会科学计算实验在本书前面的章节已经有论述,不再赘述。在本章第五节中将论述大数据与社会科学计算实验。

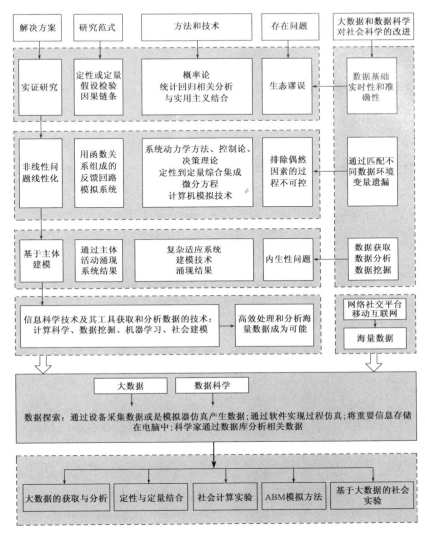

图 12-2 数据科学对社会科学转型影响的应用框架

第五节　大数据与社会科学计算实验的结合

一、基于大数据的社会科学研究

1. 大数据与整体

有研究者提出大数据的革命由以下 3 个方面构成：采集和使用大量的数据，而不是小样本；接收数据中存在杂乱噪声；重视结论，放弃探究产生结果的原因。认为，大数据的特征是拥有巨大的数据，只需要找出相关关系和预测，没有必要去研究因果关系。也不用担心样本选择偏误问题，因为大数据代表所有的数据，意味着它记录了事实的全部。因为计算科学和数据科学的发展让数据科学家找到了处理大数据的技术。

对于这一观点，《Doing data science》一书中提出质疑：即大数据永远不能代表全部。我们经常忽略那些我们最应该关心的事实。书中以 InfoWorld 上的一篇帖子为例，那篇文章举了一个选举之夜投票的例子，这个例子的矛盾之处在于能把所有离开投票站的人都纳入统计，但是我们也还是遗漏了那些从一开始就不打算投票的人，这些是我们忽略掉的很重要的样本，他们那天晚上压根儿就没来投票站，而这些人很有可能是我们需要关注的人群，和他们交谈才能了解我们国家现有投票制度存在的问题，因为他们中很有可能有部分人对政治制度很了解却对投票并不感兴趣。所以，认为"大数据＝整体"这个假设是大数据时代学者们需要研究的问题，因为这种观点很有可能会忽略某个研究事件的重要样本。在统计选票时，我们忽略了因为各种原因没有投票的人。例如某个关于美食的智能推荐系统通过分析线上的大数据为消费者推荐排名靠前的店铺和美食，对我们来说，如果恰恰分析的那部分人群和我们在喜好方面存在很大的差异，那么我们很有可能觉得这些美食并不符合我们的口味。最近，我们在《纽约时报》上发表了一篇关于用大数据方法来招聘人员的文章，正是这篇文章使我们意识到上述观点的问题，文章中引述了一位数据科学家的说法，"让我们把所有东西都放进来，让数据自己说话。"假设你面前有两位资历相当的求职者，一位是男性，一位是女性。阅读他们的简历你发现，相比之下，这位女性求职者跳槽次数更多，获得提拔的机会较少，而且对以前工作过的地方有更多的负面评价。当再有这样的情况出现时，你若通过模型做决策，可能会雇用男性而不是女性求职者。这个例子忽略了女性很大一部分的样本。投票、智能推荐系统和雇佣模型的例子存在的矛盾在现实生活中很可能会产生很多潜在的问题。

2. 大数据聚焦对微观主体的研究

大数据代表全部这一极端观点相反的是另一个极端，即大数据代表微观个体，社会科学量化研究中可以理解为样本量为 1。这在传统的社会科学量化研究中是不可能的，因为个数为 1 的样本不可以推断总体的特征和规律，但是大数据时代对个体的研究可以理解为对微观主体特征的研究。对微观个体的研究非常重要，因为个体是这个社会的组成单元，社会系统的发展是无数个个性化的和主动性的个体的发展推动和组成的，社会系统个体的多元化是社会发展的现象，包括价值取向多元化和行为方式多样化，这一点在当代各个领域都有体现，如个性化定制的产品和个体全面自由的发展等，在当今复杂的社会，传统社会科学量化研究中对总体中的样本做单一行为假设是有其局限性的，内生性问题、样本偏误、相对于现实具有的时空滞后性等。即使社会科学家们运用很多工具或者模型来避免，但大多显得很牵强。

来自各个领域的研究者都在结合自己专业领域的知识尝试各个角度、各个层次、各种方式将自己的研究聚焦到微观主体的研究上，比如自然科学中研究的植物的生长模式、湖泊河流的流动规律等，这些研究对象不是有固定规则或者随机的事件，它们的发生和演化具有内生驱动和涌现（Emergence）的特点。社会科学的学者们一直非常关注个体的心理活动、跨度很长的营销活动或管理活动、连续性的消费者行为，这些活动和行为的量化是很难的。然而，通过全面获取、处理和计算这些微观个体行为活动痕迹留下来的海量非结构数据，社会系统的方方面面都可以被编码化和数据化，从而使得量化分析、研究、预测和控制人类微观活动变得可能。总的来说，数据科学的一系列技术可以将人类的各种活动和现象转化为相对应的数据，那么通过对相应数据的研究便可以期待进而研究人类的行为特质。

我们前面分析了数据科学是自然科学和社会科学之间的重要连接桥梁，数据科学与自然科学的关系自不用多说，那么数据科学和社会科学之间通过什么联系呢？在第九章我们阐述了大数据作为数据科学的研究对象进而发现知识和规律，在此，我们进一步讨论大数据是如何作为社会科学的研究对象来研究个体行为的特征的：一方面，大数据是由社会系统里面的各种微观主题的活动留下来的行为痕迹，对微观层面的大数据进行获取和分析可以发现个体的行为特征。这是相对于传统量化分析中统一行为假设的一个进步，大数据时代的到来是社会发展和科技进步带来的必然趋势，其与社会科学研究的关键结合点是大数据将微观个体在信息空间的所有活动和痕迹都转化和汇集为行为大数据，而这些行为大数据记录和蕴含的价值正是社会科学家们所想要挖掘的规律和知识。另一方面，研究方法上的结合点在于一些数据密集型科学，大数据、数据科学及社会科学领域知识的跨领域融合对社会科学量化研究范式的变革和突破起到了主要的促进作用①。

二、大数据与社会科学计算实验的结合的动力机制

1. 传统社会科学研究方法和社会科学计算实验

前面已经论述传统社会科学的量化研究存在很多难点，内生性问题、数据有效性问题等，社会系统中涉及大量的自主主体意识或心理活动以及社会现象中那些难以用数学语言描述或虽然能描述但无法"求解"的复杂性，使社会科学中的定量分析方法表现出自身的不足。传统计量经济学模型是对过去数据（二手数据）的分析，并且假定历史会重演；而动态随机一般均衡模型的假定太强，实际上很多假设不成立，得出的研究结果必然不够客观（Farmer 和 Foley，2009）。

无论是在自然科学还是在社会科学中，实验研究法一直是非常重要的研究方法。自然科学在使用实验方法时的研究对象的属性比较稳定，发生反应的条件即所包含的规律比较明确，具有稳定性。社会科学研究中使用的实验方法是由具有主观意识的个体直接参与的，目的是为了更直接地反映和表达社会系统主体的心理和行为。个体的行为不像自然科学实验中的研究对象等基本单元那样稳定明确，其具有复杂性、主观性、自主性、动态适应性等特征，而一些社会现象具有不可逆转的特征，必须在具体的时间地点和情境下才存在，即历史不可以重演。所以，社会科学研究在使用实验过程

---

① 王国成. 计算社会科学引论：从微观行为到宏观涌现［M］. 北京：中国社会科学出版社，2015.

中存在很多不确定性、不可重复性等。社会科学实验方法主要用来研究个体行为,这也是实验在社会科学研究中的核心价值,与自然科学中的实验操控法不一样的是,社会科学的实验不可能有完全重复验证和相同的实验操控情境,即使实验操控的各种条件是一样的,实验结果也很有可能不一致,其原因我们在描述社会科学研究对象的特征时已经论述过。总之,实验方法使用于社会科学研究的过程中存在较大的限制。比如,社会问题的实验过程不可以重复、难以复原,社会科学的实验成本较高并需要考虑道德、伦理及法律等因素。

随着计算技术、复杂系统理论和演化理论的发展出现的社会科学计算实验方法为传统实验方法带来机遇,社会科学计算实验被认为是和理论研究、实验研究鼎足而立的科学研究的基本方法。人们可以通过在计算机上构建现实社会系统的模拟系统,以此来研究社会系统的演化规律、系统与环境的交互机制,社会科学计算实验考虑到系统中众多主体的自主性、异质性以及动态环境中不同主体之间相互作用与行为涌现。社会科学计算实验是真实的社会系统中的个体参与的实验与计算机中的虚拟主题参与的虚拟实验相结合。相比于个体的真实实验,社会科学计算实验中的计算虚拟主体在被赋予相应的运行规则之后具有稳定性,不同于社会系统中的微观个体的主观性、不确定性以及不可重复等,进而得出稳定性的结果,同时实验成本较低。

社会科学计算实验方法可以比现有方法更好的处理非线性的行为(Farmer 和 Foley,2009),一方面,决策者可以通过真实行为的模拟和分析更好地解决现实的复杂管理问题,在这个方面,社会科学计算实验方法和基于 Agent 的建模是未来很重要的新的创新性研究方法。另一方面,社会科学计算实验的运行环境是计算机提供的虚拟环境,克服了原来社会问题的实验过程复制不准确、不可以重复、成本高昂等问题。

2. 社会科学计算实验方法面临的问题

社会科学计算实验的发展和运用拓宽了社会科学的研究领域、丰富了社会科学的研究方法,为社会科学的变革和发展带来了新的机遇,需要更多的学者去探索和研究。然而,社会科学计算实验仍然有其需要克服挑战的地方。

（1）社会科学计算实验规律的获取

社会科学计算实验主要是根据研究问题的相关理论和认知基础、已有研究成果、前人研究经验总结和提炼出知识，抽象出共性规律，建立假设和概念模型，并为系统中众多主体设置规则，最后在计算机提供的虚拟环境中运行，从而观察总结规律，对相关问题进行预测和分析。因为真实社会的复杂、客观数据的难获取、技术的制约等因素，整个过程并不是根据真实的社会和客观的数据得出的，那么，如何得到真实社会的发展规律和因果机制？如何设立客观的人工社会模拟系统的运行规则？如何让社会科学计算实验的模型更客观、具有说服力？这些问题依然需要社会科学计算实验探究，也是社会科学计算实验在发展过程中备受关注的问题。

（2）社会科学计算实验的效度问题

社会科学实验研究方法的最大争议之一是其效度问题。自然科学的实验的效度是稳定的，而关于社会科学研究的实验则与自然科学不相同，社会科学实验室内外的实验环境、实验对象的行为操控都是不同的，实验室内外的实验结果有着明显的差异，所以仅靠假设和抽象的概念进行计算实验是很难完成对真实实验分析代替的（王国成，2015）。社会科学家们在运用社会科学计算实验进行研究时通常会使用社会科学计算实验的相关经典模型或者根据研究问题建立的模型对所研究问题进行分析和预测，M. Buchanan(2009)在《Nature》上另一篇文章中讨论了基于 Agent 的建模方法是否可以用于防止和预测下一次的金融危机。这种新的方法更加强调人在各个领域发挥的重要作用，这与现实世界完全一致（Buchanan，2009）。预测是决策的重要前提，对于企业决策而言，正确的预测尤其重要。但是无论是社会科学计算实验的经典模型还是根据研究问题新建立的模型，其信度和效度都是值得研究的问题。因为社会科学计算实验的相关模型在构建之后并没有被验证，那么，直接投入使用会降低其客观性和科学性。

三、数据科学与社会科学计算实验的结合

对于上述社会科学计算实验方法面临的问题和挑战，数据科学的出现具有特别重要的意义，引起了广泛的关注。本书的第三章已经详细论述了数据科学的相关概念、研究内容和研究范畴。数据科学研究的核心内容是数据，包括数据的获取、处理、存储和分析，数据科学技术涵盖多个领域的技

术和理论。数据科学的最终目的就是从获取的数据中挖掘出有用的信息和知识，让数据和信息增值，得出规律并进行预测和决策。本书提出将数据科学与社会科学计算实验方法相结合这一创新，大数据、数据科学与社会科学计算实验的有效结合可以解决原来社会科学计算实验方法面临的一些问题。

1. 大数据包含了丰富的知识和规律

社会科学计算实验无法从真实社会和客观有效数据中获取规律，而是根据理论基础和已有研究成果进行抽象和提炼，因此在获取知识和构建概念模型的过程中缺乏真实性、实时性、客观性等问题。因为人类行为有其特殊的复杂性特征，是很难精确量化的，所以需要用一种补充的方法来获取个体的差异化特征，结合社会科学计算实验检验共性特征。而对于社会系统中个体产生的行为大数据包含了丰富的知识和规律，将大数据和社会科学计算实验相结合即差异化和共性的结合。大数据和社会科学计算实验结合运用的核心内容包括以下几个方面：第一，运用大数据相关技术获取与人类真实行为相关或者体现个体真实行为典型特征；第二，通过大数据挖掘和深入观察发现个体行为规律；第三，根据真实行为关键特征提出假设，决定导入的模型的类别、采用的分析方法和途径，结合社会科学计算实验中的仿真或人工社会等方法提炼主体行为的本质特点，然后根据所得规律为虚拟的主题赋值并设置运行规则，以计算机为虚拟的实验环境进行重复实验。通过数据科学相关技术获取大数据，拓宽研究的素材和知识来源，更重要的是对于大数据的挖掘和分析可获取更加丰富的规律和信息，使得社会科学计算实验方法所建立的模型具有实证数据的支持，增加了社会科学计算实验的实时性和科学性。

2. 大数据基础上的模拟实验

社会科学计算实验方法的相关模型和平台是根据研究问题的相关理论基础和知识所构建的，在模型建立完成之后会直接投入使用，并没有进行验证。因缺乏验证的素材和数据，即使素材和数据是客观存在的，获取素材和数据以及分析和挖掘其过程所需要的成本和技术也是一大难关。大数据的出现为此带来了机遇，将社会科学计算实验方法与数据科学相结合，可以在模型构建完成之后，获取与研究问题相关的大数据，并运用数据科学相关技术进行挖掘和处理，进而对社会科学计算实验进行验证。大数据和社会科学计算实验的结合运用提升了社会科学计算实验预测和决策的准确性。本部分的主要目的:描述应用于社会科学研究的大数据有哪些特征,然后简要概述大数据与社会科学计算实验的结合趋势。

总之,将大数据技术与社会科学计算实验结合起来主要有以下3点优势:(1)两者的结合运用主要目的是更好地获取微观个体真实的行为特征、与其他行为个体之间的动态关联及其在特定环境中动态发展的规律。通过对真实获取大数据的分析和处理发现的规律和知识更加客观和真实,在某种程度上补充了社会科学计算实验仅仅根据相关理论和认知基础设置虚拟主体运行规则这一方式,可以更真实地还原个体的行为模式,使研究结论具有更强的真实性、解释性、预见性和验证性。(2)对行为大数据的获取和处理可以很好地完成预测和控制的任务,但大数据知识客观存在的数据本身不代表任何事物,特别是产生这些数据的社会系统中的个体与现象的心理和态度以及这些状态的演变过程。所以,在大数据分析的基础上进一步借助社会科学计算实验对与真实社会情景和单元的模拟,并且与不同专业领域知识相结合进行综合演绎,对于大数据分析也是一种补充。(3)大数据对于个体行为的差异化研究与社会科学计算实验的共性研究相结合,更加全面和深入地分析人的行为,探索社会系统中宏观现象的微观层面的原因、机理机制和演化过程,以及微观个体对环境的动态适应性。

四、基于大数据的社会科学计算实验平台设计

在社会科学计算实验平台设计过程中,最为关键的是分析个体的行为,即在大数据获取与分析的基础上获取所研究的行为变量之间的关系,找到变量之间相互影响的原因和机理机制。社会科学计算实验包含的一些实验技术,如人工社会等,可以有效规避真实社会实验中的样本量问题、选择性偏差问题、实验场景设定等问题。将微观个体的行为如何聚集演变成宏观现象的过程通过计算机环境再现,并将其中的机理机制、演化过程和涌现过程直观地呈现出来。用社会科学计算实验中的虚拟社会中的虚拟主题代替现实社会的个体的活动,并且可以根据真实动态变化的环境对虚拟场景进行调整和校正,在计算实验中的一些实验操控相较于真实社会成本更低、也更加便捷有效。而且,可视化的结果便于研究者更直观的观察。由真实社会中的人类主题到虚拟主体的映射,从微观视角到宏观视角的发展,把真实

行为和活动过程与计算实验的过程环节连起来，构建起的一体化模型就可作为计算实验平台。

　　用计算实验方法研究社会科学，从理论上讲只有能够生成、检验的社会科学才更具有科学的品质。从技术路线上看是自下而上（Bottom-up）与自上而下（Top-down）的结合，是通过大数据和网下与网上的交易行为来实现大数据与社会科学计算实验的结合；而且还具有自然科学与社会科学的跨学科交叉、科学与人文的融合的一体化（王国成，2015；王国成，2016；王国成，2013）。社会科学计算实验的内容极其丰富，具有鲜明的人文特征。首先是其交互特征。即人与自然的交互、人与人之间的交互、人与集体的交互、微观和宏观的交互、人机交互等。其次是在第六章介绍社会科学计算实验的开始部分我们分析了社会科学的可计算性，计算实验即实现人类行为计算的一种方式。大数据是对大量多源、多态和异质的原始信息，对海量的分布式异构信息进行必要的整合、管理和吸纳，方便用户存取，促进人类参与发现过程，大数据与社会科学计算实验的结合形成社会科学与数据科学的相互促进的良性互动（Attewell 等，2015）。基于大数据的社会科学计算实验的关键点是：通过对大数据的获取和分析得到人的行为特性并尽可能完全映射到社会科学计算实验中，实现真实实验和计算实验的有机连接和动态仿真。具体说就是用行为和实验方法测量关键参数和心理阈值，采取将宏观模型的结果作为微观主体反应的条件和联结点，运用综合集成方法构建一体化模型（王国成，2015；王国成，2013）。

本章小结

　　本章的主要目的是描述数据科学对社会科学研究方法的影响。首先介绍了数据科学与传统量化研究的区别，从 3 个方面分析：科学研究范式的不同、数据获取方式的不同及数据分析方式的不同；然后分析数据科学与传统社会科学量化研究的整合，同样是从科学研究范式、数据获取方式和数据分析方式 3 个方面研究；接着分析了数据科学驱动社会科学研究范式变革的机理机制；最后总结了数据科学应用于社会科学的未来研究趋势。本章的核心内容是创新性地提出了将社会科学计算实验方法与大数据相结合这一方法。

参考文献

[1] Boyd D, Crawford K. Critical questions for big data: Provocations for a cultural, technological, and scholarly phenomenon[J]. Informacios Tarsadalom, 2012, 15(2):662 - 679.

[2] 李金昌.大数据与统计新思维[J].统计研究,2014,31(1):10 - 17.

[3] Gray J. Notes on data base operating systems[C]//Operating Systems, An Advanced Course. Springer-Verlag, 1978, 60:393 - 481.

[4] 蒋家河,陈振华.风险传播视角下对大数据的反思[J].青年记者,2016(18):28 - 29.

[5] 刘红,胡新和.数据革命:从数到大数据的历史考察[J].自然辩证法通讯,2013,35(6):33 - 39.

[6] 汪雅霜,嵇艳.大数据分析与量化研究的区别与整合——兼议教育量化研究的未来走向[J].四川师范大学学报(社会科学版),2017,44(4):36 - 41.

[7] 王国成.行为大数据,通宏洞微与人类决策——计算社会科学的兴起与发展[J].科研信息化技术与应用,2015,6(6):3 - 11.

[8] 谢惠媛.社会研究范式的三次转变[J].云南社会科学,2007(6):50 - 53.

[9] 冯天荃.量化研究与质化研究:社会科学领域两种对立的研究范式[J].南京师大学报(社会科学版),2008(4):92 - 96.

[10] 闫永琴,焦斌龙.现实与科学:现代主流经济学研究范式的选择[J].社会科学,2008(1):42 - 45.

[11] 李怀祖.管理研究方法论[M].2版.西安:西安交通大学出版社,2004:131.

[12] 陈泓旭.大数据下地理信息的获取以及服务方式的转变[J].科学技术创新,2018(6):93 - 94.

[13] 耿直.大数据时代统计学面临的机遇与挑战[J].统计研究,2014,31(1):5 - 9.

[14] 韩炯.从计量史学迈向基于大数据计算思维的新历史学——对当代西方史学量化研究新发展的思考[J].史学理论研究,2016(1):65 - 74.

[15] 方环非.大数据:历史、范式与认识论伦理[J].浙江社会科学,2015(9):113 - 120.

[16] 晋欣泉,王林丽,杨现民.基于大数据的在线学习情绪测量模型构建[J].现代教育技术,2016,26(12):5 - 11.

[17] 陈志武.量化历史研究的过去与未来[J].清史研究,2016(4):1 - 16.

[18] 陈云松.大数据中的百年社会学——基于百万书籍的文化影响力研究[J].社会学研究,2015(1):23 - 48.

[19] 唐文方.大数据与小数据:社会科学研究方法的探讨[J].中山大学学报(社会科学版),2015(6):141 - 146.

[20] 陈云松,吴青熹,黄超.大数据何以重构社会科学[J].新疆师范大学学报(哲学社会

科学版),2015(3):54 - 61.

[21] 张羽,李越.基于MOOCs大数据的学习分析和教育测量介绍[J].清华大学教育研究,2013,34(4):22 - 26.

[22] 赵慧琼,姜强,赵蔚,等.基于大数据学习分析的在线学习绩效预警因素及干预对策的实证研究[J].电化教育研究,2017(1):62 - 69.

[23] 魏瑾瑞,蒋萍.数据科学的统计学内涵[J].浙江临床医学,2014,31(1):3 - 9.

[24] Riccardo B. Behavioral computational social science［M］. NJ Hoboken：Wiley，2015.

[25] Cioffi-Revilla C. Introduction to computational social science［M］. London：Springer，2014.

[26] Attewell P，Monaghan D，Kwong D. Data mining for the social sciences：An introduction[M]. California：University of Press，2015.

[27] 王国成.行为大数据与计算实验——探索经济研究新方法[J].天津社会科学,2016(3):86 - 92.

[28] 沈浩,黄晓兰.大数据助力社会科学研究:挑战与创新[J].现代传播(中国传媒大学学报),2013,35(8):13 - 18.

第十三章　移动 App 网络可见性实证研究

本章是一个关于移动 App 网络可见性的实证研究,提出网络可见性范式和用户敏感度构念,以环境心理学、马太效应、信息采纳模型为理论依据,探究移动 App 过载的背景下社会环境相关因素对用户的影响。选取在线评论的质量、在线评论的数量、App 下载量、社会网络关系影响、App 开发商的品牌影响力和与其他 App 的关联性作为 5 个主要的影响因素,将信息的有用性作为中介变量、用户敏感度作为调节变量放入模型中。提供了一种崭新的对于互联网的阐释策略,构建移动 App 网络可见性的影响因素模型,为社交 App 的推广带来了新的视角,也为第十四章社交化 App 网络可见性代理仿真建模研究提供相关的理论基础。

第一节　研究背景

信息技术产业的高速发展迎来了移动互联网时代,随着智能移动终端、社会网络和社会化媒介的快速普及,市场上涌现各类移动应用程序(App)。移动 App 是移动互联网的核心载体,具有实时性、随身性、互动性等特点。新时代人们的生活和工作节奏不断加快,学习、休闲、工作的时间都呈碎片化趋势,需求也更加多样化。移动 App 的涌现和发展满足了人们碎片化的信息和服务需求,同时移动 App 相对于传统实体产品更易获取和操作,使用户通过移动 App 可以随时随地获取信息和享受服务。移动 App 作为各种便捷移动服务的载体,逐渐成为人们日常生活的一部分,市场上已涌现出各类移动 App,如旅游类、社交类、游戏类、购物类、理财类、学习类等等(Cho,2015)。移动 App 的数量呈现出爆发式增长,但移动 App 存在数量超载、同类 App 同质化严重等问题,这也是用户选择和使用移动 App 过程中的主要问题。并不是每个应用服务商提供的移动 App 都能取得用户的青睐,如何取得较高的行业份额是每个移动 App 开发商要考虑的重点问题。通过对 2010 年到 2018 年有关移动 App 的文献进行计量分析,得出研究方向主要包括影响 App 下载的因素、用户对 App 的使用意向和持续使用意愿、用户购买付费 App 的因素、目标用户、社会网络、用户体验、朋友圈、交互设计、营销策略等。本章是一个关于移动 App 网络可见性的实证研究,提出网络可见性范式、移动 App 社会网络关系、用户敏感度和用户的社会网络关系等概念,以环境心理学、马太效应、信息采纳模型为理论依据,探究移动 App 网络可见性的影响因素和机制。选取移动 App 的社会网络关系为主要影响因素,信息可用性作为中介因素,客户敏捷性、用户敏感度、用户社交关系网络作为调节因素,在线评论的质量、在线评论的数量、移动 App 下载量、App 开发商的名声作为控制变量放入模型中。本章提供了一种新的思路,构建了移动 App 的网络可见性的影响因素的理论模型,为移动 App 的推广带来了新的视角,也为第十四章移动 App 网络可见性代理仿真建模研究提供相关的理论基础。

第二节　理论背景与文献回顾

一、信息采纳模型

Sussman 和 Siegal 将精细加工可能性模型与组织中基于在线媒体交流的知识采纳应用于组织内在线媒体交流方式下的知识采纳,即将信息采纳模型与知识采纳相结合提出了信息采纳模型,见图 13-1。信息采纳模型认为信息的质量和信息源的可靠性直接影响信息的可用性,信息的可用性又影响信息的采纳。信息质量对应 ELM 模型中的中心路线,信息源可靠性对应信息采纳模型中的边缘路线(任卓异等,2017)。对模型进行检验时,信息质量使用完整性(complete)、一致性(consistent)和准确性(accurate)来进行测量;信息源的可靠性利用信息撰写者在该领域的专业性和撰写者个人的可信任度和可靠性来进行测量(Sussman 和 Siegal,2003)。信息采纳模型已在不同情境下用于研究信息可用性,即社交媒体情境、在线论坛情境、在线评论情境等。在移动 App 的市场中,用户与应用程序的开发商以虚拟社区为媒介进行沟通,用户对移动 App 相关信息的处理即感知信息的有用性,进而选择是否采纳信息(李贺等,2018)。因此,本书选择信息采纳模型作为移动 App 网络可见性研究的基础。

图 13 - 1　信息采纳模型

二、客户敏捷性的研究进展

产品开发人员需要具有检测和响应嵌入在线评论中的需求的特定能力,这种能力被称为客户敏捷性(Roberts 和 Grover,2012)。敏捷性在近年来的信息系统文献中得到了广泛的重视。它反映了组织适应不断变化的环境,以及在不断变化的环境中发现和捕捉机会的能力。虽然一些研究讨论敏捷性作为组织能力,以应对竞争对手、供应商和市场的变化,但是客户敏捷性是敏捷性最常用的(Sambamurthy 等,2003;Roberts 和 Grover,2012)。客户敏捷性本质上是关于部署资源以响应快速变化的市场条件,以及开发例行程序以寻求提高响应新兴需求的有效性(Zhou 等,2018)。大部分研究是关于组织敏捷性的影响因素(IT 资源、组织能力、信息系统等)及这些因素如何影响组织敏捷性等研究。曾德麟等人以东方红小卫星公司为案例对象,探讨企业如何实现复杂产品研发敏捷性的过程与机制,探讨信息技术(IT)能力与组织管控能力影响复杂产品研发敏捷性(曾德麟等,2018);高沛然和李明以信息系统与运作领域相关文献为基础,构建了组织不同 IT 资源对运作敏捷性影响的理论模型(高沛然和李明,2017);其他研究涉及组织敏捷性的形成机理、敏捷性与组织绩效之间的关系等(Jing 等,2010;周华和周水银,2014)。IT 资源被广泛认为是敏捷开发的关键资源(Sambamurthy 等,2003;Roberts 和 Grover,2012)。越来越多的研究已经开始认识到需求嵌入到客户生成的内容中,如社交媒体、支付记录和在线客户评论(Xie 等,2016)。因此,我们认为客户敏捷性可以被视为企业大数据投资的关键结果。此外,在 IT 行业的产品开发级别,某些强调开发灵活性的系统开发方法(例如极限编程)也促进了敏捷性。

三、环境心理学的定义

环境心理学的概念核心是人，它是一门研究人的行为、思维与周围物质之间关系的学科，这门学科认为人会受周围环境的影响，同时周围环境也会受人的影响，人与环境相互作用。费舍(Fisher)等人认为，环境心理学是研究行为与自然环境之间关联的学科，结合客观和主观两个方面研究个体与个体所处环境之间的关系(Fry，1990)。个体的心理活动和行为活动一方面会受所处环境的影响，另一方面，个体的心理活动和行为活动会根据个体特征和动态的环境从而改变或者适应所处的环境，两者是相互联系和影响的。学者对环境心理学界定上的主要区别在于对自然环境与物理环境在人类行为和活动中所起作用和重视的程度不同造成的，但是之间有着根本的一致性，都认同或者肯定、重视人与环境之间的相互关系①。

四、马太效应

在一次竞争中的优胜者占据了有利的位置，在下一次竞争中更容易取得优胜，概括为"马太效应"(Matthew Effect)(宋冰冰和王海艳，2005)。该观点影响到现代经济学中的赢者通吃的理论。戚海峰运用实证研究法在一定程度上解释了消费者在消费过程中所体现出的从众心理，也是马太效应在消费领域的体现(袁纯清，2002)。正如潜在用户会受应用程序的下载量的影响，选择较高下载量的应用程序进行体验使用。这就导致了在应用程序市场中，也会出现马太效应。初期取得较高下载量的应用程序将处于有利的竞争地位，在之后的竞争中更容易胜出，并且更多的宣传资源、客户资源都会流向该应用程序，形成优势积累。用户在选择移动 App 的过程中也会受周围人和自身所处社会关系的影响。

---

① Noel W. Smith. 当代心理学体系[M]. 郭本禹，等译. 西安:陕西师范大学出版社，2005：377.

第三节　概念模型及研究内容

一、研究一：移动 App 的社会网络关系影响信息可用性的作用机制研究

1. 研究目的

移动 App 已经渗透到人们生活的各个方面，不仅涉及人们的衣食住行，更是与人们的支付方式、娱乐活动、工作形式等紧密相连。市场上出现了不同类别的移动 App 以满足用户不同方面的需求。例如，微信 App 用来满足人们的社交需求、支付宝 App 是针对商家和用户的货币流通的需求、美团外卖 App 使得人们足不出户就可以享受各种服务、携程旅游 App 帮助人们规划旅游等等。大部分用户的手机里都会有不同类型的移动 App，而这些 App 之间往往存在联系。所以，不同类型或者同类型不同开发商的移动 App 的选择和时间使用之间存在依赖和共生的关系。Han 等人通过实验证明在给定的一周内，所有用户至少访问了两类移动内容。大约 98.3% 的用户在一周内访问了超过 4 类的移动内容（Han 等，2016）。根据信息采纳模型，信息接收者会受两条路线上的信息影响，中心路线指信息的核心，当用户采取中心路线时，主要考虑信息本身的内容和质量。移动 App 与其他 App 的关联性会影响应用程序相关信息的质量。因此，本研究提出移动 App 的社会网络关系影响对于移动 App 信息可用性会产生影响，并探索其影响机制。

2. 理论与假设推导

（1）移动 App 的社会网络关系与信息可用性

在本书第五章介绍了社会网络分析方法，在这里我们将移动 App 的社会网络关系理解为移动 App 与其他 App 的共生关系。"共生"源于希腊语，是指不同种属按某种物质联系而生活在一起。共生现象不仅存在于生物界，而且广泛存在于社会经济系统（黄小勇和陈运平，2012）。袁纯清较早完整地使用了共生方法，从经济学的角度较为系统地表述了共生理论，将其引入我国的小型经济的研究，并引出了金融共生理论概念（袁纯清，2002）。Cecelja 等对企业的共生现象进行了研究，并提出了新的工业共生范式

(Cecelja，2015)。徐彬从企业共生理论的 3 个基本概念出发，对企业的共生单元、共生环境、共生界面进行了论述(徐彬等，2010)。庞博慧等研究了生产性服务业和制造业之间共生演化的机制及模型(庞博慧和郭振，2010)。国外最新的研究如 Fraccascia 等对企业共生网络影响进行了分析(Fraccascia 等，2017)。邵云飞运用共生理论对物联网协同创新过程中的共生关系、形成条件和运动规律进行研究，探讨以电信运营商为主导的物联网协同创新共生。企业共生理论可进一步扩展应用到移动 App 上，本研究中的共生现象体现为 App 与其他平台之间的关联性，即移动 App 的社会网络关系：(1) 与其他 App 实现互联及信息共享，如微信平台和 QQ 平台。(2) 利用其他平台推广，新开发的 App 通常会放在 AppStore、Android market 或者其他应用程序平台上进行推广。当移动 App 与其他平台之间的关联性比较强时，一方面，此应用程序或平台为消费者带来的价值会增大，意味着消费者选择下载应用程序并在今后的使用过程中所获取的价值会更多，例如，某购物 App 在支付的时候可以用微信和支付宝支付，会促进交易的完成，也会为消费者的使用过程带来便捷，用户也更愿意接受这类信息；另一方面，如果移动 App 与其他平台的关联性较强，用户在使用其他应用程序的时候会接触到移动 App 的相关信息，增加移动 App 相关信息的可信度和采纳程度，因此我们得出以下假设：

H_1：移动 App 的社会网络关系与用户感知信息的有用性正相关，即移动 App 的社会网络关系越强，信息的有用性越强。

(2) 在线评论的客户敏捷性的调节作用

Park 等定义信息质量为：信息满足信息接收者需求的程度。评论的质量即评论的内容，是从信息特征的角度进行描述，如相关的、易懂的、充足的和客观的，这样的评论质量是高质量的评论。评论的质量一直被认定为说服和沟通的主要标准(Park，2007)。许多文献表明，在市场中用户更注重评论的内容。高质量的评论是可以理解的、客观的，比情绪化的、主观的低质量评论更有效率。Jiménez 等研究指出，质量更加可靠的评论信息会提高消费者的购买意愿。当评论有说服力时，通过评论，用户认为该信息对自己是有用的，他们便很容易发现自己所需要的 App(Jiménez 和 Mendoza，2013)。而如果移动 App 的在线评论的客户敏捷性越高，意味着产品开发人员检测和响应嵌入在线评论中的需求的特定能力越高，用户的需求较好地嵌入到客户生成的内容中。当移动 App 在线评论的客户敏捷性较高时,会进一步促进在线评论质量的提高,从而进一步提高移动 App 相关信息的有用性。因此提出如下假设:

H₂:在线评论的客户敏捷性对移动 App 的社会网络关系与信息可用性之间的关系有正向调节作用,即在线评论的客户敏捷性越高,移动 App 的社会网络关系对信息有用性的正面影响越强。

二、研究二:用户的社会网络关系影响信息可用性的作用机制研究

1. 研究目的

用户在虚拟社区的活动和行为不是独立的,相互之间存在关联。环境心理学认为,人会受周围环境的影响,同时周围环境也会受人的影响,人与环境相互作用。比如基于马太效应,有学者认为消费者在消费过程中会体现出从众心理(袁纯清,2002)。例如潜在用户会受应用程序的下载量的影响,倾向于去选择较高下载量的应用程序进行体验使用。这就导致了在应用程序市场中,也会出现马太效应。初期取得较高下载量的应用程序将处于有利的竞争地位,在之后的竞争中更容易胜出,并且更多地宣传资源、客户资源都会流向该应用程序,形成优势积累。所以,用户的社会网络关系会对信息可用性产生影响。根据信息采纳模型,信息接收者会受两条路线上的信息影响,边缘路线指与信息内容间接相关的问题,当用户采取边缘路线时,主要考虑信息来源的可靠性。而用户的社会网络关系是与信息核心间接关联和信息来源可靠性的主要因素。因此,本研究的主要目的是研究用户的社会网络关系对信息有用性的影响和作用机制。

2. 理论与假设推导

(1)用户社会网络关系与信息可用性

用户社会网络关系影响指的是用户选择会受其所处的社会网络关系的影响,其社会网络关系由朋友、同事、上级等组成(Bhattacherjee,2000),信息的来源是自己所处的社会网络关系,所以称之为社会网络关系影响。Yang 等人指出,人们生活在这样一个世界里,他们相互联系、共享信息、互惠推荐、观察学习、彼此认同,并形成一个相互交织的社会关系网络,每个人在其中有一定的影响力并受其他人的影响(Yang 和 Allenby,2003)。当人

们发现某种行为已经成为其社会关系网络中的一种流行行为时,他们往往也就会选择追随,心理学家们将这种影响称为"同伴影响力"。当个体感知的不确定性越强,社会关系网络对他的影响会增强。当人们对所处环境和变化越多未知时,通常会难以自己做决定,而是向外人和所处社会关系网络寻求答案,在获知他人的行为信息后,会有强烈的反应,并且对方与自己相似程度越高,其信息对自己的影响就越大。当用户对自己所需的 App 没有明确的目标时,同伴作为一个非常重要的社会群体,会根据他们的需求向其推荐自己使用或了解的 App,用户也会从同伴使用或推荐的 App 中来衡量是否符合自己的需求。因此,本书得出如下假设:

H₃:用户社会网络关系与信息可用性正相关,即用户社会网络关系的影响越大,信息的可用性越强。

（2）用户敏感度的调节作用

敏感度分析在经济领域中是指研究某些因素发生变化时对投资项目经济效益的影响。Kapferer 和 Laurent 在他们 1983 年的论文《品牌敏感度——品牌管理的一个新概念》中首次明确提出了品牌敏感度这一概念,Kapferer 和 Laurent 认为在品牌敏感度的方法下,品牌的强度被度量,不是基于它的市场份额,而是基于那些对品牌敏感度的客户数量。Kapferer 和 Laurent 认为的品牌敏感度指的是消费者在购买选择过程中是否重视品牌(Kapferer 和 Laurent,1988)。价格敏感度是指消费者对产品价格变化或差异的感知和反应程度。消费者价格敏感度的影响因素有两类,即产品因素和消费者个人特征。其中,产品因素的影响主要表现在产品的重要程度、专用性和可替代性等。消费者个人特征的影响主要表现在人口统计特征、产品知识、感知价值等(朱强和王兴元,2016)。可以发现,社会科学领域的敏感度通常指用户对某一因素的重视、感知或反应程度。而用户敏感度在目前的文献中并没有找到相关的构念以及定义。本书中的用户敏感度表示用户受环境的影响程度,主要是指用户市场中对周围信息和社会关系影响的感知程度和反应程度。用户敏感度会在用户社会网络关系对信息可用性的影响过程中起到调节作用。

H₄:用户敏感度对移动 App 之间的关系与信息有用性有正向调节作用,即用户敏感度越高,移动 App 之间的关系对信息有用性的正面影响越强。

三、研究三：信息可用性影响移动 **App** 网络可见性的作用机制研究

1. 研究目的

美国 Rogers 教授在《创新扩散》中定义了创新的相对优势、兼容性、复杂性、试用性、可观察性 5 个特征，并指出这 5 个特征将会影响用户是否接受该种创新。对于一个移动 App 来说，这 5 个特征都是其功能和质量的具体表现，而可观察性却是移动 App 在市场中的外在表现。Rogers 对可观察性的定义如下：此项创新被用户观察到的可能性（Roger，2003）。如果一项创新的可观察性比较高，它将会更容易在用户所在群体中传播和使用。对于移动 App 来说，下载量、用户的评价、周围使用者的人数、使用者的态度等等都代表着社交化应用的可观察性。本书仅从网络可观察性角度进行研究，不涉及移动 App 的功能和质量方面。Moore 等将可观察性拆分成两个独立的构念，分别是结果展示与可见性。结果展示是指用户使用这种创新的结果的可展示程度，而可见性是指潜在用户能够观察到这种创新的可能性，比如在公司中或者在朋友中看到别人正在使用该种创新的可能性。因为本书研究的是网络虚拟的移动 App，网络可见性也是重要的组成部分。网络可见性在目前的文献中并没有找到相关的构念定义。新范式的提出是与当前信息环境下对理论研究的要求相符合的，许多研究者习惯性地沿用传统范式分析互联网，未能充分揭示互联网的独特性，致使相关研究受到很大的局限。"可见性"范式突出强调了公众通过信息方式获得了可见性（Moore，1991）。本书根据 Rogers 提出的可观察性提出移动 App 网络可见性构念，并提出移动 App 相关信息的可用性对移动 App 的网络可见性具有正向影响并探索其应用机制。

2. 理论与假设推导

信息的可用性是指用户对移动 App 相关信息的一种看法。苹果或者安卓应用商店这样的虚拟的平台上，有关 App 新的信息、评论和意见将被阐述，用户通过这个虚拟的平台能够获取关于移动 App 的信息。如：通过在线评论了解其他用户对该 App 的看法与意见；从 App 的评级可得到目前 App 应用的排名，了解目前哪些应用最受用户欢迎；通过 App 开发商的品牌影响力，得到 App 的知名度，增加用户对 App 的信任；从社会网络关系的影响能得到自己身边的朋友常常使用的 App，寻找与社会关系网络中

相似的需求。当用户认为这些信息是有价值的、有益的、有帮助的,他们将产生更强烈的意愿去采纳这些信息,花费更少的时间和努力找到需要的应用。因此,本书得出如下假设:

H₅:信息的可用性与移动 App 的网络可见性正相关,即信息的可用性越强,移动 App 的网络可见性越强。

综上所述,我们构建了移动 App 网络可发现性影响因素的概念模型,如图 13 - 2 所示。

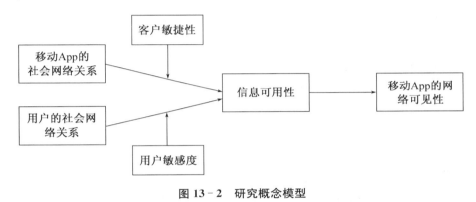

图 13 - 2　研究概念模型

第四节　变量测量

一、客户敏捷性的测量

本研究采用基于 SVD 的客户语义关键词相似度度量客户敏捷性(Zhou 等,2018),在我们的研究中,客户敏捷性是一个核心变量,我们将其定义为产品开发人员能够有效地检测和响应客户需求的程度。我们的研究将其操作为嵌入在线客户评论中的客户需求信息与产品更新的发布说明的程度。由于文档的不同作者(例如客户评论和产品发布说明)具有不同的背景、专长和经验,因此当提到相同的主题时,他们很可能使用不同的术语。因此,我们需要一种文本相似度的方法来解决同义词和多义词的问题。在本研究中,我们基于 SVD 的语义关键词相似度方法来计算客户敏捷度。即使两个文档中的关键词不完全相同(Zhou 等,2018),关键词相似性方法也被用于获取信息提供者的专业知识和问题描述之间的相似程度。此外,本书还利用隐含语义分析中的关键词降维法——奇异值分解（LSA）对关键词相似性方法进行了改进，进一步提高了算法的效率。扩充是必要的，特别是在大文本数据分析的背景下，其中词汇范围可以广泛。

二、其他变量的测量

移动 App 网络可见性实证研究的概念模型中，用户社会网络关系采用 5 个题项进行测量（Kim 等，2011）；移动 App 社会网络关系采用 3 个题项进行测量；信息的有用性用 2 个题项进行测量（Bailey 和 Pearson，1983）；用户敏感度用 5 个题项进行测量；移动 App 的网络可见性采用 4 个题项进行测量（Song 等，2014）。移动 App 网络可见性实证研究的概念模型中的变量如表 13-1 所示（任卓异，2017）。

表 13-1 变量表

指标	测量问项
用户的社会网络关系	推荐 App 的朋友数量 推荐 App 的有影响力的人的数量 我会考虑朋友下载的 App 我会考虑朋友推荐的 App 我会考虑对我有影响力的人推荐的 App
移动 App 的社会网络关系	与 App 相关联 App 的数量 与 App 相关联 App 的质量 与其他 App 相关联性对我的重要性
信息可用性	我从线上得到的 App 信息是有用的 我从线上得到的 App 信息是有帮助的
用户敏感度	用户对 App 的在线评论的敏感度 用户对 App 的下载量的敏感度 用户对 App 的开发商口碑的敏感度 用户对同伴影响的敏感度 用户对与其他 App 关联性的敏感度
App 的网络可见性	关注到 App 是容易的 关注到 App 是花费很少时间的 从应用商店、论坛、社交 App 或网页等渠道的引导找到所需要的 App 是很快的 从应用商店、论坛、社交 App 或网页等渠道找到 App 是简单的

第五节　管理启示与研究局限

一、管理启示

本书借助于实证研究方法,探讨了社会环境相关因素对 App 网络可见性的影响。研究结果表明,在线评论的质量、在线评论的数量、App 下载量、App 开发商的口碑、同伴影响和与其他 App 的关联性对用户感知信息的有用性有显著正向影响,以及用户敏感度对 App 网络可见性的影响本书的研究结果为应用商店及应用开发商提供了以下几方面的启示:

(1) 提升客户敏捷性

首先应该建立专业的在线评论评估体系,应用商店平台及 App 开发商应该加大重视在线评论的信息管理(任卓异等,2017)。一是规范用户评论。二是应用商店通过一些奖励措施鼓励用户发表评论或者给 App 评级,提高 App 的评论数量。三是可提供一个专门用于用户分享信息、评价应用使用感受的平台。四是可在应用内部设置诱导性提示框,向一些指定的用户发送提示框,询问用户对产品的体验。五是提升应用商店和应用开发商的应急处理能力。对于客户的反馈给予及时的反馈和处理。重点是应用程序的产品开发人员需要重视产品的在线评论,获取用户的想法和意愿,针对性地进行产品改进和创新,以进一步满足客户真实的需求。提升产品开发人员的客户敏捷性,进一步提升产品在线评论的质量和数量,进而提升产品相关信息的有用性。

(2) 快速积累用户数并采取措施维持

在社交化 App 刚上线时,即运营初期,一定要快速积累用户数。首先,宣传力度要大,最好在社交化 App 推出市场前就要有一定的宣传基础,增加社交化 App 的知名度,让潜在用户对其感到不陌生;其次,社交化应用的定位要清晰,针对自己的主要用户群体进行推广,比如社交化应用的针对群体是年轻人,在选择代言人时可选择年轻人喜欢的偶像;最后,可以选择传播力度较大的平台和流量较大的群体来影响和带动潜在用户选择社交化 App,迅速拉拢潜在用户。在迅速增加潜在客户的同时,需要一定的措施维护下载客户,推出一些活动对下载用户给予相关奖励,促进已有用户自发宣传社交化 App,影响身边的社交圈,吸引更多用户下载体验社交化应用;在社交化应用运营过程中要吸取用户反馈,不断改进,增加用户体验。

（3）保持下载量的增速

宣传活动不能仅仅停留在开始阶段,在社交化应用取得较好的开端以后,定期推出宣传活动、分享得红包、签到得积分等等,任何宣传活动一定要以下载量是否增加为衡量的标准,设计线上反馈机制,每一次宣传活动结束都要分析效果以更好地推进下次宣传活动。每次的宣传推广活动的设计都需要有针对性和实时性,考虑社交化应用该时段的运营情况和用户特征,并且相应的促销活动要保持一定的力度,以维持社交化应用下载量的增速。在社交化 App 设计时,首先,信息传递要清晰、明确;其次,操作方式要简单、方便;最后,要使用户使用时心情愉悦。为了维持用户并保持持续增长、加强口碑,需在设计 App 产品时从用户体验的角度出发,摒弃以程序员为核心的 App 设计模式,注重社交化 App 各个交互环节用户体验度的营造,以用户体验为中心。

（4）增加与其他 App 的关联性

借助其他平台创建社交化应用,或者是与其他应用程序合作,比如账号互通。现在很多社交化应用程序都不需要单独注册账号,而是可以使用 QQ、微信或者微博账号登录,这样客户无须重新注册就可使用,不仅增加了客户使用该种应用程序的可能性,而且可以通过其他平台已有的用户,增加用户的同时可获得更多的用户资料,研究客户特性,推出针对性的宣传和设计,从而保持用户;应用服务商在设计社交化 App 时可以设计与其他应用打包下载,这样可以利用其他成熟平台的用户基础迅速积累自己的用户。选择与好的平台合作并结合更加有趣的营销方式去推广社交化应用。好平台的定义简单说来就是用户浏览量大、总下载量大、用户口碑良好,以增加社交化 App 被看到的概率。同时注意建立与用户的深度交互,以保证用户黏性。

二、研究局限

本研究仍存在很多不足之处。首先,可将影响 App 可发现性的因素进一步扩宽,如分析用户个人的因素和市场相关因素对 App 可发现性的影响,以及对用户发现 App 应用的后续行为进行分析,比如用户在选择移动

App 以及持续使用方面如何做决策。这些方面未来可以进一步探索。其次,在研究方法方面,国外多所著名大学如美国普林斯顿大学、密歇根大学等都率先积极开展跨学科的计算实验研究,以解决传统研究方法无法解决的某些领域的复杂问题。Armer & Foley 在《Nature》出传统计量经济学模型是假定历史会重演从而对过去数据的分析;并且动态随机一般均衡模型的假定太完美,实际上很多假设并不成立。Buchanan 在《Nature》上另一篇文章讨论了基于 Agent 的建模的方法(Buchanan,2009),这种方法强调个人行为发挥的重要作用,决策者可以通过真实行为的模拟和分析更好地解决现实世界相关问题。若将实证研究与社会计算实验方法相结合,那么高效处理和分析海量数据将成为可能。今后的研究基于代理仿真方法,利用仿真建模,将市场中的潜在用户以及应用程序抽象成"代理",对其设置相关规则,通过"代理"模拟潜在用户和应用程序在市场中的特征以及用户选择决策过程,采用计算仿真实验方法对潜在用户选择社交化应用的过程进行了多代理仿真,研究社交化 App 中网络可见性对潜在用户选择决策的影响(朱爱菊,2017)。

本 章 小 结

本章的目的是建立移动 App 网络可见性实证研究的理论模型,为第十五章移动 App 网络可见性代理仿真建模研究提供理论基础。首先进行了文献回顾,简单介绍了信息采纳模型、客户敏捷性、马太效应、环境心理学等;然后提出了概念模型和研究内容,概念模型包括 3 个研究,分别是:移动 App 的社会网络关系影响信息可用性的作用机制研究、用户的社会网络关系影响信息可用性的作用机制研究、信息可用性影响移动 App 网络可见性的作用机制研究,最后给出了研究对管理的启示和研究局限。

参考文献

[1] Cho J. Roles of smartphone app use in improving social capital and reducing social isolation[J]. Cyberpsychology, Behavior, and Social Networking, 2015, 18(6): 350 – 355.

［2］Sussman S W，Siegal W S．Informational influence in organizations：An integrated approach to knowledge adoption［J］．Information systems research，2003，14(1)：47－65．

［3］李贺,祝琳琳,闫敏,刘金承,洪闯.开放式创新社区用户信息有用性识别研究［J］.数据分析与知识发现,2018,2(12):12－22.

［4］Roberts N，Grover V．Leveraging information technology infrastructure to facilitate a firm's customer agility and competitive activity：An empirical investigation［J］．Journal of Management Information Systems，2012，28(4):231－270．

［5］Zhou S,Qiao Z，Du Q，et al．Measuring customer agility from online reviews using big data text analytics［J］．Journal of Management Information Systems，2018，35(2):510－539．

［6］曾德麟,欧阳桃花,胡京波,等．IT能力与组织管控促进复杂产品研发敏捷性研究［J］.科学学研究,2018,36(7):1264－1273.

［7］高沛然,李明.组织IT资源对运作敏捷性影响的实证研究［J］.南开管理评论,2017(5):167－176.

［8］周华,周水银.以敏捷性与创新性为中介的互动能力对组织绩效影响作用研究［J］.管理学报,2014,11(11):1703.

［9］Quan Jing,霍春辉,Ronaldo C．Parente.组织敏捷性的形成机理模型与实证研究［J］.管理学报,2010,7(12):1767.

［10］Xie K，Wu Y，Xiao J，et al．Value co-creation between firms and customers：The role of big data-based cooperative assets［J］．Information & Management，2016：S0378720616300593．

［11］Fry P S．The person-environment congruence model：Implications and applications for adjustment counselling with older adults［J］．International Journal for the Advancement of Counselling，1990，13(2):87－106．

［12］宋冰冰,王海艳.马太效应综述［J］.社会心理科学,2005(1):11－12.

［13］袁纯清.金融共生理论与城市商业银行改革［M］.北京:商务印书馆,2002.

［14］Han S P，Park S，Oh W．Mobile App Analytics：A Multiple Discrete-Continuous Choice Framework［J］．MIS Quarterly，2016，40(4):983－1008．

［15］Cecelja F，Raafat T，Trokanas N，et al．e-Symbiosis：Technology-enabled support for industrial symbiosis targeting small and medium enterprises and innovation［J］．Journal of Cleaner Production，2015，98:336－352．

［16］徐彬.基于共生理论的中小型科技企业技术创新管理研究［J］.软科学,2010,24(11):27－31.

［17］庞博慧，郭振. 生产性服务业和制造业共生演化模型研究［J］. 经济管理，2010（9）：36－43.

［18］Fraccascia L，Albino V，Garavelli C A. Technical efficiency measures of industrial symbiosis networks using enterprise input-output analysis［J］. International Journal of Production Economics，2017，183：273－286.

［19］Park D H，Lee J. eWOM overload and its effect on consumer behavioral intention depending on consumer involvement［J］. Electronic Commerce Research and Applications，2008，7（4）：386－398.

［20］Park D H，Lee J，Han I. The effect of on-line consumer reviews on consumer purchasing intention：The moderating role of involvement［J］. International Journal of Electronic Commerce，2007，11（4）：125－148.

［21］Stacks D W，Salwen M B. An integrated approach to communication theory and research［M］. 2nd ed. Routledge，2014.

［22］Jiménez F R，Mendoza N A. Too popular to ignore：The influence of online reviews on purchase intentions of search and experience products［J］. Journal of Interactive Marketing，2013，27（3）：226－235.

［23］Rogers E M. Diffusion of innovations［M］. 5th ed. New York：Free press，2003.

［24］Moore G C，Benbasat I. Development of an instrument to measure the perceptions of adopting an information technology innovation［J］. Information Systems Research，1991，2（3）：192－222.

［25］Kapferer J N，Laurent G. Consumer brand sensitivity：A key to measuring and managing brand equity［C］//Defining，Measuring and Managing Brand Equity. Cambridge，MA：Marketing Science Institute，1988：12－15.

［26］朱强，王兴元. 产品创新性感知对消费者购买意愿影响机制研究——品牌来源国形象和价格敏感度的调节作用［J］. 经济管理，2016（7）：107－118.

［27］戚海峰. 人际间影响敏感度对中国消费者独特性需求的作用机制研究［J］. 管理学报，2012，9（2）：289.

［28］黄小勇，陈运平. 基于共生理论的区域经济包容性增长文献综述［J］. 华东经济管理，2012（7）：115－119.

［29］Bhattacherjee A. Acceptance of e-commerce services：The case of electronic brokerages［J］. IEEE Transactions on Systems，Man，and Cybernetics—Part A：Systems and Humans，2000，30（4）：411－420.

［30］Yang S，Allenby G M. Modeling interdependent consumer preferences［J］. Journal of Marketing Research，2003，40（3）：282－294.

［31］杜学美,丁璟妤,谢志鸿,等.在线评论对消费者购买意愿的影响研究[J].管理评论,2016.28(3):173-183.

［32］董正浩,赵玲,冯鑫.移动互联网环境下口碑传播对智能手机用户使用意愿的影响研究[J].科技管理研究,2013(22):220-224.

［33］Song J，Kim J，Jones D R，et al. Application discoverability and user satisfaction in mobile application stores：An environmental psychology perspective［J］. Decision Support Systems，2014，59:37-51.

［34］Hsu C L，Lin J C C. What drives purchase intention for paid mobile apps? —An expectation confirmation model with perceived value［J］. Electronic Commerce Research and Applications，2015，14(1):46-57.

［35］Oh S，Baek H，Ahn J H. The effect of electronic word-of-mouth（eWOM）on mobile application downloads：An empirical investigation［J］. International Journal of Mobile Communications，2015，13(2):136-156.

［36］任卓异,姜凌,庞川.移动互联网时代 App 可发现性影响因素的实证研究[J].科技管理研究,2017,37(17):193-200.

［37］Harris M A，Brookshire R，Chin A G. Identifying factors influencing consumers' intent to install mobile applications［J］. International Journal of Information Management，2016，36(3):441-450.

［38］Zhang Y. Responses to humorous advertising：The moderating effect of need for cognition[J]. Journal of Advertising, 1996, 25(1):15-32.

［39］Schubert P，Ginsburg M. Virtual communities of transaction：The role of personalization in electronic commerce［J］. Electronic Markets，2000，10（1）:45-55.

［40］Kim K K，Shin H K，Kim B. The role of psychological traits and social factors in using new mobile communication services[J]. Electronic Commerce Research and Applications，2011，10(4):408-417.

［41］Bailey J E，Pearson S W. Development of a tool for measuring and analyzing computer user satisfaction[J]. Management Science，1983，29(5):530-545.

［42］Song J，Kim J，Jones D R，et al. Application discoverability and user satisfaction in mobile application stores：An environmental psychology perspective［J］. Decision Support Systems，2014，59:37-51.

［43］朱爱菊.网络信息可见性研究[J].图书情报工作,2017(2):50-56.

第十四章 社交化 App 网络可见性代理仿真建模研究

　　第十三章是给出了移动 App 网络可见性实证研究,而本章是在实证分析的基础上基于计算仿真的社交化 App 网络可见性代理仿真建模研究,是实证研究与社会计算实验的结合。结合第十三章的内容,首先通过理论基础和专业知识建立相关理论模型,然后结合所得的规律对研究对象进行仿真研究。具体说来,本章是基于代理的建模方法(Agent Based Modeling, ABM)来研究 App 市场中潜在用户的选择过程的。基于代理的建模方法是指在计算机环境中对现实社会系统进行抽象形成人工社会系统,将现实社会中的个体抽象成代理进行表示,通过代理的交互行为研究整个系统的动态演化过程。本章利用系统建模工具 NetLogo 将 App 市场中的潜在用户以及 App 抽象成一个个"代理"(Agent),并设置了选择的简单规则,使得代理(Agent)能够模拟 App 在市场中的特征以及真实的个体来进行选择的行为决策,从而模拟一个真实世界选择 App 的行为与机制、分析整个系统的"涌现特征"。

第一节　研究背景

　　随着智能手机和平板电脑的迅速发展,越来越多的 App 程序出现在市场中。截至 2012 年,苹果 App 商店的 App 下载量即将达到 250 亿次,谷歌 App 商店的 AndroidApp 下载量突破 110 亿次。在如此巨大的 App 下载量中,以社交化 App 最受欢迎且用户持续使用时间最长。社交化媒体类 App 主要是指搭载在手机或者平板客户端的具有社交化功能的 App。中国网民最熟悉的莫过手机 QQ、微信和新浪微博。易观智库对中国主要安卓市场下载量监测统计发现,社会化媒体类 App 前 20 强总下载量为 4.4 亿次,其中微信、新浪微博及手机 QQ 分别占据社会化媒体 App 下载量排行榜的前三名,并且三者在前 20 位中的总下载量份额占比达到 58.2%。不仅在中国,韩国的 kakao 公司推出的 kakaotalk 牢牢占据各类 App 下载量之首,而由 NHN 推出的类微信 Appline 的下载量也突破 5 000 万,并以每周新增用户 100 万的速度迎头赶上。社交类 App 中最受欢迎的前三名无疑是微信、新浪微博和手机 QQ。然而,并不是所有的 App 都能在市场当中分得一杯羹,有不少 App 刚开始会聚集大量的人气,但是一段时间后用户数便迅速下降,变得毫无竞争力,甚至大多数的 App 从上线到最后退出市场都无人问津。这会给社交化 App 服务商带来经济上的损失,也会使得投资者对该社交化 App 服务商信心不足,撤走投资。所以,研究 App 是如何吸引消费者的、如何去更好地维持较高的人气、App 的价值怎样去评估,对于社交化 App 服务商来说至关重要。本章采用计算仿真实验对潜在用户选择 App 这一过程进行了仿真,研究到底哪些因素影响了消费者的选择决策。

ABM 的核心在于对 Agent 的定义和理解。对 Agent 技术和理论的研究起源于分布式人工智能。虽然 Agent 还没有形成统一定义,但一般认为 Agent 应该具有如下特性:

• 自主性。Agent 能够独立地改变自身状态,进行自动演化,在演化过程中,不需要人为进行控制。

• 群体行为。Agent 根据自己任务和系统目标可以有效实现和其他 Agent 的合作、协商和通信等。

• 反馈性。Agent 能够对外界环境进行互动,当外界环境发生变化,Agent 可以及时做出调整。

• 预动性。Agent 并不仅仅对外界环境的变化做出响应,而是在目标的导引下,采取一些主动行为动作来完成设计的目标。

• 移动性。Agent 具有移动的能力。

• 学习能力。Agent 能够通过不断学习来适应环境变化。

由于 ABM 研究的目的是为了对现实群体进行仿真,现实群体中的个体数目一般都是大于 1,而且群体是以成员之间的交互为主要特征的,这就必然要求研究者把多个 Agent 有效组织起来,在一定的环境因素控制下,这些 Agent 之间可以相互协作、相互交流,从而进行推理学习,做出相应的反馈,这就提出了多 Agent 系统。多 Agent 系统实质上是由多个 Agent 组成的系统,这些 Agent 可以通过网络基础设施交换信息,实现交互。所以,多 Agent 系统除了具有单个 Agent 特性之外,还具有如下特性:

- 社会性。每个 Agent 处于由多个 Agent 构成的社会环境中,具有其他 Agent 的有关信息和知识,可以通过通信实现与其他 Agent 灵活多样的交互过程,达到与其他 Agent 的合作、协商、竞争,协助其他 Agent 完成相关任务以实现系统问题求解的目标。

- 自治性。当一个 Agent 根据需要发出请求后,处于多 Agent 系统中的其他 Agent 只有具备相应能力与兴趣时,才可接受任务委托。一个 Agent 不能强制其他 Agent 提供特定服务,也就是说协作是建立在自愿原则上并有报酬收益的。

- 协作性。多 Agent 系统中,由于单个 Agent 能力限制,系统必须对任务进行分解,实现任务分配,以让具有不同目标的 Agent 通过交流协作来完成系统任务的求解。

以多 Agent 为基础的 ABM 研究关注的另一个要点就是"涌现现象",即在进行基于代理的建模过程中,多个代理之间的相互作用会出现出乎意料的结果。目前对涌现还没有一个明确的定义。通常认为涌现是指,复杂系统在自组织过程中新结构、新属性的出现。涌现的特征可以概括为以下几个方面:第一,微—宏观效应。这是涌现最重要的特征,指的是系统底层微观活动产生高层宏观性质、行为、结构、模式等。第二,双向关联。指的是微观与宏观的双向关联,即从微观到宏观产生微—宏观效应,从宏观到微观,微—宏观效应的结果对微观组分及其活动产生影响。第三,分散控制。指的是系统没有指导其宏观行为的集中控制部分,只是利用局部的机制影响全局行为,也就是说系统中的个体没有全局图景,其影响和作用是局部的。第四,完全新奇性。这个特征指的是,相对于微观层次的个体行为,系统的全局行为是新奇的,也就是说,微观个体没有全局行为的显式表示。第五,一致相关性。指的是组分之间逻辑一致的关联关系。这种相关性约束着底层分散的组分,并使得它们相互关联起来,形成一个高层整体,从而使得涌现特征以一个和谐整体呈现出来,并表现出相对持久的模式。本章是对 App 市场中的潜在用户行为进行了仿真模拟,市场中单个用户的行为并不足以影响整个市场竞争的走势,必须要有大量的用户集中地做出某一种行为决策,该种行为决策才能在市场中展示出来,这就是现实生活中的"涌现"现象。由于多 Agent 系统具有涌现的特性,所以能够非常好地模拟出 App 市场中用户的行为,这就是我们为什么会选择基于代理的仿真建模来研究 App 选择决策的重要因素。

第二节　理论背景与文献回顾

一、社交化 App 的价值分析

美国 Rogers 教授在《创新扩散》中定义了创新的相对优势、兼容性、复杂性、试用性、可观察性 5 个特征,并指出这 5 个特征将会影响用户是否接受该种创新。对于一个社交化应用来说,这 5 个特征都是其功能和质量的具体表现,而可观察性却是社交化应用在市场中的外在表现。Rogers 对可观察性的定义如下:此项创新被用户观察到的可能性。如果一项创新的可观察性比较高,它将会更容易地在用户所在群体中传播和使用。对于社交化应用来说,下载量、用户的评价、周围使用者的人数、使用者的态度、与其他平台的关联性等等都代表着社交化应用的可观察性。本书仅从网络可观察性角度进行研究,不涉及社交化应用的功能和质量方面。Moore 等将可观察性拆分成两个独立的构念,分别是结果展示与可见性。结果展示是指用户使用这种创新的结果的可展示程度,而可见性是指潜在用户能够观察到这种创新的可能性,比如在公司中或者在朋友中看到别人正在使用该种创新的可能性。因为本书研究的是网络虚拟的社交化应用,不仅拥有网下可见性,网络可见性也是重要的组成部分。网络可见性在目前的文献中并没有找到相关的构念以及定义。新范式的提出是与当前信息环境下对理论研究的要求相符合的,许多研究者习惯性地沿用传统范式分析互联网,未能充分揭示互联网的独特性,致使相关研究受到很大的局限。"可见性"范式突出强调了公众通过信息方式获得了可见性。本书中的网络可见性(Online visibility, O_V)可以概括为两个方面:一是该类社交化应用的下载量(Download$_t$, D_t);二是该类社交化应用与其他平台的关联性(Relation$_t$, R_t)。

所以,本书的网络可见性模型为

$$O_V = D_t + R_t N$$

其中, D_t 表示该社交化 App 在 t 时间段内的下载量; R_t 表示该社交化应用在 t 时间段内与其他平台的关联性, 关联性以权重的方式来表示, 其中 $\sum_{i=1}^{n} R_t = 1$, n 指 t 时间段内相互关联的社交 App 总个数, 本书选择 4 个社交 App 进行研究, 则 $n=4$; N 是下载量与关联性之间的一个协调变量, 因为下载量数量级比较大, 而关联性的数值均小于 1, 我们参考本书中下载量的数量级, 令 $N=1\,000$。

根据 Rogers 的创新扩散理论以及 Moore 的构念拆分, 我们知道可见性是影响用户选择的一个重要方面, 而社交化应用的可见性又主要取决于下载量以及与其他平台关联性的大小。所以在仿真实验中, 我们将重点研究社交 App 下载量和与其他平台关联性两个因素对潜在用户选择决策的影响。

二、用户接受度与网络可见性

Davis 在 1989 年提出了技术接受模型(Technology Acceptance Model, TAM)。模型中提出了两个影响技术接受的关键因素——用户感知的有用性和感知的易用性。根据 Davis et al. (1989) 的观点, 感知的有用性代表了用户相信该技术创新能够帮助他的程度, 而感知的易用性表示了用户使用该种 App 或者创新的难易程度。大多数用户选择创新的时候, 感知的有用性和感知的易用性是他们考虑的重要前提(Davis, 1989)。

随后 Rogers 在 1995 年提出了创新传播理论(Diffusion of Innovation Theory, DOI)。Rogers(1995)定义了创新的 5 个内在特征, 这 5 个内在特征将会影响用户是否接受该种创新。这 5 个特征是:

(1) 相对优势: 一项创新是否优于它之前的创新。

(2) 兼容性: 这项创新是否能契合用户的日常生活, 比如, 与潜在用户的价值观、生活方式、社会实践、信仰、生活规范、过去的经验是否保持一致。

(3) 复杂/容易: 感知到这项创新是否容易使用。

(4) 试用性: 一项创新是否容易被体验, 如果一项创新可以被体验试用, 那么它被接受的可能性就高。

(5) 可观察性: 此项创新被用户观察到的可能性。如果一项创新的可观察性比较高, 那么将会更容易地在用户周围以及群体之间传播形成使用网络。

通过以上对 TAM 和 DOI 理论的介绍,我们发现 TAM 和 DOI 理论考虑的因素大致相同,除了可观察性这个构念。而可观察性恰好是 App 市场中最为重要的一个影响因素,比如 App 的下载量、用户的人数、用户的评价以及周围使用者等等。所以,本章将重点研究可观察性对于 App 市场接受度的影响。

可观察性在 1991 年被 Moore 和 Benbasat 拆分成了两个构念,分别是结果展示与可见性。结果展示是指用户使用这种创新的结果的具体可展示程度,可见性是指潜在用户能够观察到这种创新的可能性程度。Moore 和 Benbasat 可见性这个构念的题项如下(Moore,Benbasat,1991):

(1)我曾经看到过别人使用这种创新。

(2)在我的组织里面,有人使用这种创新。

(3)在我工作的地方以外,我也见过别人使用这种创新。

(4)在我的公司里面,我很容易就能看到别人正在使用这种创新。

正如我们上面提到的,可见性表示的是用户能够观察到这种创新的可能性程度。但是这个可见性的定义并不适用我们的研究场景,因为本章研究的是网络虚拟的 App 产品,搭载在客户端当中,所以可见性有两种定义:网下可见性与网上可见性。网下可见性就是我们能够在现实生活中看到这种 App,就如 Moore 和 Benbasat(1991)定义的我可以在公司、组织或者公司之外的地方看到有人使用这种创新。而网上可见性的定义则是指在虚拟环境,比如网络中用户可以看到这种创新的可能性(Hanan Lifshitz,2009)。基于上述讨论我们得出,对于一个社交化媒体类 App 来说,网上可见性可以概括为两个方面:一是该类 App 的下载量;二是该类 App 与其他互联网平台的关联性。

综上所述,一个 App 的下载量和与其他平台的关联性代表着一个 App 的网上可见性,而网上可见性又是 Moore 和 Benbasat(1991)定义的可见性在虚拟网络世界的体现。依据 Rogers 的创新传播理论,可见性是该种 App 的内在特征,而这种特征会影响用户是否选择该种 App 的决策。所以,本章通过 Netlogo 仿真了 App 的下载量与关联性是如何影响用户决策,进而研究了该种 App 的价值。

三、下载量的马太效应

《圣经》里有两句话:"凡有的,再加给他,让他多余;没有的,连他所有的也要夺回来。"科学史研究学者罗伯特・莫顿(Robert K. Merton)在 1973年将其概括为"马太效应"(Matthew Effect)。莫顿发现存在这样一种社会惯性的现象:在一次竞争中的优胜者占据了有利的位置,在下一次竞争中更容易取得优胜,表现为社会对做出过特殊贡献、已有相当声誉的科学家给予的荣誉越来越多,而对那些尚未出名的科学家则不肯承认他们的成绩。该观点从产生时起,一直都有深远的影响,乃至影响现代经济学中产生的赢者通吃的理论(罗伯特・莫顿,2004)。

在莫顿的研究基础上,朱克曼进而提出了优势累积的观点,认为马太效应同时存在着优势积累和劣势积累的趋势,其表现是通过对某个个人或团体反复赋予研究资源和奖励,而使此人或该团体越来越超越其竞争者,使得这种优势加速丰富起来,反之其他的人或团体对于研究资源的获得,则越来越少,甚至于不能维持持续的发展而退出(朱克曼,1979)。

马太效应已渗透到社会生活的各个领域。在本章中,潜在用户会受到App 下载量的影响,选择较高下载量的 App 进行体验使用,这就导致了在App 市场中,也会出现马太效应。初期取得较高下载量的 App 将处于有利的竞争地位,在之后的竞争中更容易胜出。此外,更多的宣传资源、客户资源都会流向该 App,形成优势积累。而没什么下载量的 App 不仅处于竞争中的劣势地位、不利于之后的竞争,而且形成劣势积累,更加没有办法取得胜利,最终导致该 App 退出市场。

四、App 与其他平台之间的共生性

1. 共生理论

共生这个词源于希腊语,在生物学中最早由德国生物学家德贝里(Anton de Bary)于 1879 年提出,是指不同种属按某种物质联系而生活在一起(ARC White Paper,1992)。在大多数现代生物学著作中,共生被认为是相互性的活体营养性联系。德国的布克纳(Prototaxia)对不同物种间的共生的内在联系,即"内共生"进行了深入的研究,定义了"内共生"为两种不同物种参与者之间有规则的且不受干扰的合作生活,并认为"动物和植物、

微生物之间的内共生代表了一种补充性的但广泛的机制,它能以多种方式提高宿主动物存活的可能性"(A. E. Douglas,1994)。Jan 在 1952 年和 1953 年分别清楚地提出共生、互惠共生、同住现象、寄生和其他有关不同物种生物体之间关系的概念,丰富了共生研究,并注入了超出生物学领域的更深刻的社会历史意义(Jan Sapp,1992)。L. Margulis 致力于寻找共生双方的物质联系,并认为共生关系是生物体生命周期的永恒特征,他将共生定义为两种或更多生物生理上彼此需要平衡的状态。特纳(Taylor)指出:"内共生理论以从一个令人吃惊的巧思变成一个令人尊敬的替代理论(Taylor,1991)。"萧灼基提出的共生现象不仅存在于生物界,而且广泛存在于社会体系中,经济学上的共生就是经济主体之间存续性的物质联系,抽象地说,共生是指共生单元之间在一定的共生环境中按照某种共生模式形成的关系(萧灼基,2002)。

2. 基于共生理论的其他领域的研究

袁纯清首次完整地使用了共生方法,从经济学的角度较为系统地表述了共生理论,并将其引入我国的小型经济的研究,2002 年又引出了金融共生理论概念(袁纯清,1998)(袁纯清,2002)。吴飞驰出版了《企业的共生理论》,对企业的共生现象做了较为全面的探讨(吴飞驰,2002)。国内外有许多学者在相关研究成果中论述过共生经济、工业共生、共生营销等问题。如艾德勒于 1966 年在《哈佛商业评论》上发表题为《共生营销》的文章中提出了共生营销的概念(宏泰顾问,2002)。

中国的学者基于共生理论的研究也很深入。吴敏更等将共生理论应用在旅游区可持续评价中,从旅游活动最终的结果入手,构建旅游区可持续评价指标体系(吴敏更和王力锋,2008)。丁焕强基于金融共生理论对农村金融体系进行系统分析,建立农村金融体系的 Logistics 模型,提出构建我国农村金融体系的制度安排(丁焕强,2006)。冷志明等基于共生理论对区域经济合作的机理进行研究,将参与区域经济合作的各方作为具有复杂相关关系的生态有机种群,分析区域经济合作的共生特征,提出区域经济合作的机理和对策(冷志明和张合平,2007)。周金其运用共生理论,论述了独立学院与母体高校之间存在的共生关系,提出了"蜕变再生"、"逆生退化"的两种独立学院的演变模式,给出独立学院的发展思路(周金其,2007)。程大涛在基于共生理论的企业集群组织研究中,运用共生理论分析企业集群的组织结构和特征,提出了基于共生关系的集群企业衍生模式及运行机制(程大涛,2003)。郭莉在工业共生进化及其技术动因研究中提出工业共生的组织模式开展是以经济和环境双赢为目标的资源互补性活动,识别并验证了工业共生的不稳定平衡状态的产生条件及转换条件,检验了技术创新对工业共生进化的推动作用(郭莉,2005)。陶永宏在基于共生理论的船舶产业集群的形成机理与发展演变研究中解析了船舶产业集群的共生关系,研究了由共生组织发展模式、共生行为发展模式、共生发展选择模式、生命周期四个要素共同决定的船舶产业集群的共生模式(陶永宏,2005)。卜华白、高阳依据共生理论对企业战略联盟进行仿生化研究,得出了构筑企业战略联盟的"四个注重",即注重"共生理念"、"共生稳定"、"共生进化"、"共生界面畅通"(卜华白和高阳,2005)。

3. 本研究中的共生现象

共生现象在现实 App 市场中非常常见,共生现象具体体现在了该种 App 与其他平台之间的关联性,可以分成两种情况:

(1) 依托其他平台建立

比如飞信因为依托移动这个大平台,与手机号码绑定,并且通过网络直接发送至对方手机,这使得飞信一直是国内使用最普遍的社交类 App。同样,微信的成功也离不开腾讯公司,QQ 作为国内使用人数最多的即时通信软件,它与微信之间账号以及好友都是互通的,这就使得微信无缝继承了QQ 所有的特性与资源,并在此基础上继续开发,微信的下载量一直排在各类 App 的首位,发展潜力巨大。

(2) 利用其他平台推广

社交化 App 服务商将自己的 App 放在 App Store、Android market 或者其他 App 平台当中推广,这是目前最为普遍的 App 推广方式。一方面,App 借助大平台成功地宣传了自己,也使得潜在用户更方便找到该种App;另一方面,一个成功的 App 也可以帮助平台进行宣传。App 与推广平台之间的关系就是前文所说的共生关系。

五、灰色预测模型

在灰色系统理论的研究中,将各类系统分成白色、黑色和灰色系统。"白"指信息完全已知;"黑"指信息完全未知;"灰"则指信息部分已知、部分未知,或者说信息不完全,这是"灰"的基本含义。灰色预测模型的建模过程,实质上是将无规律的原始数据进行累加,得到规律性较强的生成数列后重新建模,由生成模型得到的数据再通过累减得到还原模型,再由还原模型得到预测模型。

灰色系统理论是中国学者邓聚龙教授于 1982 年 3 月在国际上首先提出来的(Deng,1982)。邓教授从所建的模型中,发现单数列微分方程有较好的拟合和外推特性,所需要的最少数据只要 4 个,适合于预测。之后的研究中,邓教授通过单数列方程 GM(1,1)建立了灰色预测模型体系(Deng,1989)。经过多个领域的使用验证了模型的预测精度,且使用简便,既可用于软科学(如社会、经济等方面),又可以用于硬科学(如工业过程的预测控制)(胡光宇,2010)。

有几个方法已被广泛用来预测未来的数值。例如,比昂迪等人使用 ARIMA 模型来预测意大利市场农用拖拉机的需求(Biondi 等,1998)。史密斯和劳伦斯应用马尔可夫模型准确地预测金融机构的损失(Smith,Lawrence,1995)。这些方法通常需要大量的数据构建预测模型,而这些模型的特点需要大量的数据。但是本章 App 市场是一个新兴的市场,大部分 App 的生命周期并不长,所以建立预测模型可用数据不足,但灰色预测模型并不需要很多数据。Xu 和 Wen 应用灰色预测模型准确地预测乘客的数量用于国际航空运输(Xu 和 Wen,1997)。Yi 利用一个灰色模型预测人才的数量(Yi,1987)。林和王用灰色模型来预测台湾船只上工程人员的数量,Wang 和 Lin 表明,一个灰色预测模型比马尔可夫链模型有更高的预测效度(Wang,Lin,2000)。因此,本章构造了一个灰色预测模型预测市场中 4 种 App 在未来 6 个月的下载量大小。

第三节　社交化 App 市场的建模

一、灰色组合模型预测下载量

本节收集了应用程序行业中 4 种社交化应用在过去 6 个月里每个月的下载量,为了研究出下载量对用户决策的影响以及未来可能出现的结果,我们采用灰色预测模型对未来 6 个月的下载量进行了预测。灰色预测实质上是将无规律的原始数据进行累加,得到规律性较强的数据,生成数列后重新建模,由生成模型得到的数据再通过累减得到还原模型,再由还原模型得到预测模型。由于应用程序的生命周期不稳定且发展时间较短,可以收集到的下载量的数据比较少,而灰色预测模型并不需要很多数据,同时所预测的周期较短,所以我们采用灰色模型来预测社交化应用的未来下载量非常合适。具体计算过程如下:

4 种社交化应用在过去 6 个月的下载量作为原始数据序列:

$$X^0 = \left[X_{(1)}^{(0)}, X_{(2)}^{(0)}, X_{(3)}^{(0)}, X_{(4)}^{(0)}, X_{(5)}^{(0)}, X_{(6)}^{(0)}\right]$$

用 1－AGO 生成一阶累加生成序列

$$X^{(1)} = \left[X_{(1)}^{(1)}, X_{(2)}^{(1)}, X_{(3)}^{(1)}, X_{(4)}^{(1)}, X_{(5)}^{(1)}, X_{(6)}^{(1)}\right]$$

其中,

$$X_{(k)}^{(1)} = \sum_{i=1}^{k} X_{(i)}^{(0)} (k = 0,1,2,\cdots,6)$$

由于序列 $X_{(k)}^{(1)}$ 具有指数增长规律,而一阶微分方程的解恰是指数增长形式的解,因此认为 $X_{(k)}^{(1)}$ 序列满足下述线性微分方程模型 GM(1,1)。

$$\frac{\mathrm{d}X^{(1)}}{\mathrm{d}t} + aX^{(1)} = u$$

根据最小二乘法可以求出上述方程的参数,其算式为

$$\hat{a} = \begin{bmatrix} a \\ u \end{bmatrix} = (\boldsymbol{B}^\mathrm{T}\boldsymbol{B})^{-1}\boldsymbol{B}^\mathrm{T} y_n$$

其中

$$\boldsymbol{B} = \begin{bmatrix} -\frac{1}{2}\left[X_{(1)}^{(1)} + X_{(2)}^{(1)}\right] & 1 \\ -\frac{1}{2}\left[X_{(2)}^{(1)} + X_{(3)}^{(1)}\right] & 1 \\ \vdots & \vdots \\ -\frac{1}{2}\left[X_{(5)}^{(1)} + X_{(6)}^{(1)}\right] & 1 \end{bmatrix}, y_n = \begin{bmatrix} X_{(2)}^{(0)} \\ X_{(3)}^{(0)} \\ \vdots \\ X_{(6)}^{(0)} \end{bmatrix}$$

由此可求得参数列 $\hat{a}$ 的唯一解,将参数矩阵 $\hat{a}$ 带回原来的微分方程,解得

$$X^{(1)}_{(t)}=\left[X^{(1)}-\frac{u}{a}\right]\mathrm{e}^{-ak}+\frac{u}{a}$$

令 $X^{(1)}_{(1)}=X^{(0)}_{(1)}$，将上述方程写成离散形式，得

$$X^{(1)}_{(k+1)}=\left[X^{(0)}_{(1)}-\frac{u}{a}\right]\mathrm{e}^{-ak}+\frac{u}{a}(k=0,1,2,\cdots,6)$$

对此式再做累减还原，得出灰色预测模型如下

$$X^{(0)}_{(k+1)}=X^{(1)}_{(k+1)}-X^{(1)}_{(k)}=(\mathrm{e}^{-a}-1)\left[X^{(0)}_{(1)}-\frac{u}{a}\right]\mathrm{e}^{-ak}(k=0,1,2,\cdots,6)$$

表 14-1 是 4 种社交化应用的过去 6 个月的下载量，以及运用上述灰色预测模型预测的未来 6 个月的下载量。图 14-1 显示的是 4 种社交化应用在未来 6 个月下载量的变化趋势，可以看出第二个社交化应用下载量增长速度最快且单月下载量在第二个月超过了第一个社交化应用。

表 14-1　4 种社交化应用下载量以及预测值

App 序号	过去 6 个月的下载量/万次						预测未来 6 个月下载量/万次					
	—6	—5	—4	—3	—2	—1	1	2	3	4	5	6
App1	113	178	189	254	311	397	601.72	660.67	670.65	729.60	781.30	859.30
App2	65	98	127	168	234	311	544.60	612.35	692.42	768.38	912.10	1 049.66
App3	101	111	128	149	177	210	287.56	292.20	300.10	309.86	322.87	338.20
App4	63	78	81	94	102	117	142.73	145.93	146.57	149.34	151.04	154.24

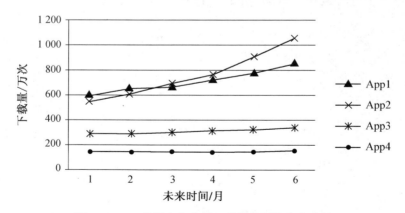

图 14-1　4 种社交化应用下载量预测值变化趋势

此计算过程利用 matlab 进行,具体的代码如下:

```
clear
close all

%参数设置
%过去六个月的下载量
x=[113 178 189 254 311 397;…
    55 88 127 164 234 301;…
    101 111 128 149 177 210;…
    63 78 81 94 102 117 ];
%预测的时间段
k=6;

%绘图参数设置
color{1}='r';
color{2}='b';
color{3}='y';
color{4}='m';

%App 名称
name{1}='App1';
name{2}='App2';
name{3}='App3';
name{4}='App4';

xlabelname=' 未来时间(月)';
ylabelname=' 下载量(万次)';

%计算部分
x1(1:4,1:6)=nan;%预测结果的数组初始化
for j=1:4
        xk(1:6)=nan;%一阶累加生成的序列 x(1)
        xtemp=x(j,:);%存储原始序列 x(0)的临时数组
        b=ones(5,2);%B 的初始化,全赋值为 1
```

```
        y＝xtemp(2:6)';％YN，即 X(0)的后五个元素

        for i＝1:6
            ％xk(i)＝xtemp(1)＋…＋xtemp(i)
         xk(i)＝sum(xtemp(1:i));
        end

        for i＝1:5
            ％b(i)＝－0.5 * (xk(i)＋xk(i+1))
            b(i,1)＝－0.5 * sum(xk(i)＋xk(i+1));
        end

        aall＝(b' * b)\\b' * y;

        xtemp1＝(exp(－aall(1))－1) * (xtemp-aall(2)/aall(1)) * exp(-aall(1) * k);
    x1(j,:)＝xtemp1;
    end

％绘图部分
for j＝1:4
    plot(x1(j,:),color{j},'linewidth',2);
    hold on
end
legend(name,'location','Northwest');
xlabel(xlabelname,'fontsize',16);
ylabel(ylabelname,'fontsize',16);
set(gca,'fontsize',15);
legend boxoff;

savename＝'预测结果.png';
saveas(gcf,savename);
```

二、基于代理仿真的社交化 App 市场建模

假设市场上有 500 个潜在用户，有 4 种社交化 App，我们利用 Netlogo

来模拟在未来 6 个月的社交化 App 市场的竞争状况。本研究模型中,每个潜在用户都是随机分散在 4 个社交化应用的周围,并且每个潜在用户都具有一定的规则,但是没有任何规则要求潜在用户选择某种社交化应用。通过模型的运行,可以观察到一个非常有趣的"涌现"现象:潜在用户在规则下的随机行走并选择最终会演变成绕在社交化应用周围成为忠实的用户。如上文所述,未来 6 个月的社交化应用下载量是用过去 6 个月的下载量来预测的。另外本模型中的 500 个潜在用户只是为了模拟,不计入下载量,即下载量只考虑预测数。与其他平台的关联性我们用权重的方式表示,4 种社交化应用的初始权重相等,均为 0.25。我们在仿真实验中调整权重,来观察与其他平台的关联性变化对用户选择行为的影响。

(1) 创建基本参数。首先定义两种新的代理:社交化应用程序(Apps)和潜在用户(users)。社交化应用程序的个数为 4 个,并定义社交化应用的属性,如网络可见性、下载量、与其他平台之间的关联性,并且这 3 个变量之间满足:

$$O_V = D_t + R_t N$$

潜在用户的变量有 direction,表示用户随机行走的方向;瓦片的属性有网络可见性(O_V),用来表示社交化应用对周围环境即瓦片的影响。

(2) 创建社交化应用与潜在用户。在主界面的 [50,50]、[50,-50]、[-50,-50]、[-50,50] 的位置创建 4 个社交化应用,设置颜色为白色,并设置下载量分别为 D_t,关联性为 R_1、R_2、R_3、R_4,这 8 个变量的数值来自外部输入。社交化应用在主界面中显示的大小为 $O_V/3$ 的开方,以直观地看出哪个社交化应用的网络可见性比较大。我们定义每个潜在用户的初始位置为出生点向某个方向随机跳跃一段距离,以增强潜在用户分布的随机性。

(3) 设置社交化应用对周围环境的影响。社交化应用对周围环境的影响在实验中表现为社交化应用对瓦片的影响。用瓦片调用函数来设置自身的被影响程度。首先,每个瓦片将自己的网络可见性(O_V)设置为 0,然后通过调用函数将每个社交化应用对自身的影响进行叠加,以得到每个瓦片受到每个社交化应用的影响的总和。这个过程是模拟了环境受到社交化应用的影响程度,距离社交化应用越近的环境受到的影响越大。在被社交化应用"感染"的环境中,潜在用户受到影响的可能性将会更大。

(4) 用户选择的规则的设置。潜在用户首先根据一个较小的概率进行随机行走,这是为了保证潜在用户可以以小概率离开社交化应用的影响范围。潜在用户的敏感程度的值可以通过滑动条调整,可能的取值为 1、3、5,用来表示潜在用户本身受到环境的敏感程度。用户的敏感程度较小,表示用户对环境不敏感,用户的敏感程度越大,表示潜在用户受到环境的影响越大。在大部分情况下,潜在用户会调用函数可见性最大化(Maximize-visibility,M_v)方法将自己的方向调整为面向身边瓦片中网络可见性最大的一个,然后再根据敏感度参数判断前方的瓦片的网络可见性是否足够,如果足够,潜在用户将会选择顺时针或者逆时针行走。盛昭瀚提出潜在用户行走的角度应该设置为 100 度,因为较大的转角可以使得用户能够充分调整形成较好的行走路径。可见性最大化方法是使得潜在用户能够转向身边网络可见性最大的瓦片,即受社交化应用影响最大的一块环境。潜在用户在行走选择的过程中如果遇到一定的情况,会调用另一个方法,生成随机数,实现转向一个特定的角度随机行走以避开情况。

模型初始化以后,首先要求每个潜在用户调用方法选择行走路径。如果潜在用户进入到[50,50]、[50,−50]、[−50,−50]、[−50,50]周围半径为 45 的范围内,将分别被染为红色、蓝色、黄色、粉色,标记为该社交化应用的用户,并设置计数器对每个社交化应用周围的用户数量实施动态监测。

1. 运行的基本界面

App 市场仿真运行的基本界面如图 14-2 所示,模型中各图标的说明如表 14-2 所示。

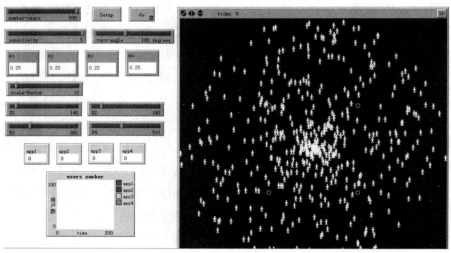

图 14-2 App 市场仿真运行的基本界面

表 14-2 模型中各 button 的作用说明

说明	图标
初始化按钮,点击一次创建 4 个 App 与 500 个潜在用户	Setup
运行按钮,点击后模型运行, 直到再次点击停止运行	Go
控制实验的用户数,本实验 设置 500 名潜在用户	number-users 500
控制用户的行走角度,本实 验转向角度设置为 100 度	turn-angle 100 degrees
控制用户受环境的敏感度	sensitivity 5
控制 App 可以影响环境的 范围,本实验的 scale-factor 为 10	scale-factor 10
输入 4 种 App 与其他平台 的关联性大小,满足 $\sum_{t=1}^{4}\text{relation}_t = 1$	R1 0.25　R2 0.25　R3 0.25　R4 0.25
输入 4 种 App 的下载量大 小,下载量大小利用灰色预 测模型进行预测	D1 140　D2 190　D3 380　D4 543
输出选择每种 App 的用 户数	app1 0　app2 0　app3 0　app4 0
输出选择每种 App 的用户 数的动态变化图	users number（App1 App2 App3 App4，用户数 0~100,time 0~200）

2. 创建基本参数

首先定义两种新的代理：App(Apps)和潜在用户(users)，并定义全局变量 App1、App2、App3、App4。其中 App 的变量有网上可见性 online visibility、下载量 download、与其他平台之间的关联性 relation。变量之间满足 online visibility = $download_t$ + $relation_t$ * N。潜在用户的变量有 direction。瓦片的属性有 visibility-level，用来表示 App 对周围环境即瓦片的影响。

```
breed [ Apps App ]
breed [ users user ]


globals
[
   App1
   App2
   App3
   App4
]


Apps-own
[
   visibility
   download
   relation
]


users-own
[
   direction
]


patches-own
[
   visibility-level
]
```

3. 创建 App 与潜在用户

在 world 的 $[50,50]$、$[50,-50]$、$[-50,-50]$、$[-50,50]$ 创建 4 个 App，设置颜色为白色，并设置下载量分别为 D_1、D_2、D_3、D_4，关联性为 R_1、R_2、R_3、R_4，App 在 world 中显示的大小为 visibility/3 的开方。

```
to make-Apps
        create-Apps 1 [
        set xcor 50
        set ycor 50
        set color white
        set download D1
        set relation R1
        set visibility D1 ＋ R1 ＊ 1000
        set size sqrt visibility / 3
    ]
        create-Apps 1 [
        set xcor 50
        set ycor －50
        set color white
        set download D2
        set relation R2
        set visibility D2 ＋ R2 ＊ 1000
        set size sqrt visibility / 3
    ]
        create-Apps 1 [
        set xcor －50
        set ycor －50
        set color white
        set download D3
        set relation R3
        set visibility D3 ＋ R3 ＊ 1000
        set size sqrt visibility / 3
    ]
        create-Apps 1 [
```

```
                    set xcor 一50
                    set ycor 50
                    set color white
                    set download D4
                     set relation R4
                     set visibility D4 ＋ R4 ＊ 1000
                    set size sqrt visibility / 3
                ]
         end
```

该方法的参数 number 是滑动条 number-users 的值，该参数控制了模型初次建立潜在用户的数量。该变量在潜在用户被创建时就确定了，取值为一1 时，潜在用户的行走方向是顺时针，取值为 1 时，潜在用户的行走方向是逆时针。潜在用户的颜色为白色。定义每个潜在用户的初始位置为出生点向某个方向随机跳跃一段距离，以增强潜在用户分布的随机性。最后将潜在用户的大小设置为 7，形状在初始化方法中定义，形状为"person"。

```
     to make-users [ number ]
        create-users number [
           if else (random 2＝0)
              [ set direction 1 ]
              [ set direction 一1 ]
           set color white
           jump random-float max-pxcor
           set size 7
        ]
     end
```

4. 设置 App 对周围环境的影响

App 对周围环境的影响在实验中模拟为 App 对瓦片的影响。瓦片调用 generate-field 代码来设置自身的被影响程度。首先，每个瓦片将自己的 visibility-level 设置为 0。然后，让每个 App 调用 set-field 方法，其参数为该瓦片自身，通过 set-field 方法设定该瓦片受到 App 影响的总和（通过叠加 visibility-level 值的方法）。如果 visibility-level 的平方根的值小于 0.1，那么该瓦片的颜色被设置为具有深黑色阴影的蓝色，如果 visibility-level 的平方根大于 20 倍的最大可见性的平方根,那么该瓦片的颜色被设置为具有浅色阴影的蓝色。

```
to generate-field
  set visibility-level 0
  ask Apps
    [ set-field myself ]
  set pcolor scale-color blue（sqrt visibility-level）0. 1（ sqrt（ 20 ∗ max
[visibility] of Apps ））
end
```

set-field 代码由 App 调用,thePatch 表示被 App 影响的瓦片。局部变量 rsquared 为光源与该瓦片之间距离的平方,amount 为 App 可见性与影响范围 scale-factor 的乘积。scale-factor 可以通过滑动条来调整值的大小。如果 App 与瓦片的位置重合,我们就将该瓦片的 visibility-level 设置为一个较大的值,否则,距离 App 越近的瓦片受到的影响越大。这个过程是模拟了环境受到 App 的影响程度。

```
to set-field [thePatch]
  let rsquared (distance thePatch) ^ 2
  let amount visibility ∗ scale-factor
  ifelse rsquared＝0
    [ set amount amount ∗ 1000 ]
    [ set amount amount / rsquared ]
  ask thePatch [ set visibility -level visibility -level ＋ amount ]
end
```

5. 用户选择的简单规则的设置

在 move-thru-field 方法中,如果瓦片的 visibility-level 强度大于 0.02 ∗ sensitivity,那么潜在用户首先根据一个较小的概率(random 25＝0)进行随机飞行,这是为了保证潜在用户可以以小概率离开 App 的影响范围。sensitivity 的值也是通过滑动条调整的,可能的取值为 1、3、5,用来表示潜在用户本身受到环境的敏感程度,本章定义的 sensitivity 较小,表示用户对环境不敏感,sensitivity 越大,表示潜在用户受到环境的影响越大。在大部分情况下,潜在用户会调用 maximize-visibility 方法将自己的方向调整为面向身边瓦片中最亮的那一个,然后再根据 sensitivity 参数判断前方的瓦片的 visibility-level 是否足够，如果足够，潜在用户将会根据自己的 direction 选择顺时针或者逆时针行走，行走的角度本章设置为 100 度，因为较大的转角可以使得用户能够充分调整形成较好的行走路径（盛昭瀚，张军，刘慧敏，2011）。

```
to move-thru-field
    if else (visibility-level <=( 0.02 * sensitivity ))
    [
        rt random-amount 45
    ]
    [
        if else (random 25=0)
        [
        rt random-amount 60
        ]
        [
        maximize-visibility
        if else ( [visibility-level] of patch-ahead 1 / visibility-level > ( 1 + 0.02
* sensitivity ) )
            [
                lt ( direction * turn-angle )
            ]
            [
                rt random-amount 60
            ]
        ]
    ]
    if not can-move? 1
    [ maximize-visibility ]
    fd 1
end
```

maximize-visibility 方法是使得潜在用户能够转向身边 visibility-level 最大的瓦片，即受 App 影响最大的一块环境。潜在用户在行走选择的过程中如果遇到一定的情况，会调用 random-amount 方法，生成随机数，可以实现转向一个小于 limit 的角度随机行走。

```
to maximize-visibility
    face max-one-of patches in-radius 1 [visibility-level]
end


to-report random-amount [limit]
    ifelse (random 2 = 0)
    [report random-float  limit - (2 * limit)]
    [report random-float  (2 * limit) - limit]
end
```

6. 模型的初始化及运行

在初始化方法中，首先删除所有的对象，然后设置 App 的形状为"circle2"，设置潜在用户的造型为"person"。初始化方法中调用了 make-Apps、generate-field、make-users 方法。这些方法在上文中都已经被定义，可以直接调用。

```
to setup
    ca
    set-default-shape Apps "circle 2"
    set-default-shape users "person"


    make-Apps
    ask patches [ generate-field ]
    make-users number-users
end
```

模型初始化以后，首先要求每个用户调用 move-thru-field 方法选择行走路径。如果潜在用户进入 App[50,50]、[50,−50]、[−50,−50]、[−50,50]周围半径为 45 的范围内，将分别被染为红色、蓝色、黄色、粉色，标记为该 App 的用户。

```
to go

    ask users [move-thru-field]
    ask users [
if (distancexy 50 50) < 45 [set color red]
```

```
if (distancexy 50 —50) < 45 [set color blue]
if (distancexy —50 —50) < 45 [set color yellow]
if (distancexy —50 50) < 45 [set color pink]

set App1 count users with [color=red]
set App2 count users with [color=blue]
set App3 count users with [color=yellow]
set App4 count users with [color=pink]
]
update-plot
   tick
end
```

7. 用户数的结果输出

在 plot 图中动态地绘制出每个 App 的用户数及其变化趋势。

```
to update-plot
   set-current-plot "users number"
;   set-plot-x-range 0 ticks
;   set-plot-y-range 0 (num + 1)
   set-current-plot-pen "App1"
   plot (count turtles with [color=red])
   set-current-plot-pen "App2"
   plot (count turtles with [color=blue])
   set-current-plot-pen "App3"
   plot (count turtles with [color=yellow])
   set-current-plot-pen "App4"
   plot (count turtles with [color=pink])
end
```

第四节　实验设计与结果输出

本实验为了研究下载量以及与其他平台之间关联性的影响对用户选择行为的影响,在实验中还考虑用户本身对环境的敏感性 sensitivity。所以,我们通过以下几组实验来研究各个变量对用户行为的影响。

一、用户敏感度 sensitivity

本章的用户敏感度 sensitivity 设置三个值,分别为 1、3、5,值越大,表示用户受环境的影响越大。图 14-3 至图 14-5 是 sensitivity 分别取值 1、3、5 时出现的"涌现"现象。

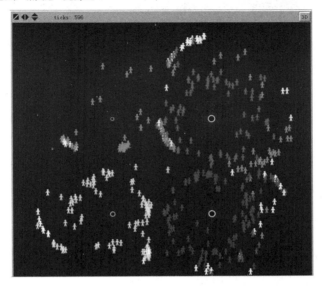

图 14-3　sensitivity=1 时的运行结果

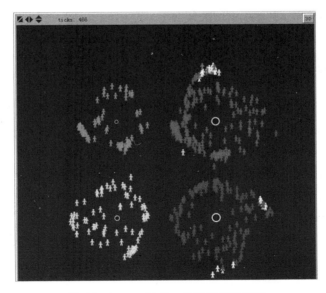

图 14-4　sensitivity=3 时的运行结果

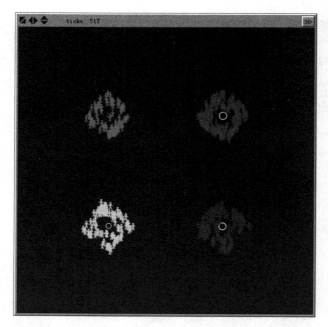

图 14-5　sensitivity＝5 时的运行结果

由上面 3 幅图可以看出，当 sensitivity＝1 时用户对环境很不敏感，基本上没有办法准确地统计出用户选择的情况。而 sensitivity 取值为 3、5 时，潜在用户都做出了明确的选择，形成了"涌现"现象。所以，为了保证实验效果的准确性，本章在下面的实验中，sensitivity 作为控制变量，取值为 3 和 5。

二、下载量 download 的影响

由上文建模过程的灰色预测模型预测出了未来 6 个月的 4 种 App 的下载量（表 14-3），我们分别在 D_1、D_2、D_3、D_4 中输入在不同情境下的下载量数值。

表 14-3　4 种 App 未来 6 个月的下载量

序号	预测未来 6 个月下载量/万					
	第 1 个月	第 2 个月	第 3 个月	第 4 个月	第 5 个月	第 6 个月
App1	602	661	671	730	781	859
App2	545	612	692	768	912	1 050
App3	288	292	300	310	323	338
App4	143	146	147	149	151	154

　　由表 14-4 可以看出,用户数与下载量都是成正相关的,下载量越大,选择该种 App 的潜在用户就越多,这就体现了市场中的潜在用户将更倾向于选择下载量比较大的 App。在 sensitivity 分别等于 5 和 3 的时候,相同月份模型稳定后选择各个 App 的用户人数是大致相同的。区别是,在 sensitivity=5 时,模型运行了 400 次左右就达到稳定,而在 sensitivity=3 时,模型要运行 1 500 次左右才能达到稳定。这说明 sensitivity 越高,用户对环境越敏感,会越快地做出选择,更快地表现出"涌现"现象。

表 14-4　不同下载量下的 App 用户数

	App 用户数	Tick 次数 (大概范围)	Plot 图
	实验一:sensitivity=5,R_1、R_2、R_3、R_4=0		
第 1 个月	App1=192 App2=119 App3=97 App4=92	315	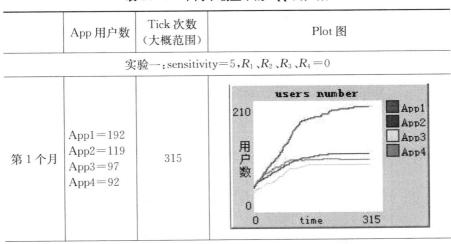

（续表）

	App 用户数	Tick 次数 （大概范围）	Plot 图
第 2 个月	App1＝185 App2＝133 App3＝92 App4＝87	495	
第 3 个月	App1＝168 App2＝151 App3＝95 App4＝86	315	
第 4 个月	App1＝192 App2＝123 App3＝92 App4＝93	495	
第 5 个月	App1＝192 App2＝141 App3＝101 App4＝66	395	

（续表）

	App 用户数	Tick 次数（大概范围）	Plot 图
第 6 个月	App1＝193 App2＝147 App3＝92 App4＝68	315	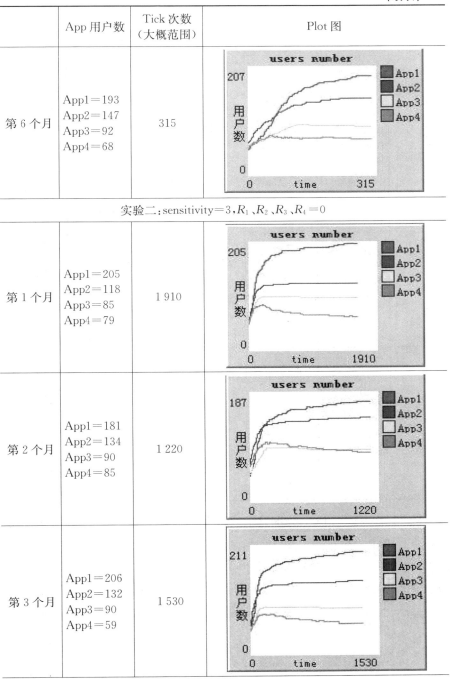

实验二：sensitivity＝3，R_1、R_2、R_3、R_4＝0

第 1 个月	App1＝205 App2＝118 App3＝85 App4＝79	1 910	
第 2 个月	App1＝181 App2＝134 App3＝90 App4＝85	1 220	
第 3 个月	App1＝206 App2＝132 App3＝90 App4＝59	1 530	

（续表）

	App 用户数	Tick 次数（大概范围）	Plot 图
第 4 个月	App1＝191 App2＝131 App3＝97 App4＝68	1 530	
第 5 个月	App1＝231 App2＝139 App3＝80 App4＝52	1 910	
第 6 个月	App1＝207 App2＝148 App3＝82 App4＝54	1 910	

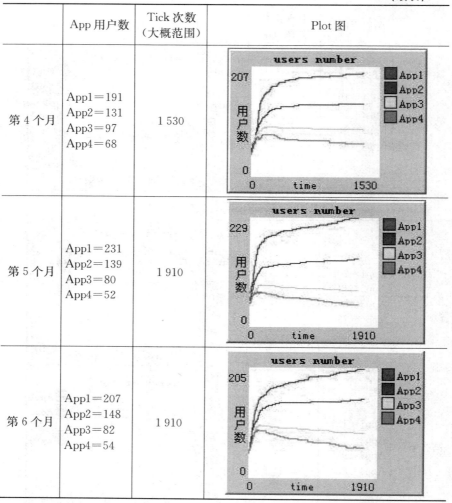

图 14-6 和图 14-7 分别显示的是在 sensitivity＝3 和 5 时，每个 App 在 6 个月中用户数的变化趋势。从这两张图中我们可以看出，sensitivity 对用户选择单个 App 的行为影响仍然不明显。但是，从我们利用灰色模型预测出的未来 6 个月的下载量可以知道，App2 的增速最大，6 个月后的下载量最高，其次是 App1、App3、App4。在图 14-6 和图 14-7 中，我们可以看出在未来 6 个月中，选择 App1 的潜在用户数呈现波动缓慢上升的趋势，选择 App2 的潜在用户数呈现较明显的上升的趋势，选择 App3 的潜在用户数呈现平稳的趋势，选择 App4 的潜在用户数呈现下降的趋势。这就说

明了潜在用户的选择行为是动态的,并且受下载量的动态变化的影响。下载量上升越快,选择该种 App 的用户数量相应呈现上升趋势。

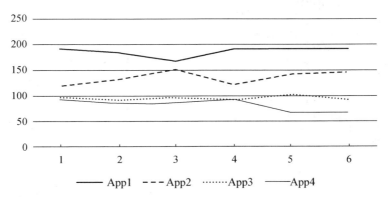

图 14-6　sensitivity＝3 时 4 种 App 在未来 6 个月的用户选择情况

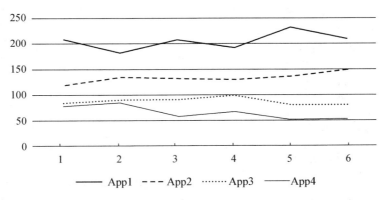

图 14-7　sensitivity＝5 时 4 种 App 在未来 6 个月的用户选择情况

三、与平台关联性 relation 的影响

表 14-5 是验证潜在用户的选择行为与平台关联性之间的关系,有 4 组实验,我们同样得出 sensitivity 仅仅影响的是模型达到平衡的时间,即 tick 的次数大小。在 4 种 App 与平台关联性的权重相等时,潜在用户选择每种 App 的概率也大致相同。当权重发生变化时,潜在用户更倾向于选择权重高的 App。

表 14-5　不同关联性条件下选择 App 的用户数

	App 用户数	Tick 次数（大概范围）	Plot 图
实验三：R_1、R_2、R_3、$R_4=0.25$，sensitivity$=3$，D_1、D_2、D_3、$D_4=0$			
	App1$=135$ App2$=114$ App3$=107$ App4$=144$	495	
实验四：$R_1=0.1$、$R_2=0.2$、$R_3=0.3$、$R_4=0.4$，sensitivity$=3$，D_1、D_2、D_3、$D_4=0$			
	App1$=153$ App2$=149$ App3$=147$ App4$=78$	495	
实验五：R_1、R_2、R_3、$R_4=0.25$，sensitivity$=5$，D_1、D_2、D_3、$D_4=0$			
	App1$=119$ App2$=123$ App3$=121$ App4$=137$	315	

（续表）

	App 用户数	Tick 次数（大概范围）	Plot 图
实验六：$R_1=0.1$，$R_2=0.2$，$R_3=0.3$，$R_4=0.4$，sensitivity=5，D_1、D_2、D_3、$D_4=0$			
	App1=173 App2=147 App3=118 App4=68	315	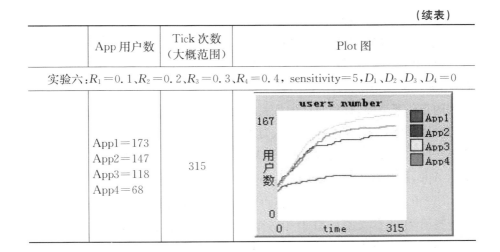

第五节　讨论与对 App 的建议

通过以上 6 组实验，我们得出社交化 App 的网络可见性，即下载量以及与其他平台的关联性影响了市场中潜在用户的决策行为，且下载量和平台关联性都与用户选择趋势成正相关关系。下面我们分别进行具体讨论。

一、潜在用户的选择与下载量成正相关关系

在未来 6 个月的 4 种社交化应用下载量的动态变动下，我们通过 Netlogo 仿真了市场中潜在用户选择社交化应用的情况，得出用户数与下载量是成正相关的，下载量越大，选择该种社交化应用的潜在用户就越多，这就体现了市场中的潜在用户将更倾向于选择下载量比较大的社交化应用。在现实生活中，这就是用户选择的马太效应。之所以会产生这一现象，主要的原因有两点：

（1）下载量越大意味着该种社交化应用在 App store、Android market 以及各种应用程序网站中的下载排行越靠前，潜在用户看到该种社交化应用的可能性就越大，从而选择下载此社交化应用的可能性也越大。

（2）下载量大意味着使用该种社交化应用的人数很多，基于从众心理或者是群体理论的趋同性，用户更加倾向选择该种社交化应用，以达到和周围人一致。

基于这一点,我们对应用程序服务商的建议有:

(1)在社交化 App 刚上线时,即运营初期,一定要快速积累用户数。首先,宣传力度要大,最好在社交化 App 推出市场前就要有一定的宣传基础,增加社交化 App 的知名度,让潜在用户对其感到不陌生;其次,社交化应用的定位要清晰,针对自己的主要用户群体进行推广,比如社交化应用针对的群体是年轻人,在选择代言人时可选择年轻人喜欢的偶像;最后,可以选择传播力度较大的平台和流量较大的群体来影响和带动潜在用户选择社交化 App,迅速拉拢潜在用户。

(2)在迅速增加潜在客户的同时,需要一定的维护措施以下载客户,推出一些活动对下载用户给予相关奖励,促进已有用户自发宣传社交化 App,影响身边的社交圈,吸引更多用户下载体验社交化应用;在社交化应用运营过程中要吸取用户反馈,不断改进,增加用户体验。

二、下载量的增速快慢的影响

由于网络中马太效应明显,增长的速度比其他社交化应用慢将会导致用户被其他社交化应用吸引过去。本节第一部分用图 14-4 和图 14-5 分别显示了 sensitivity 等于 3 和 5 时,在不同关联条件下选择 App 的用户数以及每个社交化应用在 6 个月中用户数的变化趋势。可以看出,潜在用户的选择行为是动态的,并且受到下载量的动态变化的影响。下载量增长最快,选择该种社交化应用的用户数量就相应呈现上升趋势。下载量增长速度慢或者不增长,选择该种社交化应用的用户就越来越少,社交化应用将会出现衰退的迹象,因为该种社交化应用的用户都被增速较快的社交化应用吸引过去了。这就是网络中的马太效应,强者越强。

因此,我们对应用程序服务商的建议是:

(1)宣传活动不能仅仅停留在开始阶段,在社交化应用取得较好的开端以后,定期推出宣传活动、分享得红包、签到得积分等等,任何宣传活动一定要以下载量是否增加为衡量的标准,设计线上反馈机制,每一次宣传活动结束都要分析效果,以更好地推进下次宣传活动。

(2)每次的宣传推广活动的设计都需要有针对性和实时性。考虑社交化应用该时段的运营情况和用户特征,并且相应的促销活动要保持一定的力度,以维持社交化应用下载量的增速。

（3）在社交化 App 设计时，首先，信息传递要清晰、明确；其次，操作方式要简单、方便；最后，要使用户使用时心情愉悦。为了维持用户并保持持续增长，加强口碑，需在设计 App 产品时从用户体验的角度出发，摒弃以程序员为核心的 App 设计模式，注重社交化 App 各个交互环节用户体验度的营造，以用户体验为中心。

三、潜在用户的选择与平台关联性成正相关

在 4 种社交化应用与平台关联性的权重相等时，潜在用户选择每种社交化应用的概率也大致相同。当权重发生变化时，潜在用户更倾向于选择权重高的社交化应用。即与其他平台关联性越高，用户越倾向选择该种社交化应用。由此我们对应用程序服务商的建议是：

（1）借助其他平台创建社交化应用，或者是与其他应用程序合作，比如账号互通，现在很多社交化应用程序都不需要单独注册账号，而是可以使用 QQ、微信或者微博账号登陆，这样客户无须重新注册就可使用，不仅增加了客户使用该种应用程序的可能性，而且可以通过其他平台已有的用户，增加用户的同时可获得更多的用户资料，研究客户特性，推出针对性的宣传和设计，从而保持用户；应用服务商在设计社交化 App 时可以设计与其他应用打包下载，这样可以利用其他成熟平台的用户基础迅速积累自己的用户。

（2）选择与好的平台合作并结合更加有趣的营销方式去推广社交化应用。好平台的定义简单说来就是用户浏览量大、总下载量大、用户口碑良好，以增加社交化 App 被看到的几率。同时注意建立与用户的深度交互，以保证用户黏性。

四、用户敏感度影响用户选择决策的时间

在研究当中我们发现，在用户敏感度分别等于 3 和 5 时，相同月份模型稳定后选择各个社交化应用的用户人数是大致相同的。区别仅仅是在用户敏感度等于 5 时，模型运行了 400 次左右就达到稳定，而在用户敏感度等于 3 时，模型要运行 1 500 次左右才能达到稳定。这说明用户敏感度越高，用户对环境越敏感，会越快地做出选择，从而更快地表现出"涌现"现象。

本书中将所有潜在用户敏感度定义为一样的值，而在现实生活中，每个潜在用户的敏感度可能都不一样，做出决策的时间也会不一样，这就提醒了

应用程序服务商,分析自己所针对的用户群体特征,设计相应的宣传,并不要急于短时间内的下载量变动,而应该进行持续地宣传,因为市场上有敏感度不高的用户短时间内还没有做出选择决策,这些都是社交化应用可能的用户群。

第六节　本章的局限性以及未来的发展方向

本书将 Rogers 提出的可观察性定义及 Moore 等将可观察性拆分成两个独立的构念,分别在结果展示与可见性的理论基础上提出社交 App 网络可见性概念。为了在实验设计中考虑环境对用户决策的影响,提出了用户对社交 App 网络可见性的敏感性这一概念,即用户敏感性,用来表示用户对环境的感知和反应程度。基于代理仿真的原理研究社交化 App 网络可见性对潜在用户选择决策的影响。实验结果证明:潜在用户的选择与下载量、下载量增速和平台关联性呈正相关关系,用户敏感度对用户决策时间会产生影响,扩充了互联网新经济模式下的信息产品与服务理论,实践上为应用服务商制定营销战略提供了启示。研究方法上结合实证方法与计算实验研究方法,通过对代理系统以及涌现现象的应用,可以看出基于代理的建模方法非常适合研究社会科学问题,通常认为具有以下特征:决策主体之间的交互具有非线性、动态不连续和复杂性;决策主体所在的环境具有动态性;决策主体具有异质性;交互结构和行为存在异质性;决策主体具有学习和进化等特性的研究系统适合代理仿真的方法。本章的局限性以及未来的发展方向有 3 点:

一、基于代理建模方法的适用性

通过对 Agent、多 Agent 系统,以及复杂系统的涌现现象的介绍,可以看出基于代理的建模方法(ABM)非常适合研究社会科学问题。并非所有的社会科学问题都适合用于代理的计算实验方法,通常认为:如果研究的系统具有以下特征,则可以使用 ABM 解决:决策主体之间的交互具有非线性、动态不连续和复杂性;决策主体所在的环境具有动态性;决策主体具有异质性;交互结构和行为存在异质性;决策主体具有学习和进化特性等。

当研究的问题如果不满足以上条件,则并不适合用基于代理的仿真建模来研究问题。

二、仿真模型中其他影响因素的考虑

本章重点研究的是 App 网络可见性对潜在用户行为的影响，所以本研究对其他因素进行了控制，将市场中 4 种 App 视为同质，没有考虑譬如 App 的质量、是否有趣、服务水平、用户体验、登录设置等等因素。未来的研究方向可以利用 Netlogo 对其他影响因素进行仿真研究。比如：

1. 模型可以更加细化

除了本书中提到的 App 下载量与其他平台的关联度的影响，App 的质量、是否有趣、服务水平、用户体验、登录设置等都是影响 App 是否受欢迎的重要也是最基本的因素。以后的研究可以从更基本的影响因素入手来进行研究，将模型更加细分，以便系统地模拟出 App 市场用户行为的特征。

2. 仿真建模可以更接近实际

本章是将 App 市场当中的潜在用户看成是同质的全体，即每个个体之间的区别不大，即使考虑了潜在用户对环境的敏感度 sensitivity 的影响，但是本章是同时对所有潜在用户的 sensitivity 进行了调整。而我们知道，现实生活当中不可能每个用户的 sensitivity 都是相同的。下一步我们将研究可以拥有不同 sensitivity 的用户进行分类。

三、灰色预测模型的适用性

如果原始数据处于波动状态，那么灰色模型预测的准确性将会大大降低。灰色预测模型是一种趋势预测，适用的前提是影响下载量的各种因素不变或者没有发生重大变化，而以这种预测模型是有一定局限性的。未来的发展方向可以考虑改进灰色预测模型。比如使用灰色递阶预测法，把灰色模型中的常数 a 和 u 看成是随时间 t 变化的变量，先对 u 和 a 进行预测，然后再用灰色预测方法对原序列进行预测。或者是采用组合预测模型，将灰色模型与时序 $AR(n)$ 模型结合起来，相当于在灰色模型中加入一个关于时间的摆动分量。或者是为了数据的准确性，采用等维信息递补预测法。此方法的具体过程是首先用已知数列建立 $GM(1,1)$ 模型，预测一个值，而后将这个预测值补充在已知数列之后；同时为了不增加数列的长度，去掉最老的一个数据，保持数列等维；再建立 $GM(1,1)$ 模型，预测下一个值，将结果再补充到数列之后,再去掉最老的一个数据。这样新陈代谢,逐个预测,依次递补,直到完成预测目标或达到一定的精度要求为止(胡光宇,2010)。

总体而言,社会化媒体 App 应该继续朝着提高产品服务的能力、注重用户体验的优化、加强与用户之间的情感联络等方向发展。

本章小结

运用 ABM 进行建模,首先要对研究的现实系统进行梳理,理清现实系统的体系结构、系统功能、系统所处环境以及系统要实现的目标,同时,区分系统内部的不同成员个体,明确 ABM 的构件对象;其次,将系统的关键属性抽象出来,建立系统成员的代理模型,设定代理属性、行为标准、交互规则以及设定系统的演化机制和相关约束条件;最后,通过多代理系统的运行研究系统成员个体行为对整体特征产生的影响,在某些情况下,可以将实验结果与现实结果进行比较分析,通过可重复的实验来推断和总结系统最终行为产生的原因。本章是基于代理的建模方法(ABM,Agent Based Modeling)来研究 App 市场中潜在用户的选择过程的。利用系统建模工具 NetLogo 将 App 市场中的潜在用户以及 App 抽象成了一个个"代理"(Agent),并设置了选择的简单规则,使得代理(Agent)能够模拟 App 在市场中的特征以及真实的个体来进行选择的行为决策,从而模拟了一个真实世界的选择 App 的行为与机制、分析了整个系统的"涌现特征"。希望通过这个模型,让读者能够较好地理解如何利用基于代理的仿真建模去模拟社会网络中的实际情况,同时,增加读者理解与运用 Netlogo 语言进行建模的能力,指导读者如何在社会组织及企业行为的应用研究上更好地使用计算实验方法。

参考文献

[1] Cho J. Roles of smartphone App use in improving social capital and reducing social isolation[J]. Cyberpsychology, Behavior, and Social Networking, 2015, 18(6): 350 - 355.

[2] 朱爱菊. 网络信息可见性研究[J]. 图书情报工作, 2017(2): 50 - 56.

[3] 盛昭瀚，张军，刘慧敏. 社会科学计算实验案例分析[M]. 上海：上海三联书店，2011.

[4] Farmer J D，Foley D. The economy needs agent-based modelling[J]. Nature，2009，460(7256)：685.

[5] Buchanan M. Economics：Meltdown modelling[J]. Nature News，2009，460(7256)：680-682.

[6] Zohdi T I. An agent-based computational framework for simulation of competing hostile planet-wide populations[J]. Computer Methods in Applied Mechanics & Engineering，2017，314：513-526.

[7] Kumar V，Dixit A，Javalgi R R G，et al. Research framework，strategies，and applications of intelligent agent technologies (IATs) in marketing[J]. Journal of the Academy of Marketing Science，2016，44(1)：24-45.

[8] 张维，武自强，张永杰，等. 基于复杂金融系统视角的计算实验金融：进展与展望[J]. 管理科学学报，2013，16(6)：85-94.

[9] 曾德明，禹献云，陈艳丽. 基于多 Agent 的创新网络隐性知识转移过程建模与仿真[J]. 管理学报，2012，9(12)：1832.

[10] Rogers E M. Diffusion of innovations[M]. 5th ed. New York：Free Press，2003.

[11] Moore G C，Benbasat I. Development of an instrument to measure the perceptions of adopting an information technology innovation[J]. Information Systems Research，1991，2(3)：192-222.

[12] 宋冰冰，王海艳. 马太效应综述[J]. 社会心理科学，2005(1)：11-12.

[13] 戚海峰. 人际间影响敏感性对中国消费者独特性需求的作用机制研究[J]. 管理学报，2012，9(2)：289.

[14] 黄小勇，陈运平. 基于共生理论的区域经济包容性增长文献综述[J]. 华东经济管理，2012(7)：115-119.

[15] 袁纯清. 金融共生理论与城市商业银行改革[M]. 北京：商务印书馆，2002.

[16] Cecelja F，Raafat T，Trokanas N，et al. e-Symbiosis：Technology-enabled support for industrial symbiosis targeting small and medium enterprises and innovation[J]. Journal of Cleaner Production，2015，98：336-352.

[17] 徐彬. 基于共生理论的中小型科技企业技术创新管理研究[J]. 软科学，2010，24(11)：27-31.

[18] 庞博慧，郭振. 生产性服务业和制造业共生演化模型研究[J]. 经济管理，2010(9)：36-43.

[19] Fraccascia L，Giannoccaro I，Albino V. Efficacy of landfill tax and subsidy policies

for the emergence of industrial symbiosis networks：An agent-based simulation study［J］. Sustainability，2017，9(4)：521.

［20］邵云飞,吕炜. 以电信运营商为主导的我国物联网产业协同创新一体化研究［J］.管理学报,2016,13(2):239-247.

［21］朱强,王兴元.产品创新性感知对消费者购买意愿影响机制研究——品牌来源国形象和价格敏感性的调节作用［J］.经济管理,2016(7):107-118.

第十五章　基于计算仿真的社会化媒体信息传播研究

　　在第十章中我们通过获取社交大数据研究微博信息传播机制,研究方法上是大数据与实证研究的结合,社会化媒体发挥的巨大作用,它给用户参与、信息传播提供了无可替代的平台。所以,研究社会化媒体中信息的传播有重要的意义。社会化媒体的形式多样,各种形式的社会化媒体其信息传播机制并非完全一致。由于微博已成为社会化媒体的主要形式之一,所以本书将对以微博为主的社会化媒体的信息传播机制进行讨论和研究。研究方法上是实证研究和社会计算实验的结合。

第一节　研究背景

　　近十年来,社会化媒体(social media)成为最热门的词汇之一,频繁地出现在媒体上及报道中。社会化媒体时代大概开始于 20 多年前,当 Bruce 和 Suan Abelson 创立了"公开日记"——一个将在线日记作者集合到一个社区的社交网站。同时,"博客"这个术语首次被使用,高速增长的互联网接入加速了这个概念的推广,导致了社交网站的建立,如创建于 2003 年的 MySpace 和创建于 2004 年的 facebook。接着人们创造了"社会化媒体"这个术语,并有了现在的发展状况(Kaplan and Haenlein,2010)。近几年,社会化媒体度过起步阶段后,继续发酵,快速增长。在中国,新浪、腾讯等微博,QQ 空间,人人网等社会化媒体已经有了非常广泛的市场占有率和普及率。社会化媒体为全球用户提供了新颖有效的方式,为企业带来了巨大的机遇与挑战。2012 年 12 月,尼尔森和 NM Incite 的社会化媒体报告显示,消费者花在社会化媒体上的时间要比花在任何其他网站上的时间都要多——通过个人电脑登录社会化媒体的时间大概占了他们上网总时间的20%,而通过手机登录的则为 30%。而且用户可以选择的社交媒体数量也正呈爆炸式增长,与此同时,很多网站也在它们原有的网站中增加社交的功能或这种功能的集成。

社会化媒体的普及和信息的病毒性传播,带来了前所未有的变化。2008 年汶川地震后,王老吉捐款 1 亿。捐款数额公布后,天涯等论坛网友掀起了"封杀"王老吉活动。天涯上发布了一个名为"封杀"王老吉的帖子:王老吉,你够狠! 捐一个亿,胆敢是王石的 200 倍! 为了"整治"这个嚣张的企业,买光超市的王老吉! 上一罐买一罐! 不买的就不要顶这个帖子啦!许多网友回复此贴并多次转载,各地售点的王老吉销量开始爆炸式增长,甚至多地发生脱销的情况。而在"封杀"王老吉事件中,社会化媒体用户是事件主动的参与者、传播者,甚至是内容的制造者。这次事件不仅使王老吉的销量大大增加,提高了企业形象,还强调了其社会责任感。此次事件的演变和发展,追根究底是社会化媒体发挥的巨大作用,它给用户参与、信息传播提供了无可替代的平台。所以,研究社会化媒体中信息的传播有重要的意义。社会化媒体的形式多样,各种形式的社会化媒体其信息传播机制并非是完全一致的。由于微博已成为社会化媒体的主要形式之一,所以本书将对以微博为主的社会化媒体的信息传播机制进行讨论和研究。

第二节　社会化媒体概述

一、社会化媒体的定义

对于社会化媒体,至今还没有一个统一的定义。由于研究者研究的领域和立场不同,研究者们根据自己的理解给社会化媒体进行了不同的定义。美国学者安东尼·梅菲尔德(Antony Mayfield)在其著作《什么是社会化媒体》中将社会化媒体定义为一种给予用户极大参与空间的新型在线媒体。Kaplan 和 Haenlein(2010)认为对社会化媒体的定义与两个相关的概念有关,即 Web 2.0 和用户生成内容(User Generated Content)。Web 2.0 是2004 年软件开发者和终端使用者使用万维网首次提出的,即内容和应用不再是由个人创造和发布,而是由所有使用者不断持续修改的。他们认为Web 2.0 是社会化媒体发展的平台,代表了其观念和技术基础。用户生成内容则被认为是人们使用社会化媒体的所有方式的总和,这个术语在 2005

年得到广泛应用,通常用来描述公开可用的及终端用户创造的不同形式的媒体内容。根据经济合作和发展组织的定义,用户创造内容需满足 3 个基本要求:首先,需要在可公开访问的网站或是社交网站上发布,特定的人群可以访问;其次,需要显示一定程度的创新;最后,需要有别于专业的发布。在此基础上,Kaplan 和 Haenlein 得出社会化媒体的定义:一组建立在 Web 2.0 技术基础上,允许创建和交换用户自创内容的互联网应用。Kietzmann 和 Hermkens 等(2011)认为社会化媒体是采用移动和基于网页的技术创造的高互动性平台,通过这个平台,个人和社区共享、创造、讨论、修改用户创造内容。此外,Kietzmann 和 Hermkens 等提供一个框架来更好地定义社会媒体,他们构建了 7 个功能块:身份、会话、共享、状态、关系、名声和组。

1. 身份

身份功能块代表使用者在社会媒体上透露他们身份的程度,包括姓名、年龄、性别、职业、地址等披露的信息和以特定的方式描绘的用户的信息。

2. 会话

会话指在社会化媒体上使用者和其他人交流的程度。许多社会化媒体网站设计首先是使个人之间和组之间可以进行会话。

3. 共享

共享代表使用者交换、发布和接受内容的程度。"社会化"通常指人们之间进行的交换。

4. 状态

状态指如果其他用户是可以访问的,使用者可以知道信息的程度,包括知道其他人在哪里、在虚拟世界还是在现实世界中、他们是否是可以访问等。

5. 关系

关系代表使用者和其他人相关的程度。有某种形式的相关关系的两个或两个以上使用者交谈、共享社会性对象、见面,或仅仅在列表中将他们加为好友或粉丝。

6. 名声

名声指用户识别别人立场的程度,包括他们自己。大多数情况下,名声指一种信任,但是信息技术还不能很好地制定高质量标准,社会化媒体网站依赖于一种自动总结用户生成内容可信度的工具。

7. 组

组指使用者可以形成社区的程度。网络越"社会化",朋友、同事和联系的组越大。

二、社会化媒体的分类

社会化媒体能够以多种不同的形式来呈现,包括文本、图像、音频、视频等。常见的社会化媒体有博客、微博、论坛、社交网络、维基、播客和内容社区。

Kaplan 和 Haenlein(2010)依据社会化媒体的两个重要元素:媒体研究(社会存在、媒体丰富性)和社会化过程(自我表现、自我披露)的一系列理论建立了一个分类框架。他们结合媒体研究和社会化过程这两个维度,将社会化媒体分成了 6 大类。如表 15-1 所示,合作项目(如维基百科)和博客的社会存在及媒体丰富性较低,因为它们都是基于文字的,只能相对简单地进行交换。另外,内容社区(如 YouTube)和社交网站(如 facebook),因为它们除了可以基于文字进行交流,还可以分享图片、视频和其他的媒体形式。程度较高的是虚拟游戏和虚拟社交世界,它们尝试在虚拟环境中复制面对面互动的所有维度。

表 15-1   社会化媒体分成了 6 大类

自我表现/自我披露	社会存在/媒体丰富		
	低	中	高
高	博客	社交网站	虚拟社交世界
低	合作项目	内容社区	虚拟游戏世界

《社会化媒体营销技巧与策略》这本书中,作者根据社会化媒体作用的不同将社会化媒体分为 9 类:① 社会新闻网站。社会新闻网站主要包括那些允许用户向网站提交新闻、文章、帖子、视频等的网站。② 社交网络。社交网站允许用户上传文档、图片、视频等,用户之间可以相互关注、加为好友,成为别人的"粉丝"。③ 社交性书签网站。社交性书签网站使人们能够收藏并在社区内分享他们喜欢的网站。④ 社会性分享网站。社会化媒体网站的最大特点是能够分享。⑤ 社会性活动网站。在社会性活动网站中,用户可以参加活动。⑥ 博客。博客由论坛和留言板发展而来,是用户原创

内容最古老的形式。博客可以让用户在互联网上发表信息。⑦ 微博。微博可以当成一种非常简约的博客,它的消息长度通常为 140 个字符左右。⑧ 维基。维基是人们分享知识的很好方式,任何人都可以在其中编辑条目。⑨ 论坛和留言板。人们可以利用论坛和留言板来讨论身边发生的任何事。

三、社会化媒体的特点

社会化媒体是一种给与用户极大参与空间的新型在线媒体,Quist(2011)认为社会化媒体本质是将作为物理媒介的互联网变成作为个人媒体的互联网,将口耳相传的信息传递形式搬移到网络上,挑战或已经重新定义一般公共和私人、个人和专业的、友谊和社会关系的传统界限,实现了媒体与个人的有机合一。它具有以下特征:

参与性:传统上,用户使用互联网只是简单地消费内容,包括进行阅读、观看、购买商品和服务。社会化媒体则为人们创造、修改、共享、讨论互联网的内容提供了工具和平台。用户不再是被动地接受,而是主动参与,它模糊了媒体和受众之间的界限。

公开化:大部分的社会化媒体用户都是免费访问的,它们鼓励人们评论、反馈和分享信息。用户可以接受、使用其中的信息。

交流性:传统的媒体采取的是"播出"的形式,内容由媒体向用户传播,单向流动。而社会化媒体的优势在于,内容在媒体和用户之间双向传播,这就形成了一种交流。

对话性:传统的媒体将信息单向地传递给用户,而社会化媒体则具有双向沟通的特点,用户可以使用社会化媒体进行互动。

社区化:在社会化媒体中,人们可以很快地形成一个社区,并以某些共同感兴趣的内容为话题,进行充分地交流。在社会化媒体中,人们可以通过共同的兴趣爱好或关注点组成一个社区,人们在社区中进行交流。

沟通性:大部分的社会化媒体都具有强大的沟通性,通过链接,将多种媒体融合到一起。比如,用户在阅读某条新闻时,可以将其分享到微博中。

规模大:以博客、微博、视频网站等为主要形式的社会化媒体所包含的范围越来越广,社会化媒体的用户规模持续变大。

传播速度快:社会化媒体的信息传播极为快速,改变了以往一对多的信息传播模式,变成多对多的对话模式,以病毒式复制繁衍速度加速了信息的传播速度。如同 Paul GiLLin 在其作品《新影响力人物》中提到的,传统的营销思维长久以来声称一个不满意的顾客会告诉 10 个人,但是在社会化媒体的新时代,他有工具来告诉 1 000 万人。

四、社会化媒体的作用

社会化媒体的发展给政府、个人、企业等带来了巨大的变化,也吸引了社会学、自然科学、神经学等领域的专家进行研究。

1. 政府

随着社会化媒体的飞速发展,社会化媒体已成为连接政府和公众的重要桥梁和纽带。2012 年"问题胶囊"、肯德基问题鸡肉等问题引起了全民热烈的关注和讨论,这就是社会化媒体传播力度的体现,是民意在社会化媒体平台上的凸显,也从侧面反映出公众对社会化媒体的依赖性。在国外,社会化媒体已经较为广泛地被政府采用并在公共关系管理中扮演着重要的角色。很多国家的首脑使用社会化媒体来更新他们的活动,提高支持率或征集有关政策公告的建议(Crawford,2009)。奥巴马就被视为是第一位"Web 2.0 总统候选人",他成功地利用社会化媒体去赢得选民的信心和选票。奥巴马向网民提供了多种可以接触到他的方式,网民可以在社交网站上关注和联系他,可以将录制的视频上传至网络等等。Makinen 和 Kuira(2008)分析了社会化媒体在 2008 年肯尼亚选举后危机两个月中所发挥的作用:社会化媒体使公民能在线互动和分享内容,成为公民交流或参与新闻的另一种途径。社会化媒体产生了另一种公共领域,扩大了公众对危机的看法,使公民能以新的形式参与讨论时局。中国政府最近采取发布官方财务信息的政策,该政策用于中国所有级别的政府。政府发布的信息被媒体放大,特别是基于互联网的社会化媒体,并且引发了前所未有的关于政府腐败问题和金融管理实践的公开讨论。

对于公共关系管理,Eyrich 和 Padman 等(2008)的调查显示大多数公共关系专家认为使用在线交流技术加快了信息到达听众的速度,使他们的工作更加轻松。社会化媒体不仅使公共关系人员在交谈中到达公众,还提供了一个加强与媒体关系的途径。公共信息官员在发生危机和灾难时会定期检测在线媒体报道,在线新闻的来源包括用户驱动的社会化媒体,如微博、微博、视频等。公职人员通过社会媒体访问、监视,解决公共交流问题(Sutton,2009)。此外,频繁使用社会化媒体的公关关系人员更能认清自己的结构化的、专家的和威望的权利,并提高他们在组织中的地位(Diga 和 Kelleher,2009)。

由此可见,社会化媒体在促进政府和公众之间的交流、塑造政府的形象、加快解决公众关注的热点事件等方面发挥着重要的作用。

2. 个人

社会化媒体对用户产生了影响。它提供了一个动态的虚拟环境,使用户置身于产生连续信息和交互性的环境中,影响了用户的思考和行为方式(Fischer 和 Reuber,2011),导致了用户消费行为的变化(Onete,Dina 等,2011),并给我们的工作带来了改变(D'Vorkin,2011)。用户在使用社会化媒体过程中会产生两种类型的信息,第一种类型的信息是在社会化媒体网站上上传和分享丰富的文本、标签和多媒体数据。第二种类型的信息是用户的个人资料信息,可以告诉我们他们有什么样的兴趣(Zhang 和 Nasraoui,2009)。

Zhang 和 Nasraoui(2009)使用基于文档对象模型(DOM)路径字符串的方法对网络页面分类,区分列表页面、细节页、个人信息页,开发一个社会化媒体网站的主题爬行(focused crawling)来增强搜索体验。很多研究关注于社会化媒体特别是社交网络上的用户自我表现和身份建设,Rettberg(2009)关注社会化媒体如何过滤我们输入的数据和显示简单化的模式来代表我们的生活。社会化媒体使用原始数据,用结构化的形式代表他们,来帮助用户认清自己。目前对社会化媒体如何超越互联网本身来改变消费者自身行为的了解还很有限。Woermann(2012)认为,重要的亚文化行为,例如自我观察、学习和培养一种风格,都取决于看到的习惯性做法。当虚拟的社会化媒体变得更广泛时,用户的线下行为会随着改变。他认为社会化媒体创造了个体审美行为的全球协调,包括享乐主义、反射和知识。由于各种原因,个人参加社交网络的程度有很大的差别。神经学家 Kanai Bahrami 等(2012)使用社会网络神经科学数据解决了个人社会网络参与差异性的问题。他们认为个人在社交网站上拥有的朋友数量有着定量变化,实验表明,个人在线社交网络的大小与社会认知的脑结构密切相关。由于社交媒体的爆炸性增长,对内容进行挖掘变得极其重要。Lee(2012)通过挖掘社会化媒体上的内容和提取关联性来描述现实事件。

3. 企业

社会化媒体在改变生活的同时也改变商业模式（Botha 和 Farshid 等，2011），给企业带来了机遇和挑战（Kaplan 和 Haenlein，2010），影响企业的声誉、销售，甚至是生存（Kietzmann 和 Hermkens 等，2011）。到 2011 年，大约 83% 的财富 500 强企业正在使用某种形式的社会化媒体和消费者联系。此外，调查显示，消费者正越来越多地依靠社交媒体了解不熟悉的品牌（Naylor 和 Lamberton 等，2012）。基于网络的社会化媒体的出现使一个人与上百甚至上千人讨论产品或提供产品的公司成为可能。因此，市场上顾客之间的交流被极大地放大了（Mangold 和 Faulds，2009）。企业不再能够控制消费者谈论的内容和次数，企业管理者所需的是有效使用社会化媒体为自身服务。尽管企业被建议投入时间和金钱到社会化媒体活动中去，但很多的管理者对社会化媒体还缺乏必要的认识。

Mangold 和 Faulds（2009）认为社会化媒体是促销组合中的一种混合元素，因为在传统意义上，它使公司直接和客户对话，在非传统意义上，它能使客户和其他人对话。基于社会化媒体对话的内容、时间、频率等超出了管理者控制的范围。管理者必须学会以与组织使命和绩效目标一致的行为来影响消费者的讨论。它们包括为消费者提供网络平台，使用不同的社会化媒体形式来吸引顾客。Naylor 和 Lamberton 等（2012）研究隐藏或显示一个品牌的在线支持者的人口统计特征的影响。通过四个研究表明，即使这些支持者的存在只是被动地经历和虚拟的，他们的人口特征可以影响目标消费者的品牌评估和购买意图。过去的十年里，个人在社会媒体里参与度的增加使公司在沟通和赞助活动方面追求新的途径。一个最近发表的分析数据显示在前 50 位美国公司表示，公司一贯的投资赞助胜过市场平均水平。因此，在社会媒体平台上通过特定的粉丝群体整合赞助和营销活动可能会对公司有一些积极的影响，对于公司的品牌形象和品牌价值的感知或许是有利的。Zauner 和 Koller 等（2012）研究显示，在社会化媒体背景下和现有的顾客中，感知到的受赞助名人的声誉对塑造品牌价值没有影响。

综上所述，社会化媒体在很大程度上改变了人们的生活，更影响了政府和企业，在社会发展中起着重要的作用。它使人们之间的交流变得更加轻松方便；使客户推荐成为一种重要的营销方式，改变了搜索信息的方式，提高了信息的透明度和传播速度。另外，它为企业增加销售，节约成本，建立及加强品牌名声，了解竞争对手及行业动态，维护与目标群体的关系，影响公司在搜索引擎的清晰度，提供了一个很好的平台。现有的文献也对社会化媒体的影响、用户行为的分析、用户生成内容的分析等进行了研究。

社会化媒体产生巨大作用的根本原因在于社会化媒体给用户生成内容提供了传播的平台，然而，如今研究者对于社会化媒体信息传播机制的研究还很少涉及。了解社会化媒体信息传播机制对企业极其重要，它很大限度地影响了企业社会化媒体战略的选择和使用，进而影响了企业的绩效和竞争力。

第三节　信息传播

一、信息传播模式

目前国内外学者已经提出了众多的信息传播模式，本节对这些模式进行大致分类，主要介绍"5W"模式、施拉姆模式和德弗勒模式（倪波等，1995）。

1. "5W"模式

"5W"模式由美国政治学家 H. D. 拉斯韦尔在 1948 年提出，后广为引用，又称传播的政治模式，即谁（who）、说什么（says what）、通过什么渠道（in which channel）、对谁说（to whom）、产生什么效果（with what effect），如图 15 - 1 所示。"5W"模式概括性强，对大众传播的研究起了很大的推动作用。该模式显示了信息传播的一般原则，不失为对传播活动内在机制及要素之间关系的直观和简洁的描述。但这种模式只是单向流动的线性模式，忽略了传播是循环往复的双向流动过程，也忽略了反馈作用。

图 15 - 1　"5W"模式

2. 施拉姆模式

施拉姆模式 20 世纪 50 年代由美国传播学者 W. 施拉姆提出,是较为流行的人际传播模式,如图 15 - 2 所示。此模式强调传者和受传者的同一性及其处理信息的过程,揭示了符号互动在传播中的作用。图中的"信息反馈",表明传播是一个双向循环的过程。广大受众是由个体组成的,而绝大部分个体分属于各个基本群体和次要群体,个体在此群体内对接收到的信息进行再解释,并据此行动。施拉姆模式说明了从一般传播模式走向大众传播模式的趋势,以及把大众传播作为社会的一个结合部分的趋向。

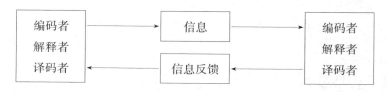

图 15 - 2　施拉姆模式

3. 德弗勒模式

德弗勒模式又称大众传播双循环模式,20 世纪 50 年代后期由美国社会学家 M. L. 德弗勒提出。如图 15 - 3 所示,在闭路循环传播系统中,受传者既是信息的接收者,也是信息的传送者,噪音可以出现于传播过程中的各个环节。此模式突出双向性,被认为是描绘大众传播过程的一个比较完整的模式。

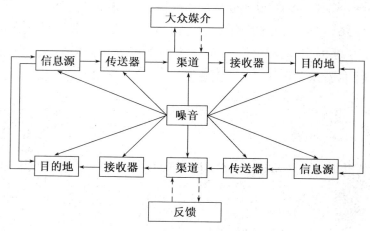

图 15 - 3　德弗勒模式

虽然已有较多的学者对信息传播模式进行了分析并提出了几种经典的信息传播模式,但是社会化媒体信息与传统的信息在多方面有着极大的差异性,这也导致传统的信息传播模式对于分析社会化媒体信息的传播机制有局限性。要分析社会化媒体的信息传播机制,首先需分析社会化媒体传播的特点。

二、社会化媒体信息传播的特点

相较于其他信息传播而言,社会化媒体信息传播具有交互性、虚拟性、跨时空性传播、人员的广泛性等特点,使传统传播者不再占有绝对的控制权和话语主导权,每个人都可以既是传播者又是受众者,在社会化媒体网站上可以发表意见、自由交流。社会化媒体信息传播对传统的信息传播产生了巨大的冲击,改变着人类信息传播的模式(荆磊和叶进,2012)。

1. 交互性传播

电视、广播、报纸等传统媒体所进行的是一种单向传播,用户只是被动地接受职业信息发布人发布的信息。社会化媒体信息传播与传统媒介传播最根本的区别就是它的交互性,社会化媒体信息传播实现了信息的双向互动,信息的传播者和信息的接受者之间可以直接交流,他们之间的地位也是相互变化的,信息的接受者也可以随时变成信息的发送者。网民可以实现与网络资源的互动、与大众传播者的互动、与网站的互动网民之间的互动。这些是在传统媒体条件下无法实现的,这种交互性传播大大增强了网络大众的交互性。

2. 虚拟性传播

网络技术的发展和数字化技术的应用使现实的客观世界转换成了文字、图像、符号等,超越了现实世界的限制而出现了虚拟的社会和虚拟的社会关系。在网络虚拟社会中,任何人都可以采用匿名或虚拟身份表现自我。在网络虚拟性特征中,人们展示的将是最深层面的"本我"。它使人们处在没有社会约束力的匿名状态之中,把网络当作宣泄个人情绪情感的窗口,发表和散布一些偏激片面不负责任不合实情的言论,容易做出宣泄原始本能的行为。

3. 跨时空性传播

互联网信息传播打破了时间和空间的限制,传统媒介会受时间、空间和地域等的限制,而社会化媒体传播在虚拟的空间里,超越了限制,网络到哪里,互联网信息就会很快地传递到哪里。互联网信息传播在全球传递和交流达到了前所未有的深度和广度,使人们的文化意识和理念有了一个全新的境界。

4. 传播人员的广泛性

根据互联网信息传播人员的持续性、深度、专业背景、发布信息的频率等特点,可以把互联网信息传播人员分为职业传播者和非职业传播者。前者是那些把传播信息作为自己在网络上的主要目的,且行为往往具有规律性、持续性的信息发布者,如专业新闻媒体和以信息服务为主要目的的商业网站。后者虽然有传播行为,但一般是偶然为之或者是目的不明确,这样的发布者称之为信息发布或信息传递者更为合适。互联网网络信息中心的报告显示,截至 2012 年 6 月中国互联网用户数已达 5.38 亿,到 6 月 30 日,大约 2.74 亿个中国人拥有微博账户。所以,中国的社会化媒体用户人数众多,传播广泛。

5. 实时性

通过社会化媒体,人们可以随时随地分享各种信息。有些信息可以第一时间到达我们视线,而不是通过传统媒体记者的编辑滞后地出现在媒体上;我们也不需要花钱买报纸、杂志或是观看付费视频,社会化媒体提供了这些。在"金浩茶油致癌事件"中,事情发生半年多都没有向消费者披露,直到有人通过个人微博发表新闻披露事件。另外,用户还可以根据自己的需要对信息进行分类、做标记,以便于查看和管理。

第四节　理论基础

一、150 法则与六度分割

Dunbar(1993)研究了各种不同形态的原始社会,发现在那些村落中大约都是 150 人。他推断出人类智力所允许的稳定的社交网络约等于 150 人,即 150 法则。一些研究显示,人们在多出这一数字的团体中合作的效率会有所降低,人数太多不能进行有效的交流。这一理论也显示出,当个体的生活圈子过于狭小时就会感到孤独。作为个体,我们需要他人的协助来发挥潜能。

Watts 和 Strogatz(1998)通过邮件传递实验得到著名的六度分割理论（Six Degrees of Separation）。六度分割理论指出：你和任何一个陌生人之间所间隔的人不会超过 6 个，也就是说，最多通过 5 个人你就能够认识任何一个陌生人。根据这个理论，人们可以通过 5 个人和世界上任何人进行联系。

社会化媒体将世界各地的人们联系在一起，突破了空间的限制，形成了一个巨大的无边界的在线社会网络。用户通过社会化媒体进行内容的分享、沟通和交流，150 原则和六度分割理论形成了在线社会网络的基础。

二、复杂网络

钱学森给出了复杂网络的一个较严格的定义：具有自组织、自相似、吸引子、小世界、无标度中部分或全部性质的网络称为复杂网络。在这个网络中，每个用户都是一个节点，用户之间的联系是通道。一条信息从信息源发出，可以通过不同的通道到达社会化网络中的其他节点。

1. 复杂网络的形式化描述可分为网络图和关系矩阵

（1）网络图

网络图能够直观地表现用户之间的关系，分成有向图和无向图两种。有向图指节点之间的连接是有方向的，而无向图指节点之间是没有方向的。

（2）关系矩阵

关系矩阵由社会关系网络演变而来，以数值表现两个节点是否有关系。当两者之间没有关系时，数值为零，否则数值不为零。

2. 复杂网络的基本概念

（1）节点度

复杂网络中，节点度（degree）表示一个节点在整个网络中的影响力和作用力，节点的度数越大，意味着越多的人与它有关系，那它在网络系统中的组织作用和关联作用就越大。在社会网络图中，如果两个点由一条线相连，则称这两个点为"相邻的"。与某点相邻的那些点称为该点的"邻点"，一个点的邻点的个数称为该点的"度数"，也叫关联度。在无向网络中，一个点的度数就是与该点相连的线的条数。在有向网络中，点的度数分为点入度和点出度。一个点的点出度是网络中以该点为起点的有向边的数目，点入度是网络中以该点为终点的有向边的数目。我们通常用概率分布函数 $p(k)$ 来表示度分布的概率,它表示的是一个节点有 k 条边连接的概率。

(2)密度

密度(density)是复杂网络分析最常用的一种测度,是图论中一个得到广泛应用的概念。密度是网络中实际存在的关系数目与可能存在的最多关系数目之比。如果一个网络的密度为 1,则意味着该网络中的每个点都和其他点相连,反之,若该网络的密度为 0,则意味着该网络中任何点都不相连。密度表达的是网络中点之间关系的紧密程度。对一个规模确定的网络来说,点之间的连线越多,则它的密度越大(朱庆华和李亮,2008)。

(3)平均路径长度

平均路径长度表示的是网络中所有节点中任意两个节点之间最短距离的平均值。在无权网络中,任意两个节点之间的最短距离等于从一节点到另一节点所要经历的边的最小数目。网络的直径表示所有节点对中最大的那个平均距离。平均路径长度和直径可以衡量整个网络的传输性能和效率。

在社会化媒体中,用户及其关系形成了一个复杂网络。一个人在社会化媒体中的重要性越大,影响力越高,那他的节点度就越高。在社会化媒体中,用户与他人的关系越多,那他的密度就越大。而路径长度指用户和其他人联系所需的中间人的数量,所需的中间人数量越多,则路径长度就越大。

三、信息处理过程理论和 ELM 模型

受众是积极的,会使用特定的媒介内容来满足自己的需求(斯坦利·巴兰等,2004)。社会化媒体给用户提供了海量的信息,用户会根据自身的需要对信息进行处理。信息处理指获取信息并对它进行加工处理,使之成为有用信息并发布出去的过程。信息处理的过程具体包括 4 个阶段:信息的获取、储存、加工、发布。

1. 信息获取

互联网把分布在世界各地的信息资源联系在一起,使用户及时获取信息成为可能。社会化媒体为用户提供了各种形式的信息,包括文本、图片、视频、音频等。不同的信息对用户的价值和意义不同,用户可以根据自己的需要获取信息。在社会化媒体中,用户可以通过关注特定的人、话题等获取

信息或直接点击和搜索所需的信息。

2. 信息储存

在社会化媒体中用户可以对信息进行收藏,加入特定的标签之下。

3. 信息加工

信息数量众多,真假混合,质量良莠不齐。对信息进行加工,可以识别有价值的信息,进行分类。

4. 信息发布

在社会化媒体上,用户可以对加工过的信息进行发布。比如可以对别人的微博进行转发。信息发布过程实际上是信息的传播过程。

关于信息处理,研究者们提出了不同的模型,目前使用最为广泛的是"详尽可能性模型"(ELM),由心理学家理 Richard E. Petty 和 John T. Cacioppo 提出。Petty 和 Cacioppo(1986)认为个人态度的变化有两条发展路线:中心路线(central route)和外围路线(peripheral route)。中心路线指用户需要对信息进行仔细思考和分析,然后形成对行为的判断。外围路线中,用户没有对信息进行详细判断,主要由目标行为的提示来形成态度。中心路线与外围路线主要有 3 个方面的差异(周涛,2009):① 处理信息的类型不同。中心路线处理的是与消息相关的论据,而外围路线处理的是提示信息。② 用户投入的认知精力不同。中心路线中用户投入的认知精力远高于外围路线。③ 两条路线所引发的感知变化的稳定度不同。中心路线所引发的感知变化更为稳定、持久,也预示一种长期行为,外围路线则与之相反。

由此可见,社会化媒体为用户提供了丰富的信息,用户对信息的处理需要经过一系列过程,用户获取信息后进行储存加工,仔细判断自己如何处理信息,而 ELM 模型又为用户的判断行为提供了依据。例如在微博中用户接收到一条信息,经过判断用户可能会对信息置之不理,或进行转发和别人共享,前者对信息的传播不存在影响,而后者则扩大了信息传播的范围。

四、强关系、弱关系理论

"关系"是社会网络研究的核心之一,1973 年 Granovetter 在美国社会科学杂志上发表的《弱关系的力量》一文首次提出了关系的概念。边燕杰对关系(tie)进行了定义:关系指的是人与人之间、组织与组织之间由于交流和接触而存在的一种纽带联系。Granovetter(1973)认为各人际关系网络可以分为强关系网络和弱关系网络两种,并提出通过互动频率、感性力量、亲密程度以及互惠交换4个维度来界定强关系与弱关系。

强关系指的是个人的社会网络同质性较强,人与人的关系紧密,有很强的情感因素维系着人际关系。反之,弱关系的特点是个人的社会网络异质性较强,人与人关系并不紧密,也没有太多的感情维系。Granovetter认为,关系的强弱决定了能够获得信息的性质以及个人达到其行动目的的可能性。

Granovetter认为弱关系在传递资源过程中更重要。强关系之间彼此很了解,其知识结构、经验、背景等相似度高,因此相互交往所增加的资源与信息大部分都是冗余的;而如果在弱关系之间建立某种关系,就可以传递多种多样的资源。所以,增加强关系很少能增加新价值,而弱关系反倒会增加新价值,即弱关系是获取新资源的重要通道。

社会化媒体上关系的强弱受双方互动频率和隐私暴露程度的影响,强关系的双方在现实生活中往往有某种关系,如亲戚、朋友、同事等。不同的社会化媒体上,有着不同的关系网络结构。腾讯、人人等网站更多的属于强关系,而微博则是更倾向于弱关系。强关系社区更强调娱乐性、生活化分享;而弱关系社区更强调信息的价值、快捷,媒体属性更强。根据Granovetter的理论,弱关系能提供更多有效的信息。然而,用户更倾向于相信强关系提供的信息,从而进行信息传播的可能性更大。

五、从众

从众又称羊群效应,Cooley(1902)对从众进行了描述:他人对个体的外表、礼仪、目的、行为、性格等在脑中形成一定的看法,个体对他人看法产生一定的想象,其行为常常受到这种想象的影响。此后,还有其他学者对从众进行定义,从众主要指的是改变个体的观念或行为,使之与群体相一致的一种倾向。从众是一种常见的现象,源于群体对自己的一种无形压力,使成员做出与群体一致的行为。

Sherif(1937)对团体规范的形成进行研究,研究表明一个人对外界的认识或见解受到群体见识和见解的影响。群体规范对每个人的行为和信念起着制约作用。Sherif的研究还发现,在情境越很不明确以及人们不知道如何定义该情境时,人们受到他人的影响也越大。此外,Asch(1951)进行了线段判断实验,研究表明通过观察身边人言行的公众从众与实际上通过感受和思考他人行为的个人接受之间存在重要的区别。此后,有学者对从众的原因、影响因素、动机进行了研究(李文忠和杜建刚,2009)。

1. 从众的原因

迫使人们从众的原因有两类:规范性和信息性。当人们想要获得奖励和避免惩罚时会发生规范性,当个体希望从他人或其他团体那儿获得准确信息时会发生信息性。通常,这两种因素会同时发挥作用。

2. 从众的影响因素

从众的影响因素包括凝聚力和个人因素。凝聚力是个体认为群体的吸引力,是决定我们屈服于群体压力到何程度的一个重要因素。凝聚力高时,来自群体的压力非常明显。当凝聚力低时,来自群体的压力就会降低。倾向于独立的个人具有较强的自我意识和一定的领导才能,往往不太愿意从众。人们相信对自己的行为拥有控制权,当这种控制自由受到限制时,人们往往会采取对抗的方式,这时就表现出不从众。

3. 从众的动机

从众的动机包含两个方面:希望被别人接纳、喜欢、希望自己是对的,以及为了获得对世界的准确认识。

在社会化媒体上,从众现象在很多地方都存在着,用户有受关注度高的信息或人。在天涯等论坛上,用户更倾向于浏览点击次数多的回帖数量多的帖子,从而更加提高了帖子的关注度;在微博中,大家更易关注粉丝数量多的人,成为他们的粉丝。在视频网站上,大家也会更加关注播放次数多的视频。通过社会化媒体上的从众现象,用户可获得更多的信息或和别人建立更多的联系。所以,从众现象有利于社会化媒体上信息的传播。

第五节　计算实验模型设计

基于社会化媒体信息传播的以上特点,我们将采用计算仿真的方法来研究社会化媒体的信息传播机制。计算仿真是利用计算机技术,借助计算机构造实验对象、实验环境和实验平台,模拟现实世界物质运动的动力学规律,对科学问题进行实验研究的一种方法。因此,计算仿真实验就是通过基于计算机技术的可控制、可复现的实验,来研究系统要素之间的相互作用及其整体涌现现象的演化过程,通过抽取和分析研究者感兴趣的参数,来研究其变化对整体系统演化的影响,以期更深入地观察和理解现实世界(盛昭瀚、张军等,2009)。

在社会化媒体信息传播模型中,我们将基于代理进行建模,并引入两个模块:社会网络模型设计和人个体设计。

一、代理

基于代理的建模方法是指运用面向代理的思路,对现实系统进行抽象,在计算机环境中产生需要研究的人工社会系统,通过人工社会系统内部元素之间的交互行为研究整个系统的动态演化过程。简单说来,本书利用系统建模工具 NetLogo 将信息传播中的个体抽象成了一个个"代理"(Agent),并设置了相关规则,使得代理(Agent)能够模拟真实的个体来进行信息传播的行为决策,从而模拟了一个真实世界的信息传播机制、分析了整个系统的"涌现特征"。本书是将实验中的代理仿真成为信息传播过程中的参与者,并通过仿真的结果来研究在社会化媒体上信息传播的路径和方式。

二、社会网络模型设计

社会化媒体上人与人之间的联系,形成一个发散没有边界的庞大的社交网络。社会化媒体本质上是一种在线社会网络,社会网络可以看成是社会化媒体用户及其间关系的集合。随着复杂网络理论研究的深入,越来越多的研究者将复杂网络研究方法应用到社会网络的分析中。我们主要构建基于复杂网络理论的社会网络模型。

复杂网络主要模型有随机网络模型、小世界网络模型、无标度网络模型。

1. 随机网络模型(ER 模型)

该模型是 20 世纪 50 年代末由 Erdös 和 Rényi 首次提出,他们提出了两个随机图模型,这两种模型在一定条件下可以相互替代使用。第一个模型假定有 n 个节点,每一对节点连接的概率为 p,该模型称为 $G_{n,p}$,$G_{n,p}$ 是具有 m 条边及 m 条边出现的概率为 $p^m(1-p)^{M-m}$ 的图的集合,其中 $M=$

$n(n-1)/2$,表示的是最大可能的边数。Erdös 和 Rényi 定义的第二个模型称为 $G_{n,m}$ 的相关模型,该模型具有 n 个节点,m 条边的图由 N 个带标度的节点和从 $N(N-l)/2$ 条可能的连线中选取 m 条连线连接所组成的图形。这样的图形总共存在 $C_{n(n-1)/2}^m$ 种可能,其中每一种图出现的概率都是相等的,这些图构成了概率空间。事实上,$G_{n,p}$ 模型的许多结果可以直接用在 $G_{n,p}$ 模型中,只要令 $m=pC_n^2$ 或 $p=2m/n(n-1)$,则两个模型 $G_{n,m}$ 和 $G_{n,p}$ 互相等价,两种模型的结果可以互相推广(倪涛,2012)。

2. 小世界网络模型(WS 模型)

小世界网络模型是由 Watts 和 Strogatz 于 1998 年提出的,它介于完全规则网络和完全随机网络之间,有一定的少量的随机连接概率 p 不为零。该模型有 N 个节点的一维规则圆形网格开始,圆环上面的每个节点都与两 m 条边相连,然后以一定的连接概率 p 对每条边进行随机化重连,重边和自我连接除外,这些随机重连的边叫"长程连接"。后来 Newman 和 Watts 对 WS 模型做了进一步的研究,提出"NW 模型",NW 模型只是将 WS 小世界模型中的"随机化重连"改成"随机化加边"。研究表明,当 p 较小或者 N 较大的情况下,该模型与 SW 是等价的。该模型既继承了 WS 模型的小世界特性,又不会出现破坏网络连通的情况。

3. 无标度网络模型(BA 模型)

1999 年,Barabási 和 Albert 发现了现实网络中的两条规则:增长性和择优性。他们第一个提出了随机的无标度网络模型,首次导出具有幂律度分布的网络。他们在研究 WWW 网络的动态演化过程中,发现了存在许多节点服从幂率分布的复杂网络,这些网络具有大规模的高度自组织性。由于这些网络没有特征长度,就把服从幂率分布的网络称为无标度网络模型。具体如下:

(1)增长:初始阶段网络中只有少量节点 m_0,在每个时间步长 t 添加一个具有 $m(\leqslant m_0)$ 条边的新节点,并且连接到已存在于网络中的 m 个节点上。

(2)择优连接:当新增加的节点与旧节点连接时,假设新节点连接到节点 f 的概率 π,取决于被连接节点的连通度 k_i,即

$$\pi(k_i) = k_i / \sum_j k_j$$

即在 BA 模型的初始阶段存在少量节点 m_0,之后以每个步长的时间为单位向网络中添加一个具有 $m(\leqslant m_0)$ 条边的新节点,与已存在网络中的不同节点进行连接。连接的规则是新增的节点与被选节点连接的概率 π 和被选节点的度成正比,称之为择优连接或者偏好连接。

ER 随机网络具有小的平均距离却没有大的群聚系数,不能很好地符合真实世界的小世界特性,小世界网络正好综合了它们的优点,同时具有小的平均路径和大的群聚系数。但是,WS 模型的度分布与许多现实网络都不相符,用来描述社会化网络具有局限性。所以,在本次建模中我们采用 BA 模型。

三、人个体设计

用户在社会化媒体信息传播过程中起着极其重要的作用,没有人就不能建立关系,信息也就不能进行传播和流动。根据用户在社会化媒体信息传播过程中充当的角色,将人们分成 3 个不同的群:信息未知者、信息传播者和信息知情者。

1. 信息未知者

信息未知者,即用户从来没有接收到这个信息。用户没有收到信息,其原因主要可以分为两种:用户没有关注和信息是不可得的。第一种原因是指信息对用户来说是可得的,但用户没有关注它。社会化媒体发展的同时带来了大量的信息,发布的信息很容易淹没在信息群中,大多情况下很难引起用户的关注,而用户即使注意到了,他也会判断是否需要阅读该信息。信息要引起用户的关注,其标题和语言要极具特色,可以是有趣的、感情色彩强烈的或其他形式。同时,根据弱关系理论,弱关系给用户带来大量信息,但是用户更加关注强关系带来的信息。第二种原因是指用户没有途径获取某个信息,信息对于用户是不可得的。在微博中个人发布的信息,其粉丝是其设定的特定群体,可以第一时间获得该信息,而其他用户则较难获得。一些社会化媒体网站采用会员制度,部分信息对特定的群体是不可得的。作为信息未知者,用户没有获得该信息,所以不会进行信息的传播。

2. 信息传播者

信息传播者,即用户接收到信息并进行了传播。根据信息处理过程理论和 ELM 理论,用户获取信息后会进行分析和判断,然后决定自己的行为,是传播或是不传播。影响用户行为的因素有很多,根据强关系理论,用户更加相信强关系信息的真实性,从而进行传播的倾向更大;而信息对用户的有效程度也发挥着重要的作用,当用户感知到信息是有用或是有趣时,用户可能会选择与朋友分享。而有一些社会化媒体网站对用户传播信息进行激励,如换取积分或提高等级,这种奖励会使用户在传播信息过程中得到满足感。此外,频繁地传播信息可能会提高自身的关注度,从而感知到虚拟地位的提高。

3. 信息知情者

信息知情者,即用户接收到了信息但并没有去传播它。用户接收到信息进行判断后,决定不对其进行传播。根据从众理论,用户关注信息可能是受到其他人的影响,当感知到的有效性较低时,用户可能会选择不传播。相关的研究显示,大部分社会化媒体的参与者是"潜水者",即他们在社会化媒体平台上只是获取信息而不传播信息。

信息是在信息未知者和信息传播者之间传递的,通过传播者一步步向周围的人进行传播。如果信息接收者是一个未知者,他成为信息传播者的概率是 λ。如果信息接收者是一个知情者,或者是另一个传播者,那么资源传播者成为知情者的概率为 $1/\alpha$,这里的 α 表示周围传播者和知情者的数目。

第六节 类似 twitter 的社会化媒体中信息传播机制研究

现今,最广泛使用的社会化媒体形式是微博,世界上最流行的微博网站是美国的 twitter,到 2012 年其注册用户已超过 5 亿。在 twitter 上,用户关注别人和互相关注(即"互粉"),而社交网站上的用户之间只有一种关系,即互相关注,这个特点让信息在微博用户中的传播变得不一样。本书通过建立一个无标度网络的 BA 模型来进行建模,用代理仿真模型来研究类 twitter 网站上的信息传播机制。

一、类 twitter 网站的特征

和其他社交网站类似,twitter 也是需要用户注册、填写个人信息、选择关注已有用户,并在 140 字以内发布他们的想法和心情的一个网站。当你

关注的用户发布了新鲜事,这些新信息会出现在你的 twitter 主页上(Java 等,2009)。但是,那些没有被你关注的人发布的新鲜事不会出现在你的 twitter 首页上。换句话说,因为 twitter 上的用户太多,你找不到这些新鲜事。当你看到其他人的新鲜事以后,你可以转发,这样那些关注你的用户就能在他们的 twitter 首页上看到(Boyd 等,2010),这就是 twitter 最好的一个特点。

twitter 和 facebook 的区别就是:在 facebook 上,如果你希望关注 A,那么你必须先发送给 A 一个请求,等待 A 的回复。如果不这样,你就不能"跟踪"他。一旦 A 同意了你的请求,你和 A 就成为朋友了,不管他愿不愿意,他都能看到你的新鲜事。但是,在 twitter 上,你可以自由地去关注 B 而不需要征得 B 的同意,B 也不会收到你的新鲜事除非他选择和你"互粉"。换句话说,在类 twitter 网站中,用户之间的关系是直接的,所以说信息的传输也是直接的(Suh,B. 等,2010)。

除了上文提到的,twitter 的页面结构也和 facebook 差不多。在一个人的主页上,别人能看到这个人关注了谁,谁关注了他/她。当你在考虑关注某人时,你会考虑有多少人关注了这个人。这个人有越多的粉丝,你就越有可能关注他,因为这么多粉丝做出决定肯定是有原因的。结果就是有一些人的粉丝会比平均水平多。并且我们可以很合理地推测这些人传播信息或者发布他们的想法会对别人有更大的影响力。

二、模型

1. 假设

(1)类 twitter 网站拥有无标度网络的用户结构。如上文提到的 Barabási 和 Albert 等人(1998)发现万维网是由少数高连接性的页面串联起来的。绝大多数的网页只有不超过 4 个超链接,但极少数页面却拥有极多的链接,超过 1 000 个。Barabási 等人将其称为"无标度"网络,其典型特征是在网络中的大部分节点只和很少节点连接(节点的"度"很小),而有极少的节点与非常多的节点连接(节点的"度"非常高)。并且 Java、Song 等调查了网络用户结构,并发现了 twitter 社交网络的幂律指数是—2.4,和网站以及博客圈很接近。换句话说,类 twitter 网站的用户拓扑结构可以被看作是无尺度网络(Java 等,2009)。

（2）该网络是有向网络。网络是一个定向的网络，用户可以搜寻影响力大的人。换句话说，找到有很多粉丝的人，去关注他。为了得到更多的注意力和影响，这些有很多粉丝的人通常会关注他的粉丝。所以说，在这样的网络中有两种关系存在：朋友，即彼此关注；追随，即你关注他，但是他并没有关注你。

（3）一旦形成网络结构就不会发生变化。尽管现实社会是不断变化的，因为有新的用户加入，用户会改变他所关注的人。因为信息传播的速度非常快，一些网络结构细小的变化不会改变信息传播最后的状态，所以笔者决定不考虑这个问题。

（4）用户会与他的粉丝以及他所关注的人完全接触。一个人可以知道他有多少粉丝以及他关注了哪些人。

（5）一个用户的粉丝越多，那么他给他粉丝的影响就会越大。一个用户的粉丝越多，那他更易被粉丝认可，他发布的信息的传播范围越大，给粉丝的影响就越大。

2. 模型

类 twitter 网站客户结构是一个无标度网络，我们利用一张有向图来描述它。在这张图里，如果用户 A 关注用户 B，那么信息就会从 B 流向 A。这样，B 和 A 之间就有了直接的联系。我们定义用户 A 的向外分支度来描述 A 的粉丝人数，向内分支度来描述 A 关注的人数。

将人划分为 3 种类型。第一种是传播者，通过微博传播信息。第二种是知情者，不会传播信息的人。最后一种是未知者，从未听说过信息。我们期望能够发现信息在类 twitter 网站上传播的结果，并且这个结果不只表明了最后会有多少未知者和知情者，还能够知道多少人是相信这个信息的、多少人是不相信这个信息但是仍然会去传播它、多少人相信这条信息但是不会去传播它。因为网络结构和现实社会不同，如果我们能发现用户相信信息的规则，去引导传播以及抑制传播，那么我们可以很容易地通过制造规则去看结果。

信息开始于一些人成为传播者。他们转发了这条信息，所以他们的粉丝能看见这条信息。而传播者并不知道他的粉丝是属于 3 个群体中的哪个群体，所以他们不能决定后续如何发展。考虑到这个问题，如果我们让接收者决定如何去做那会变得更加有意义，因为接收者准确地知道他自己和传播者是属于哪个群体的。如果接收者是一个未知者，他成为传播者的概率是 λ。如果接收者是一个传播者，那么他成为一个知情者的概率是 α。在这种情况下,如果传播者从未从其他人那里听说过信息,那么他很可能会传播信息,因为没有可以让他停止的原因。所以,每一个传播者都有最大传播时间。最大传播时间的大小描述了一个人传播信息的热情。

接下来讨论的是信息的相信过程。本书定义了用户会展示他的影响力的这种特性,用 INF 去代表这种特性,INF 等于外向分支度除以内向分支度,即

$$INF = \frac{out\text{-}degree}{in\text{-}degree}$$

一个人有越多的关注者,他的 INF 指数就越高。当用户 A 听到其他用户们的信息以后,他会感知到不同的 INF,并将它们加总。接下来他会把加总后的 INF 与阈值进行对比,这样就会帮助他决定是否去相信一条信息。这里我们将阈值设定为自己的 INF 值的 0～10 倍。一般情况下,人们都倾向于自己去判断别人的影响力,这样让 INF 成为一个相对概念。阈值是一个和 INF 相对的变量。本书将它定义为 INF 的 0～10 倍,其他的定义方式将会改变调查的结果。

在传播的结尾,将不会有传播者的存在,只有知情者和未知者。这两个群体都包括了相信信息和不相信信息的人。笔者所关心的是什么因素影响了人们相信或者不相信的比例。考虑到微博网站的动态特性,结构的改变非常频繁,经常会有新的用户加入、新的关系产生。这些信息会出现在新用户的主页上面,然后又会再一次进行信息的传播。无标度网络信息传播模型如图 15 - 4 所示。

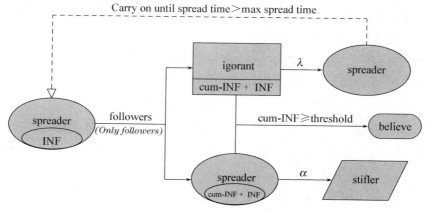

INF＝out-degree/in-degree, threshold＝(0—10)×INF, max spread time is pre-set

图 15 - 4   无标度网络信息传播模型

3. 建模的过程

我们运用上文提到的 Barabási 和 Albert 在 1999 年的论文中提出了 BA 模型来解释复杂网络的无尺度特性。分为两步,第一步先建立无标度网络的 BA 模型,第二步在建立的 BA 模型中模拟信息的传播。

(1) 第一步建立定向无标度网络的 BA 模型。如文献回顾中提到的建立无标度网络的 BA 模型要模拟出两个假设,即增长模式和优先连接模式。

增长模式:不少现实网络是不断扩大、不断增长而来的,例如互联网中新网页的诞生、人际网络中新朋友的加入、新论文的发表、航空网络中新机场的建造等等。

优先连接模式:新的节点在加入时会倾向于与有更多连接的节点相连,例如新网页一般会有到知名的网络站点的连接、新加入社群的人会想与社群中的知名人士结识、新的论文倾向于引用已被广泛引用的著名文献、新机场会优先考虑建立与大机场之间的航线等等。

基于这两个假设,我们建立无标度网络的 BA 模型的具体步骤包括:

① 将初始阶段的一些代理 m_0 相互连接起来。

② 在每一个时间阶段,向网络中加入一个新的代理,并使得 $m(m \leqslant m_0)$ 与已存在的代理连接起来。加入的规则是:新加入的代理会和代理 i 连接的概率取决于这个代理的外部联系 out-k_i,得到

$$\prod \text{out}-k_i = \text{out}-k_i / \sum_j \text{out}-k_j$$

这个过程是模拟了 BA 模型中的优先连接模式,即新加入的代理寻找到原代理中具有较高度数的代理,并与之连接。

③ 当老代理与新代理连接时,follow back rate(fbr)可以表示老代理与新代理建立直接联系的概率。这是考虑了类推特网站进行的模拟,因为在类推特网站中,存在两种关系,一种是单向关注,即第二步中模拟的新加入代理与原代理的连接;另一种是双向关注,即新代理连接了原代理之后,原代理也有可能与新代理进行连接,形成双向的信息流动。

④ 计算每一个代理的 INF,INF 等于外向分支度/内向分支度。计算出 INF 后,用来与新加入代理设定的阈值进行比较,作为是否接受信息的依据。

(2) 第二步模拟信息传播过程。在第一步建立的无标度网络的 BA 模型的基础上,第二步我们要开始模拟信息在 BA 模型中的传播路径。

① 将一些代理变成传播者,以开始信息的传播。

② 定义最大传播时间,每个传播者传播信息不超过最大传播时间。

③ 定义阈值介于 0 到 INF 乘以阈值。

④ 信息从传播者传向他可能的邻居。假设 A 是其中的一个代理。如果 A 是未知者,他将会有 p 的概率成为一个传播者。如果 A 已经是一个传播者,他将会有 r 的概率成为一个知情者。如果 A 是一个知情者,信息将没有可能接近他。

⑤ 每当一个代理听到信息时,他都会将信息来源的代理的 INF 值加到自己计算出来的 INF 值上面。在传播结束时,如果一个代理计算出来的 INF 值大于他的相信阈值,他就会选择相信;如果 INF 小于阈值,他会选择不相信。

具体代码如下显示,图 15-5 为模型的软件接口。

```
globals
[
    indegrees      ;; this is an array that contains each node
    outdegrees     ;; the more frequently the node is linked
                   ;; the more times it will appear in this array
                   ;; as is said in "Preferential attachment" rule
    new-node
]


turtles-own
[
    believed?
    spreading?
    stifler?
    INF
    threshold
    cum-INF
    left-spread-time
]
```

```
;; setup procedures

to setup
  clear-all
  set-default-shape turtles "circle"
  set indegrees []
  set outdegrees []        ;; initialize the array

  ;; makes four first node and scatter
  ;; just start a network
  make-node

  let prev-node new-node
  if init-node-num ! =1[
    repeat (init-node-num — 1) [
      make-node
      make-edge new-node prev-node
      set prev-node new-node
    ]
  ]

  while [count turtles < num-nodes] [
        make-node

    repeat m [
     let partner find-partner new-node
     ask partner [ set color gray ]
     make-edge new-node partner
     ]
    if layout? [ layout ]
    if plot? [ do-plotting ]
  ]

  init-turtles
```

```
    repeat (round (init-infect-rate * num-nodes))[
        infect-one
    ]
end


to spread
    if all? turtles [ not spreading? ]
        [
            file-open "dataBelieved. txt"
            file-write (count turtles with [believed?])/(count turtles) * 100
            file-write (count turtles with [color=green]) / (count turtles) * 100
            file-write (count turtles with [stifler?]) / (count turtles) * 100
            file-write (count turtles with [not stifler? and believed?]) / (count turtles) * 100
            file-write fbr
            file-write p
            file-write r
            file-write max-spread-time
            file-write m
            file-write init-infect-rate
            file-write threshold-multiplier
            file-print ""
            file-close
            stop
        ]
    ask turtles with [ spreading? ]
        [
            let out-INF INF

            set left-spread-time left-spread-time - 1
            if (left-spread-time <=0) [
                set spreading? false
                if else (believed?)
                    [set color red]
```

```
      [
        if (stifler?)
        [set color gray]
      ]
    ]

    ask out-link-neighbors    ;n-of (round ((count out-link-neighbors) * r))
      [
        if (spreading? and random-float 1 <= r)
        [
          set stifler? true
          set spreading? false
          set color gray
        ]

        if (not stifler? and random-float 1 <= p)
        [
          if (not spreading?) [
            set spreading? true
            set color pink
          ]
          set cum-INF cum-INF + out-INF
          if cum-INF >= threshold
          [
            set believed? true
            set color red
          ]
        ]
      ]
  ]

  tick
  update-plot
end
```

```
to make-node
  crt 1
  [
      set color green
      set size 1. 5
      rt random-float 360
      fd 8
      set new-node self
      set outdegrees fput self outdegrees
  ]
end

to-report find-partner [node1]

  let partner node1

  set partner one-of outdegrees

  let check it true
  while [checkit] [
    ask partner [
        if else ((in-link-neighbor? node1) or (out-link-neighbor? node1) or
              (partner=node1))
        [
            set partner one-of outdegrees
            set check it true
        ]
        [
            set check it false
        ]
    ]
  ]
```

```
    report partner
end


to make-edge [node1 node2]
  ask node1 [
    if else (node1＝node2)
    [
      show "error：self-loop attempted"
    ]
    [
      create-link-from node2
      setxy ([xcor] of node2) ([ycor] of node2)
      rt random 360
      fd 8
      set indegrees fput node1 indegrees
      set outdegrees fput node2 outdegrees
      if (random-float 1 ＜ fbr)
      [
        create-link-to node2
        set indegrees fput node2 indegrees
      ]
    ]
  ]
end


to infect-one
  ask one-of outdegrees [
    set spreading? true
    set color pink
  ]
end


to init-turtles
  ask turtles [
```

```
        set color green
        set believed? false
        set INF (count out-link-neighbors) / (count links)
        set threshold random-float ( threshold-multiplier * INF )
        set cum-INF 0
        set stifler? false
        set left-spread-time random(max-spread-time)
        set spreading? false
    ]
  end


  to reinfect
    clear-plot
    reset-ticks
    init-turtles
    repeat (round (init-infect-rate * num-nodes))[
      infect-one
    ]
  end


  to do-plotting ;; plotting procedure
    let max-degree max [count out-link-neighbors] of turtles


    set-current-plot "Degree Distribution"
    plot-pen-reset   ;; erase what we plotted before
    set-plot-x-range 1 (max-degree + 1)   ;; + 1 to make room for the width of
the last bar
    histogram [count out-link-neighbors] of turtles


    ;; for this plot, the axes are logarithmic, so we can't
    ;; use "histogram-from"; we have to plot the points
    ;; ourselves one at a time
    set-current-plot "Degree Distribution (log-log)"
    plot-pen-reset   ;; erase what we plotted before
```

```
;; the way we create the network there is never a zero degree node,
;; so start plotting at degree one
let degree 1
while [degree <=max-degree]
[
    let matches turtles with [count out-link-neighbors=degree]
    if any? matches
      [ plotxy log degree 10
              log (count matches) 10 ]
    set degree degree + 1
]
end

to update-plot
  set-current-plot "Network Status"
;   set-plot-x-range 0 ticks
;   set-plot-y-range 0 (num-nodes + 1)
  set-current-plot-pen "spreader"
  plot (count turtles with [spreading?]) / (count turtles) * 100
  set-current-plot-pen "believed"
  plot (count turtles with [believed?]) / (count turtles) * 100
  set-current-plot-pen "stifler"
  plot (count turtles with [stifler?]) / (count turtles) * 100
  set-current-plot-pen "igorant"
  plot (count turtles with [color=green]) / (count turtles) * 100
  set-current-plot-pen "po-harm"
  plot (count turtles with [not stifler? and believed?]) / (count turtles) * 100
end

to layout
    repeat 3 [layout-spring turtles links 0.2 4 0.9]
  display
end
```

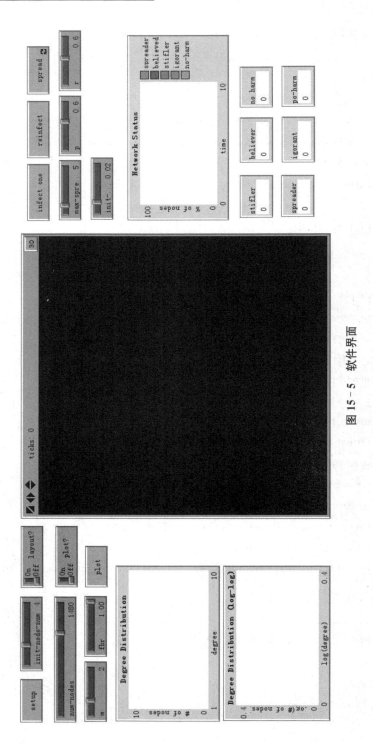

图 15 - 5　软件界面

三、结果与讨论

1. 结果

建立网络以后,笔者用原始数据和测井数据来检测度分布,如图 15－6 和 15－7 所示,它和无标度网络拟合得很好。

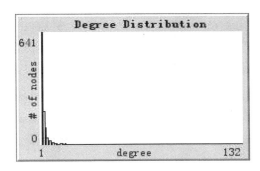

图 15－6　通过模型模拟的分布(出)结果

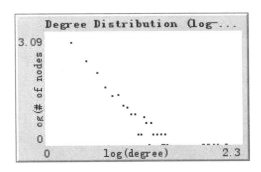

图 15－7　通过模型模拟的分布(log)结果

（1）follow back rate 的影响

如果 follow back rate 为 0,那么信息是单向传递。如果 follow back rate 是 100%,那么网络就类似于传统的社交网络。

经过多次运算,代理相信信息的概率是显著不同的。在传统的社交网络中,只有一种用户关系存在,最终的比例会比较低,在 41%～44%。但是在类 twitter 网站中,存在两种关系,相信者的比例会变高。当 follow back ratio 为 0 极端值时,相信者比例介于 71%～76%。在置信度为 0.001 的水平时,这种不同是显著的(如图 15－8 和图 15－9 所示)。

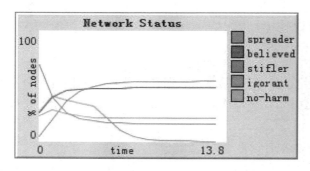

图 15 - 8 follow back rate 为 1 的结果显示

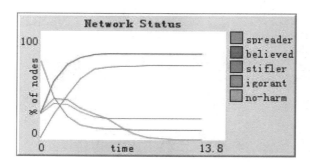

图 15 - 9 follow back rate 为 0 的结果显示

（2）其他的比例

从未听说过信息的未知者对于信息的传播来说非常的重要，它代表了传播的效率。当 follow back ratio 为 1 时，即在传统社交网站上，未知者的比例一般在 20% 左右。在类 twitter 网站中，未知者的比例为 10%。这说明，在类 twitter 网站中，传播的效率更加高，这样不知道这条信息的人就会越少。

不管相不相信信息，用户都可以传播信息。即使不相信信息的人也可以传播它，并且即使相信信息的人也不一定会传播它。最后，如果一个用户不是知情者，并且同时他又相信这条信息，那么在有新用户加入时他会继续传播信息。当 p 大于 0.5、r 很大时，这个比例在两种网络中都是 15% ～ 20%。但是当 r 很小时，这说明接收者变为知情者的概率很小，这时候潜在的传播者概率很大，达到 50%。

即使不是每个变量都能达到极值状态，如图 15 - 9 所示的概率，大部分的人是没有听说过信息的，可能的原因是信息发起者的关注者非常少。这代表着一种状态即信息很可能是假的,并且只有一小部分的人在关心它。这种情况不可能发生在不定向网络中,因为不定向网络当中信息是双向传播的。

2. 贡献

(1) 对学术研究的贡献。本书通过建立一个新模型来扩展经典信息传播模型,并考虑了在无标度网络中两种不同的关系。传统的信息传播一般为单向的,而类推特网站上的用户之间存在两种可能的关系,单向关注和相互关注,这就导致了信息传播的方式也有两种,即信息的单向传播和信息的双向传播。本书考虑了类推特网站的这一特点,并在无标度网络的基础上建立起了 BA 模型。

相信机制也被考虑进模型,这样可以将知情者概率的关注转移到相信者的概率上。在经典模型中,最后 3 组不同的人的概率是独立于信息来源的。但是在两种关系存在的网络中,信息在小范围内传播是有可能的,并且 3 组的比例是不一样的。这是因为单向关系的原因,信息只能向一个方向传播。

(2) 对实践的贡献。我们在研究中发现,相比于传统的社交网站,在类推特网站中信息传播的速度更快,人们相信信息的比例更高,并且在他们不相信时,传播的可能性也变得更大。所以,对微博的应用与管理要从信息传播的特点来考虑。

对于微博网站来说,它们不会控制 follow back rate,并且他们也没有意图这样做。现在很多公众名人都成为微博的活跃用户,并且拥有很多的关注者,但他们本身并不会关注很多人。这个事实使得信息极易爆发,并且让人们相信这个信息。改变的一种方式是提升 follow back rate,让人们听到更多的意见,从而降低名人们的影响力。只有这样才能使得微博成为表达的渠道,而不是倾听的渠道。即对于类推特网站来说,具体的做法有:

① 设立官方微博,使得信息有一个正规的渠道来发布。比如一些政府机关、公安机关等开通微博,与人们进行交流。

② 对名人进行实名认证。

③ 微博网站应该加强对微博的管理,对出现的假消息要及时辟谣,以免更多人误信。

对于试图在类推特网站上进行微博营销的商家或企业来说,信息相信与否很大程度上取决于 INF 的值,即关注的人较少,而粉丝越多,则证明这个微博用户的言论是可信的、具有权威的,即微博营销的商家和企业应该加强他们的言论影响力。具体做法有:

① 在微博上多发有趣的、实用的信息来增加自己的人气。

② 不发假信息,以免彻底伤害自己的微博以及企业形象。

③ 采用一些转发有奖、关注有奖等活动来推广自己的微博。

对于在微博上进行浏览的普通用户来说,应当辨别真假消息,以防上当受骗。除此之外,潜在的有危险的人会让信息带来的损坏继续下去。这种类型的人是存在的,不管变量如何变化。但是如果 r 很大,就表明潜在危险的人数量比较小。所以对于微博上的用户来说,辨别真假对错很重要,而不是盲目地听别人怎么说。

四、局限和展望

在模拟的过程中,我们发现如果不用最大传播时间来限制,那么每个人都会成为传播者。尽管用户对于信息传播的热情有限,但是设定一个阈值将会改变一些结果。

没有足够的文献提到用户决定是否相信信息的阈值这个问题。这个阈值对于笔者提到的很多比例有很大的影响。笔者只是简单地将它设置为随机介于 0 到用户 INF 值乘以阈值乘数。合理的阈值是跟用户自己的 INF 值相关的,并且 INF 值越大,阈值就会越大。一个公众人物相信一个普通用户所说的概率显然比较低,也有可能是因为有很多不可预测的因素,这就是为什么要用随机方式了,但是这仅仅是假设。检测它的方式是通过从微博中提取数据,验证一个用户的影响力和他相信别人的趋势之间的关系。

相信机制不是唯一的一件有局限的事情。INF 的定义只是对一个用户真实影响力的粗略估计,它应该还要包括发布信息的能力、活跃度和用户覆盖面等等。

本书的模拟是基于编程语言创建出来的网络。在未来的研究中,传播过程可以在类 twitter 网站衍生出来的真实网络中被模拟。本书的结果可以检测来看它们是否正确。

本章小结

随着互联网技术、移动技术的不断进步和社会化媒体的快速发展,使用社会化媒体已经成为人们日常生活的重要组成部分。随之而来的是呈爆炸性增长的社会化媒体信息及其病毒性传播,给个人、政府、企业等带来了难以预测的影响。所以,对社会化媒体的信息传播进行研究有着重要的意义。本章对社会化媒体进行了概述,分析了社会化媒体信息的传播特点并对社会化媒体信息传播进行建模,最后研究了类 twitter 网站的信息传播。在分析类 twitter 网站上的信息传播机制时,我们建立了一个无标度网络模型,并用代理仿真方法来研究,希望可以对研究信息在其他社会化媒体上的传播提供思路。本章主要是对社会化媒体的信息传播进行研究,然而在社会化媒体信息传播过程中还存在诸多问题,在未来可以进行研究。社会化媒体的发展使信息的传播更方便,但同时也给信息内容安全问题带来了巨大挑战。社会化媒体内容真假难辨、质量参差不齐,带来了严重的安全问题。对社会化媒体信息传播过程中如何对信息进行过滤和筛选进行研究将有重要的意义。此外,基于社会化媒体传播的研究,个人、企业等组织如何更好地使用社会化媒体也非常值得研究。

参考文献

[1] Asch S E. Effects of group pressure upon the modification and distortion of judgments[M]. Pittsburgh: Carnegie, 1951.

[2] Botha E, Farshid M, et al. How sociable? An exploratory study of university brand visibility in social media[J]. South African Journal of Business Management, 2011, 42(2):43 - 51.

[3] Boyd D, Golder, Lotan G. Tweet, tweet, retweet: Conversational aspects of retweeting on twitter[C]//43rd Hawaii International Conference on Systems Sciences. IEEE, 2010, (1/2/3/4/5):1657 - 1666.

[4] Cooley C H. Humannature and social order[M]. New York: Charles Scribner's and sons, 1902.

[5] Vorkin D L. Social media changes our jobs[J]. Forbes, 2011,188(2):8.

[6] Diga M，Kelleher T. Social media use，perceptions of decision-making power，and public relations roles[J]. Public Relations Review，2009，35(4):440 - 442.

[7] Dunbar R I M. Coevolution of neocortical size，group size and language in humans [J]. Behavioral and Brain Sciences，1993，16(4):681 - 693.

[8] Eyrich N，Padman M L，et al. PR practitioners' use of social media tools and communication technology[J]. Public Relations Review，2008 34(4):412 - 414.

[9] Fischer E，Reuber A R. Social interaction via new social media：(How) can interactions on twitter affect effectual thinking and behavior? [J]. Journal of Business Venturing，2011，26(1):1 - 18.

[10] Granovetter M. The strength of weak ties[J]. American Journal of Sociology，1973,78:1360 - 1380.

[11] Java A，Song X，Finin T，et al. Why we twitter：An analysis of a microblogging community[J]. Advances in Web Mining and Web Usage Analysis，2009，5439：118 - 138.

[12] Kanai R，Bahrami B，et al. Online social network size is reflected in human brain structure[J]. Proceedings of the Royal Society B：Biological Sciences，2012，279 (1732):1327 - 1334.

[13] Kaplan A M，Haenlein M. Users of the world，unite! The challenges and opportunities of social media[J]. Business Horizons，2010，53(1):59 - 68.

[14] Kietzmann J H，Hermkens K，et al. Social media? Get serious! Understanding the functional building blocks of social media[J]. Business Horizons，2011，54(3):241 - 251.

[15] Mangold W G，Faulds D J. Social media：The new hybrid element of the promotion mix[J]. Business Horizons，2009，52(4):357 - 365.

[16] Naylor R W，Lamberton C P，et al. Beyond the "Like" button：The impact of mere virtual presence on brand evaluations and purchase intentions in social media settings[J]. Journal of Marketing，2012，76(6):105 - 120.

[17] Onete C B，Dina R，Negoi R. Estimating theimportance of social media in consumers' education and information using new techniques [J]. Amfiteatru Economic Journal，2011，13(Special No. 5):736 - 745.

[18] Petty R E，Cacioppo J T. Communication and persuasion：Central and peripheral routes to attitude change[M]. New York：Springer，1986.

[19] Quist N. Social media and interpersonal relationships：For better or worse? [J]. The Journal of Clinical Ethics,2011，22(2):191.

［20］ Rettberg J W. Freshly generated for you，and Barack Obama' how social media represent your life［J］. European Journal of Communication，2009，24（4）：451 – 466.

［21］ Suh B，Hong L，Pirolli P，et al. Want to be retweeted? Large scale analytics on factors impacting retweet in twitter network［C］//IEEE Computer Society. IEEE，2010：177 – 184.

［22］ Jeannette S N. Social media monitoring and the democratic national convention：New tasks and emergent processes［J］. Journal of Homeland Security & Emergency Management，2009，6（1）：doi. org/10. 2202/1547 – 7355. 1601.

［23］ Watts D，Strogatz S. The small world problem［J］. Collective Dynamics of Small-World Networks，1998，393：440 – 442.

［24］ Woermann N. On the slope is on the screen prosumption，social media practices，and scopic systems in the free skiing subculture［J］. American Behavioral Scientist，2012，56（4）：618 – 640.

［25］ Zhang Z Y，Nasraoui O. Profile-based focused crawling for social media-sharing websites［J］. Eurasip Journal on Image and Video Processing，2009（1）：1 – 13.

［26］ 倪波，霍丹. 信息传播原理［M］. 北京：书目文献出版社，1996.

［27］ 荆磊，叶进. 网络信息传播机制及其治理研究［J］. 社科纵横，2012（5）：127 – 130.

［28］ 朱庆华，李亮. 社会网络分析法及其在情报学中的应用［J］. 情报理论与实践，2008（2）：179 – 183.

［29］ 倪涛. 复杂网络中的病毒与谣言传播研究［D］. 北京：北京交通大学，2012：5 – 11.

［30］ 斯坦利·巴兰，丹尼斯·戴维斯. 大众传播理论：基础、争鸣与未来［M］. 3版. 曹书乐，译. 北京：清华大学出版社，2004.

［31］ 李文忠，杜建刚. 从众理论及其在营销领域研究发展述评［J］. 商业研究，2009（4）：164 – 168.

［32］ 盛昭瀚，张军，杜建国. 社会科学计算实验理论与应用［M］. 上海：上海三联出版社，2009.

第十六章　关于数据科学对社会科学研究影响的未来发展趋势

人类社会不断地发展,科学不断地进步,现阶段科学技术可以提供的工具和方法不断地发展和变革,同时各个学科领域的研究对象也不断在变化,所以不同领域的主要研究范式也在不断地发展和完善。社会科学也不例外,社会系统中的要素和单元日益复杂,社会科学的研究方法从未停止过更新与完善。从因果关系的研究范式、非线性问题线性化的研究范式、基于主体的复杂系统建模的研究范式,到将数据科学应用到社会科学,从定性研究方法到定量研究方法。总结来说,社会科学研究范式变革的动力机制可以分为内部要素和外部要素两个方面:从内部要素来讲,是社会科学研究对象和学科性质的日益复杂以及社会科学领域新理论的产生和发展;从外部要素来讲,是数学方法和计算机科学的进步和成熟,越来越多的跨学科研究的兴起,同时科学技术可以提供的方法和工具的进步促进了人们对社会科学的深入和认识。社会科学和自然科学已经产生了很多交叉的研究,但是不同学科之间也存在着学术壁垒,社会科学科学化的过程需要一个切入点和突破口,而数据科学为此提供了难得的桥梁,数据学的研究对象、研究目的和研究方法等都将已有的社会科学和计算机科学、信息科学等自然科学连接在一起。数据科学给社会科学带来的不仅是机遇和创新,同时也面临挑战。本章在前面论述的基础上总结了数据科学给社会科学带来的机遇和挑战,也分析了数据科学应用于社会科学研究的未来发展趋势。

第一节　数据科学给社会科学带来的机遇

一、促进社会科学的自然科学化

社会科学的发展很大程度上依赖于自然科学的发展,自然科学中有很多研究方法和技术被应用于社会科学的研究中,数据科学的出现为社会科学与自然科学的交叉提供了难得的机遇和条件。将数据科学应用于社会科学领域时非常关键的一点是需要结合社会科学领域的专业知识。惠普实验室的物理学家赫伯曼(Huberman)说到:"具备良好社会科学专业背景的学者是能否提出有价值研究议题、能否让研究驶入正确轨道的关键。"本书将数据科学在促进社会科学自然科学化过程中起到的作用概述为以下两个方面:

第一,数据科学为社会科学与自然科学的交叉融合提供了重要桥梁,尤其是计算科学在社会科学中的应用。随着信息技术的发展,个体或组织的大部分行为都可以在线上完成从而产生了越来越多的数据,这些数据与社会系统中主体行为有较大关联,量变引起质变,大数据问题随着产生。所以,对大数据的获取和处理分析一定会从本质上突破传统社会科学的研究对象和研究方法。这种对大数据获取和处理的需求为数据科学领域的学者向社会科学领域转型的学者或者社会科学领域且熟练掌握大数据相关技术的学者提供了机遇。大数据同样拓展了社会科学的研究对象和视阈,让更多学者开始关注社会科学中跨学科研究。当社会科学领域和数据科学领域的学者们将数据科学和社会科学结合时,必然会推动社会科学的自然科学化。

第二,数据科学不仅促进了社会科学与自然科学之间的交叉,同样促进了社会科学内部的细分学科之间的合作与交流。科学可以理解为分科而学,社会科学经过了很长一段时间的历程,学科内部的细分越来越精细,同时分隔也越来越明显,各自都形成了自己的系统和体系。不同的学科侧重的研究对象和数据类型以及使用的研究方法都会存在很大的区别,采用的工具和分析手段也不一样。比如,经济学的研究素材大多是面板数据、时间序列数据;管理学的研究素材大部分是截面数据;人口学的研究素材一般使用普查数据等。由于研究视角和研究重点的区别,社会科学内部的交流和沟通会受到阻碍。大数据的出现可以同时成为社会科学不同领域的研究素材,同时数据科学相关技术也可以运用到社会科学的不同领域。数据科学为社会科学内部不同的学科领域带来了相同性质的研究素材和研究方法,为不同学科的交流和沟通带来了一致研究对象和研究方法,促进了社会科学内部学科之间的交叉。

二、促进社会科学研究素材的真实性

社会科学传统量化研究中数据采集的过程具有较强的主观性,采集数据的方法如问卷调查法、实验法等都会一定程度上导致数据有效性问题,这些因素都会影响社会科学研究素材的真实性。研究素材的真实性是社会科学研究中非常重要的课题,因为如果研究和分析的对象不具备真实性,研究得出的结果就会缺乏科学性。社会科学的研究对象是动态的、复杂的社会经济系统,而大数据中具有丰富的信息和价值,大数据是自然数据,具有实时性等特征,大数据的出现会使社会科学的研究素材更具真实性(Yu等,2013)。

第一,大数据是原始数据。传统社会科学量化研究因为数据获取工具和人力成本等方面的限制,其获取的数据一般不是自然数据。社会科学传统的量化研究首先要做的是对理论进行演绎并在此基础上提出概念模型和假设,然后根据概念模型针对性地搜集数据。比如通过抽样调查和二手数据来获取数据和信息,而在使用问卷搜集数据时,受访者经常会因为个体的主观性的存在,不能做到毫无保留地呈现自己真实的观点,即使愿意,也会因为个体差异不能完整地表达。总之,运用传统方式获取的数据有结构化、量小、周期长等特点。如果研究对象不是原始数据,这些数据所包含的信息的真实性就更加难以保证,可以想见,通过分析这些数据得出的研究结论的科学性也会存在问题。但在大数据时代,社会系统中的个体、组织或者现象的行为都会在信息空间中留下痕迹并被编码化和数据化,这些数据都是真实的行为产生的,是客观存在的原始数据,不是只针对某个学科或领域的数据。大数据具有数量规模大、非结构化、复杂等特征,包含丰富的关于社会系统的信息,对于社会科学家探索社会系统中单元和要素的心理和行为背后的真实规律具有重大的价值。

第二,大数据是实时更新的。社会科学的研究对象不是一成不变的,社会系统中的主体是具有主观性、动态性、交互性、情感性、价值性和阶级利益性同时缺乏客观性和准确性。因为社会科学和自然科学研究对象的本质差异,不可以直接一成不变将自然科学的研究方法套用在社会科学的研究中,要考虑社会科学自身的特点(陈成文和陈立周,2007)。社会科学研究对象的动态性决定了社会科学研究必须考虑研究对象的时间这一因素,但传统社会科学量化研究的数据往往具有滞后性,传统的量化研究会从前人的研究成果和理论基础之上提出概念模型和假设,然而,很多的研究结论是很久之前得出的,只适合于提出此研究时的情境、研究对象和研究问题。但社会从未停止过更新和变化,社会系统中的各个要素都在变化,社会科学要解决的研究问题、面临的研究对象都在变革,这些变化都给研究的即时性带来了很大的挑战。这就要求学者们在研究时要关注研究问题、研究对象和研究理论的时效性,这才能使社会科学的实证研究更加具有价值。如今,信息空间中由个体、组织或社会现象产生的海量非结构化数据不断地、高速地累积和更新,各个社交平台上的社交数据、交易平台上的交易数据、搜索平台上的搜索数据等等,每时每刻都在更新,大数据具有实时性的特点,所包含的内容和信息会随着时间变化,对这些数据进行处理和分析会促进社会科学的实时性研究(Nguyen 和 Jung,2017)。达斯(Dass)等对交通密集度做了实时研究,通过收集街道不同位置的交通探测器记录的内容获取不同街道各个位置经过的车辆的信息,并且每过一分钟数据就会更新一次,极大提升了数据抓取的实时性和研究的真实性(Middleton 和 Middleton,2014)。

三、促进社会科学研究过程的可视化

社会科学的量化研究主要的两个环节是数据获取收集以及发挥和挖掘数据的信息或信息背后的价值,大数据的一系列技术有效地改善了人们获取数据的方式,同样对于数据的呈现方式也非常重要。数据的呈现方式会影响两个方面,一方面是数据传递出来的信息量和信息种类,另一方面是理解被观察和研究数据的难易程度。数据科学中的可视化技术可以通过图片的形式更为直观、清晰、有效地把海量数据中的信息和知识呈现出来,视觉感受是人们非常直观的一种感官,可视化呈现为人们理解社会现象以及事物之间的关系提供了一种变革性的方式(Dur,2012)。具体来说,将传统的、简单的数据形式的各种表现形式,通过一定的技术转化为视觉呈现会让人等直观地感受事物之间的关联和逻辑,同时观察者也更容易发现数据背后的规律,因为可视化呈现本身就是一种规律的呈现。数据科学中的可视化工具已经在很多领域得到应用,使得新闻业可以在传播信息的同时兼具美学呈现,同时使读者在获取知识时也更简单、便捷。现在出现了众多可视化工具,如 NodeTrix、Polymaps、NodeBox 等,其中 NodeTrix 对于社会网络分析来讲,它的价值功用体现在两方面,一是能够以节点连接图解的方式深度地解构和呈现社会网络结构,二是提高社区细节分析矩阵的易读性(Henry 等,2007)。

四、促进社会科学不同层面的研究

在第十二章我们分析了数据科学对社会科学研究方法的影响,相对于传统社会科学的量化研究,本书提出将大数据与社会科学计算实验相结合的方法在研究社会系统中的微观层面的行为特征和规律具有优势。数据科学促进社会科学不同层面的研究主要指的是大数据为社会科学提供了不同层面的数据集,可以分为三大层面,分别是微观层面的数据、中观层面的数据以及宏观层面的数据。这里不是表示数据量的大小,是根据产生这些数据的主体的特征来划分,所以即使微观层面的数据汇集在一起的时候,也会产生海量的数据。微观层面的数据集收集和记录个体的行为痕迹,比如人们在网页浏览、点击偏好、行为轨迹等个人层面的数据,用来研究微观个体的行为如消费者行为;中观层面的数据指具有代表性部分或整体人群的行为,包括特定区域或群体的消费行为,如团购,又比如个体行为之间的关联以及这些关联所呈现出来的特征和信息,主要用来探究个体之间交互的规律和知识,社交平台上好友之间的交流和信息传递过程中形成的社交网络或细节特征;宏观层面数据包括政府、国家以及国际层面的国家安全、社会政治经济、跨国贸易以及教育医疗等信息。数据科学不仅为社会科学的研究对象提供了不同层面的数据集,也提供了适合不同层面研究的数据搜集方式。

第二节　数据科学给社会科学带来的挑战

一、学科壁垒带来的挑战

近年来,将数学模型、各种算法和计算科学运用于社会科学研究发表了海量的论文,例如社会网络相关的研究成果,虽然取得了一些惊人的结果,但都无法超越社会学家早期在社会网络分析方面的成果。正如 Watts 指出的:"物理学家可能是非凡的技术专家,但他们只能是二流的社会学家。"

任何一个领域的专家都是经过长时间的积累、训练和研究经验成长而成的，不是一蹴而就的，不同科学领域的思维和知识训练方式也存在天壤之别，跨学科的知识、方法和范式的融合和运用必然存在巨大的挑战。

二、大规模数据带来的挑战

大数据时代的到来，基于互联网的各种应用正以前所未有的方式生成和保留各种值得研究的大规模数据，这些具有空前宽度、深度和规模的数据对社会科学研究人员来说是宝藏和机遇，同时也是挑战（刘林平等，2016；孟小峰等，2013；倪万和唐锡光，2017）。大数据规模带来数据的质变使得收集、分析、挖掘这些数据用来量化研究并分析人类活动的特点和规律需要克服很多技术障碍，数据的非结构化等技术的有限性及人才的缺乏等必然会对传统社会科学的研究方式产生巨大挑战。首先，大规模数据的获取是一个严重的挑战，主要因为大数据对很多企业和组织来说是非常重要的机密和资源，往往不愿意公开。其次，大数据产生于不同类型和功能的平台，这些平台之间往往是独立和不相关的，这些数据在表面上看起来很全面，但实际上都是各个领域信息的片段描述，缺乏整体性和全面性。最后，面对海量多元的大数据，数据科学相关技术的发展程度和速度是比较低的，即使大数据中蕴含丰富的价值和信息，人们挖掘数据的能力和经验依然是有待提升的。

三、隐私问题带来的挑战

随着企业和消费者及其互动行为逐渐数据化，消费者或者用户的个人信息和行为痕迹越来越多地暴露在网络上，企业和消费者置身于一种全新的、缺乏安全性的环境中，消费者越来越了解自己的在线行为数据，隐私意识逐渐加强。隐私问题已经受到企业和消费者的重视。如果企业或者商户在保护隐私或承诺保护隐私方面做得好，那么其必然会获取更多的竞争优势。近年来，互联网上出现了很多泄露用户信息的事件：个人身份信息被不法分子盗取、网络平台保存客户的录音和对话等。商家收集和发布个体行为的通信数据、社交数据、个人的医疗数据等都可能会给个人隐私带来威胁，如果数据拥有者直接发布隐含着敏感信息的数据，而不采取适当数据保护技术，将可能造成个人敏感信息的泄露。大数据时代，隐私依然是个体的基本需求和权利。对于社会科学研究而言,获取研究数据的时候是难以保证所获取的数据是否侵犯相关主体的隐私或是否获取其同意,所以大数据带来的隐私问题也给社会科学的研究者们带来挑战。如何既能使公开发布的数据更多,为社会科学研究提供更丰富的数据支持,同时又能避免隐私问题,做到数据开放与隐私保护两者平衡,这是社会科学正在面临的挑战(刘林平等,2016;孟小峰等,2013;倪万和唐锡光,2017)。

第三节　数据科学应用于社会科学研究的未来发展趋势

一、学科之间的融合

社会科学未来的研究需要同时发挥传统量化研究和数据科学的优势,即将理论演绎与大数据分析相互补充、互相融合。大数据技术擅长的是数据收集、分析,偏重于寻求解决社会问题的策略和方法,对于发现社会问题则是它的弱项。将数据科学应用于社会科学,一方面延续传统社会科学量化研究在构建理论模型、分析归因、演绎推测上的传统优势;另一方面发挥和结合其他学科领域特别是数理学科在抓取和处理海量、多样、非结构化数据资源的独特专长(刘林平等,2016;孟小峰等,2013;倪万和唐锡光,2017)。

大数据的分析过程(收集、存储、管理、挖掘、预测)是以计算机科学、统计学、数学等数理学科知识为基础,数据科学已经发展成为一种包括机器学习、计算智能、数据库、算法、统计、运筹学、可视化、隐私和安全、智能技术(包括人工智能)、神经网络、模糊逻辑、粒度计算、粗糙集、专家系统、基于案例的推理、进化算法等方法的混合研究科学(O'Neil 和 Schutt,2013)。社交网络数据挖掘、云计算、数据可视化等相关技术和工具构成了数据科学研究的重要内容。数据科学的基础知识、数据预测处理、数据统计、机器学习、数据可视化、数据计算、数据管理等基本内容构成了数据科学的理论体系(O'Neil 和 Schutt,2013)。数据科学已成为一个围绕着广泛可用性数据的交叉型学科,交叉着统计数据、数据挖掘、机器学习、数据库、可视化、伦理学和高性能计算等方法(Aalst 和 Damiani,2014)。当前学科之间的交叉与融合极大地推动了社会科学研究方法的发展,数据科学与社会科学研究相结合实现社会科学研究方法的创新将会是社会科学未来的研究趋势。

二、社会科学研究者素养要求

大数据时代的来临为社会科学研究者带来丰富的数据来源的同时也催生了大量数据挖掘和数据分析技术的问世。大数据之所以会引起广泛的关注是因为海量的数据本身包含丰富的价值和信息，然而数据本身只是客观存在的事物，如果不经过分析和挖掘，数据本身是不能表达任何知识和规律的，所以如何获取、分析和处理数据是数据科学的核心内容。另外，大数据技术擅长的是数据收集、分析，偏重于寻求解决社会问题的策略和方法，对于发现社会问题则是它的弱项，需要结合社会科学领域的专业知识。所以，同时掌握数据科学技术、数据研究思维和社会科学专业素养的研究者在将数据科学很好地应用于社会科学的过程中起着至关重要的作用（González-Bailón S，2013）。在数据科学应用于社会科学的过程中，社会科学家必然要学会如何利用数据科学相关的分析工具。正如 Savage and Burrows（2014）所言，数据分析工具不应该仅仅局限于少数的内行专家或商业人士。社会科学的研究者必须跟上时代的发展和社会科学更加复杂化的需求，不仅要掌握社会科学领域的专业知识，更要学习不断更新的数据分析和挖掘工具。因此，若想发挥大数据在社科研究中的价值，提升社会科学研究者在数据科学方面的素养将会成为基本的要求。

三、"数据伦理"转化为竞争优势

在本章第二节中我们描述了隐私问题带来的挑战。过去，很少一部分的消费者或用户会重视其隐私是否受到保护这一问题。那么大数据时代，"数据伦理"是否存在？如果存在，应该如何定义？如何将数据伦理转化为一种竞争优势？牛津互联网研究院的 Floridi 提出数据伦理："研究与数据、算法及相应实践相关的道德问题，据此提出并支持道德良善的解决方案。"并明确了 3 个核心问题：授权、用户隐私、企业在用户不知情的情况下对数据进行的再次使用（例如追踪用户浏览与习惯的广告网络）等（Floridi，1999）。丹麦数据伦理倡导者 Hasselbalch 与 Tranberg（2016）在《Data Ethics：The New Competitive Advantage》书中介绍了数十家已经开始用更负责任、更透明的方式进行数据处理的公司。一些企业用"隐私设计"（Privacy by Design）的理念开发产品与服务。以某种符合数据伦理的方式获取和使用数据仍处在一个不断调整的过程中。加密服务、避免使用数据等都是正在使用的方式。

如果要将数据伦理变为企业的竞争优势，还需要从消费者角度出发，信息空间产生的数据与人们的生活息息相关。所以，企业应该提供一种简单明了的方法，让用户清楚地了解数据是如何被使用的，即将数据的使用过程透明化，将数据处理的透明化变成企业的竞争优势。比如线上服务平台可以设置由用户决定哪些个人信息可以与什么人分享，并可以随时撤销。美国国家科学基金会宣布投入 300 万美元资金对大数据伦理进行研究，数据保护与隐私专员国际大会（ICDPPC）宣布，其 2018 年的重点是数字化伦理，保证"建立在对个体人权普遍尊重基础上的价值观是保持创新的核心动力"。所以，对数据伦理的重视和处理将会成为企业的重要的竞争优势。

四、考虑中国情境

大数据时代的到来对企业和社会科学研究的组织方式、管理方式、文化条件提出了新的要求。大部分社会科学和数据科学的研究理论来自西方，所以结合中国情境进行讨论显得非常迫切。在大数据时代，中国具有一些有利条件，有助于使用大数据进行社会科学研究。这些条件是：（1）中国历史悠久，经过悠长的历史积累，留下了丰富的史籍和其他文献。（2）中国是一个人口大国，移动互联网用户多，产生海量的用户行为数据，同时人口多意味着企业面临的市场大，社交网络数据、交易数据等较多，用户产生的网络数据异常丰富。（3）企业面临的数据科学的应用场景丰富：大数据技术包含的预测分析、数据挖掘、统计分析、人工智能、自然语言处理、并行计算、数据存储等技术已经综合运用到不同社会领域、不同类型企业的各个部门，组成了当今最热门的数据工程化应用技术新实践，许多数据技术的开发得到跨越式发展。（4）中国的中小企业非常活跃，他们对数据比较敏感，对于数据的获取、储存、分析产生了巨大的市场需求。但是，中国也有一些不利于使用大数据进行社会科学研究的条件。这些条件是：（1）中国传统历史文化都有自己的指导理论和哲学体系，缺乏实证研究。（2）重视从数据出发，并通过分析和处理数据来解决问题的意识比较薄弱。（3）中国的社会科学更强调与自然科学的区别，较少强调要向自然科学学习，对科学理念、研究方法和技术的学习都不够，社会科学的自然科学化程度较低。（4）中国的大学、科研机构的层级组织机构,不利于建立扁平、横向、跨学科的大数据研究组织形式。(5)企业面临较弱的知识产品保护环境:新时代的创新更多的是知识的创新,数据技术或信息技术的创新等,而中国的山寨之风较盛,如 App 开发的模仿,而中国企业的知识产品的保护力度较弱(Niculescu等,2018;Tong 等,2018)。(6)中国缺乏企业和产业层面的关于数据科学的二手实证数据,而且缺乏可靠的企业层面的创新数据,中国的专利数据没有专利引用信息,而且时间短,需要建立企业和产业相关的数据库,不仅包括二手数据同时也需实时更新相关大数据,为企业决策和学者研究提供便利(Dang 和 Motohashi,2015)。

　　如果中国的社会科学完全照搬西方运用数据科学的方式,那么无疑会面临很多的问题。中国企业处在自己独有的情境特征中,正面临着数据科学带来的机遇和挑战,企业和学者们都应该努力研究如何通过数据科学提升企业的创新能力和竞争力;研究者需要考虑中国特定的环境因素的作用,在借鉴西方国家实证研究结论和所得理论的基础之上,根据中国社会自身的特色和实践,分析特定的情境,具体问题具体分析,这样研究得出的结论对数据科学应用于社会科学的研究更具有实践意义和指导性。同时政府在制定相关政策时可以有的放矢,更具针对性,可以更有效地促进和保护企业的发展。

本章小结

　　本章描述了数据科学给社会科学带来的机遇、数据科学应用于社会科学的挑战以及数据科学应用于社会科学的未来趋势。机遇包括学科边界的淡化、促进社会科学的研究更加真实客观、促进社会科学的可视化研究、随着互联网技术促进社会科学不同层面的研究;挑战包括学科壁垒的挑战、数据规模的挑战以及隐私问题。最后总结了未来的发展趋势,包括学科之间的融合、社会科学研究者的素养、基于数据伦理的竞争优势以及对于中国情境的考虑。

参考文献

[1] 倪万,唐锡光.大数据应用于社会科学研究的价值与悖论[J].东南学术,2017(4):68-78.

[2] González-Bailón S. Social science in the era of big data[J]. Policy & Internet, 2013, 5(2):147-160.

[3] 刘林平,蒋和超,李潇晓.规律与因果:大数据对社会科学研究冲击之反思——以社会学为例[J]. 社会科学,2016(9):67-80.

[4] Watts D J. The "new" science of networks[J]. Annu Rev Sociol, 2004, 30:243-270.

[5] Xie Y. Otis Dudley Duncan's legacy: The demographic approach to quantitative reasoning in social science[J]. Research in Social Stratification and Mobility, 2007, 25(2):141-156.

[6] Xie Y. Sociological methodology and quantitative research[M]. Beijing: Social Sciences Academic Press, 2012:1-31.

[7] Morstatter F, Liu H, Zeng D. Opening doors to sharing social media data[J]. IEEE Intelligent Systems, 2012, 27(1):47-51.

[8] De Montjoye Y A, Hidalgo C A, Verleysen M, et al. Unique in the crowd: The privacy bounds of human mobility[J]. Scientific Reports, 2013, 3:1376.

[9] 陈潭,刘成.大数据驱动社会科学研究的实践向度[J].学术界,2017(7):130-140.

[10] Cowls J, Schroeder R. Causation, correlation, and big data in social science research[J]. Policy & Internet, 2015, 7(4):447-472.

[11] 罗玮,罗教讲.新计算社会学:大数据时代的社会学研究[J].社会学研究,2015(3):222-241.

[12] 孟小峰,李勇,祝建华.社会计算:大数据时代的机遇与挑战[J].计算机研究与发展,2013,50(12):2483-2491.

[13] Yu Z, Zhou X, Zhang D, et al. Understanding social relationship evolution by using real-world sensing data[J]. World Wide Web, 2013, 16(5/6):749-762.

[14] Nguyen D T, Jung J E. Real-time event detection for online behavioral analysis of big social data[J]. Future Generation Computer Systems, 2017, 66:137-145.

[15] Middleton S E, Middleton L, Modafferi S. Real-time crisis mapping of natural disasters using social media[J]. IEEE Intelligent Systems, 2014, 29(2):9-17.

[16] Dur B I U. Analysis of data visualizations in daily newspapers in terms of graphic design[J]. Procedia-Social and Behavioral Sciences, 2012, 51:278-283.

[17] Henry N, Fekete J D, McGuffin M J. NodeTrix: A hybrid visualization of social networks[J]. IEEE Transactions on Visualization and Computer Graphics, 2007,

13(6):1302 – 1309.

[18] Burrows R，Savage M. After the crisis? Big data and the methodological challenges of empirical sociology[J]. Big Data & Society，2014，1(1):191 – 211.

[19] Dimoka A，Pavlou P A，Davis F D. Research commentary—NeuroIS: The potential of cognitive neuroscience for information systems research ［J］. Information Systems Research，2011，22(4):687 – 702.

[20] Bapna R，Goes P，Gupta A，et al. User heterogeneity and its impact on electronic auction market design: An empirical exploration[J]. MIS Quarterly，2004，28 (1):21 – 43.

[21] Bond R M，Fariss C J，Jones J J，et al. A 61-million-person experiment in social influence and political mobilization[J]. Nature，2012，489(7415):295.

[22] Bapna R，Goes P，Gupta A. Replicating online Yankee auctions to analyze auctioneers' and bidders' strategies[J]. Information Systems Research，2003，14 (3):244 – 268.

[23] Tilly R，Fischbach K，Schoder D. Mineable or messy? Assessing the quality of macro-level tourism information derived from social media[J]. Electronic Markets，2015，25(3):227 – 241.

[24] 王天夫.社会研究中的因果分析[J].社会学研究,2006(4):132 – 156.

[25] 陈云松,范晓光.社会学定量分析中的内生性问题测估社会互动的因果效应研究综述[J].社会,2010,30(4):91 – 117.

[26] 陈云松,吴青熹,黄超.大数据何以重构社会科学[J].新疆师范大学学报(哲学社会科学版),2015(3):54 – 61.

[27] White P，Breckenridge R S. Trade-offs，limitations，and promises of big data in social science research[J]. Review of Policy Research，2014，31(4):331 – 338.

后　记

　　"学术思想和研究的演变过程受到特定历史条件下研究方法和分析手段的深刻影响",诺贝尔奖获得者保罗·克鲁格曼在《发展、地理学与经济理论》一书提出一个观点:某些经济学理论或经济现象的研究受制于特定历史条件下的研究方法、分析技术和数据收集等因素而被限制发展或者被遗忘。说明了一门学科的进步和变革与其研究对象和研究方法的发展息息相关,所以社会科学研究的学术指导思想的演变和研究热点的走向与其研究方法、分析手段即社会系统的变化息息相关。大数据时代,移动互联网、物联网、云计算、社交媒体等数据技术的迅速发展,社会数据量呈爆发式增长,大数据是我们不可忽视的现象,数据科学就是在时代和技术的创新变化中兴起的一门科学,学者们均开始尝试将数据科学应用到各自的领域。同时随着社会科学的研究对象社会系统变得越来越复杂,社会科学研究范式迫切需要变革,在多学科交叉与融合的推动下,大数据时代的数据收集、统计分析和研究方法的跨越式变革为社会科学的研究方法的发展带来重大机遇。数据科学促进着社会科学研究发生变革。数据科学在社会科学研究中的应用相当于在社会科学方法论体系中增加一个新的重要工具,它之所以重要是因为它指明了学术界和产业界正在上演的一种分析现象,它既是研究对象,也是研究方法。大数据为社会科学研究领域带来了非常好的前景。首先,它以源源不断的实时记录给我们留下了人类活动的巨量数据,它渗透到社会生活的各个领域并来源于生活的各个领域,数据科学为社会系统的异质性提供了较为全面的数据并实时记录排除了获取数据时的人为干扰因素。综上,数据科学提供了认知宏观社会的海量数据来源。其次,数据科学的一系列工具和技术同样为社会科学处理分析并挖掘由海量数据带来的新的分析手段。

　　本书在方法论创新方面提出将大数据与社会计算实验相结合的方法。通过挖掘大数据的信息、价值和涌现出来的规律,从中获取客观依据、启示和规律;而计算实验方法把现实社会系统转化成由主体构成的演化系统,运用计算机虚拟的社会环境,可以进一步研究和预测分析社会领域相关问题的解决方案和演变趋势。将大数据和社会计算实验相结合,可以解决原来计算实验方法缺乏客观数据支持的问题,增强了计算实验方法研究的可信性,以及增强了计算实验方法用于预测和决策的准确性,同时对大数据得出的规律进行验证和相互补充,从而提升了社会科学研究的实时性和客观性。

《数据科学对社会科学的影响研究》一书终于完稿,但是研究远远没有结束,事实上,随着研究的逐步深入,发现需要研究的问题还有很多,还有更大的空间值得我们去挖掘和思考。本书最大的特点在于研究方法的创新以及理论与实践的两者结合,正是因为建立在非常坚实的理论研究的基础上,才能保证提出的实践应用创新方法具有一定的系统性和科学性。国家自然科学基金委员会管理学部历来都很重视和支持管理学研究方法的创新,本书之出版,是国家自然科学基金项目(71471083、71771118)和教育部人文社科基金项目(18YJCZH146)的重要研究成果之一。此外,本书也是国家自然科学基金重大项目(71390521)、国家社会科学基金重大项目(15ZDB126)和江苏省社科英才项目、江苏省六大人才高峰项目以及南京大学双一流项目的研究成果。在本书出版之际,感谢盛昭瀚教授在百忙之中为本书作序及对本研究的指导,感谢南京大学出版社,特别是出版社的府剑萍老师在这本书的成书过程中所做的大量工作,还要感谢所有参与本书研究与写作的研究人员,如宗梦婷博士和顾姝姝博士等。最后,本书在写作过程中参考了大量国内外的研究成果,在此谨对这些文献的作者表示谢意!

本书仅是研究思考的初步成果,书中的不足和错误在所难免,希望专家和广大读者不吝赐教,我们也将在此基础上进一步研究,更加努力以高质量的成果来促进我国管理学研究和社会科学研究的深入发展。

陈　曦

2018 年 12 月

图书在版编目(CIP)数据

数据科学对社会科学的影响研究 / 陈曦著. —— 南京：
南京大学出版社，2018.12
ISBN 978 - 7 - 305 - 21586 - 5

Ⅰ. ①数… Ⅱ. ①陈… Ⅲ. ①数据管理—影响—社会
科学—研究 Ⅳ. ①C②TP274

中国版本图书馆 CIP 数据核字(2019)第 013500 号

出版发行　南京大学出版社
社　　址　南京市汉口路 22 号　　　　　邮　编　210093
出版人　金鑫荣
书　　名　数据科学对社会科学的影响研究
著　　者　陈曦
责任编辑　胥橙庭　府剑萍　　　　　　编辑热线 025 - 83592315
照　　排　南京南琳图文制作有限公司
印　　刷　南京鸿图印务有限公司
开　　本　718×1000　1/16　印张 19.5　字数 300 千
版　　次　2018 年 12 月第 1 版　2018 年 12 月第 1 次印刷
ISBN 978 - 7 - 305 - 21586 - 5
定　　价　79.00 元

网址：http://www.njupco.com
官方微博：http://weibo.com/njupco
官方微信号：njupress
销售咨询热线：(025)83594756